Este livro é dedicado a todos aqueles que amaram com intensidade e tiveram esse amor ameaçado por forças contrárias. E que, por amor, descobriram que há caminhos justos, embora nem sempre fáceis, que podem conduzi-los ao reencontro.

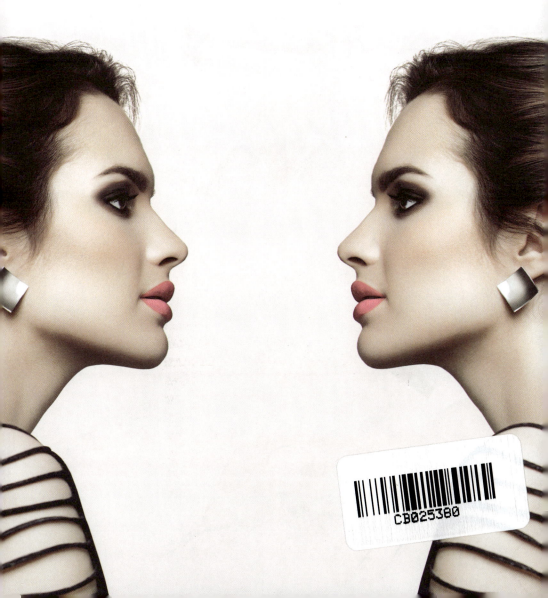

FLORIANO SERRA

Formado em Psicologia e Propaganda e Marketing e pós-graduado em Análise Transacional, Floriano Serra já trabalhou como executivo na área de Recursos Humanos. Interessado em temas sobrenaturais e fenômenos paranormais desde a infância, participou de diversos cursos e palestras sobre parapsicologia e espiritualismo, que o levou a pesquisar vidas passadas e reencarnações. Sua estreia como escritor aconteceu com o livro *Nunca é tarde*, lançado em 2012. É autor de outros romances, todos publicados pela Editora Vida & Consciência.

© 2015 por Floriano Serra
© Vasilina Popova/Getty Images

Coordenadora editorial: Tânia Lins
Assistente editorial: Mayara Silvestre Richard
Coordenação de comunicação: Marcio Lipari
Capa e Projeto gráfico: Jaqueline Kir
Diagramação: Rafael Rojas
Preparação e revisão: Vera Rossi

1ª edição — 1ª impressão
3.000 exemplares — agosto 2015
Tiragem total: 3.000 exemplares

CIP-BRASIL. CATALOGAÇÃO-NA-FONTE
SINDICATO NACIONAL DOS EDITORES DE LIVROS, RJ

S496o

Serra, Floriano
A outra face / Floriano Serra. - 1. ed. - São Paulo : Vida e Consciência, 2015.

ISBN 978-85-7722-436-4

1. Romance espirita 2. Espiritismo I. Título.

15-22197   CDD: 133.9
                                                          CDU: 133.9

Índices para catálogo sistemático:
1. Romance espírita : Espiritismo 133.9

Todos os direitos reservados. Nenhuma parte desta edição pode ser utilizada ou reproduzida, por qualquer forma ou meio, seja ele mecânico ou eletrônico, fotocópia, gravação etc., tampouco apropriada ou estocada em sistema de banco de dados, sem a expressa autorização da editora (Lei nº 5.988, de 14/12/1973).

Este livro adota as regras do novo acordo ortográfico (2009).

Vida & Consciência Editora, Gráfica e Distribuidora Ltda.
Rua Agostinho Gomes, 2.312 — São Paulo — SP — Brasil
CEP 04206-001
editora@vidaeconsciencia.com.br
grafica@vidaeconsciencia.com.br
www.vidaeconsciencia.com.br

Mesmo tendo vivido várias vidas na Terra, somos o mesmo espírito, a mesma individualidade vivendo em corpos diferentes.

Capítulo 1

São Paulo, outubro de 2011

Ao estacionar o carro na garagem do edifício onde trabalhava, Simone notou, na vaga vizinha, o automóvel de Sérgio, seu colega de trabalho e amigo de longa data. Os dois tinham chegado junto.

Simone era funcionária da produtora de audiovisuais Mundo Novo, que ocupava duas salas no décimo quinto andar daquele edifício localizado na avenida Brigadeiro Faria Lima, um conhecido e movimentado centro comercial e financeiro da capital paulista.

Ali nasciam as ideias que depois seriam transformadas em séries, filmes, novelas ou documentários para televisão. Ali também eram tomadas as grandes decisões e definidas as ações que resultariam nos programas comercializados e exibidos.

No momento, havia novidades no ar.

Sérgio fora designado para a função de produtor da minissérie de mistério que estava em fase de planejamento. Tratava-se de um projeto novo, diferente daquilo que vinha sendo realizado.

O produtor era o responsável pela providência e organização de praticamente tudo o que aparecesse na história, começando pelos locais onde as cenas seriam gravadas. Em resumo, cabia-lhe colocar à disposição do diretor de arte, Raul, todo o necessário para a realização da minissérie.

A novidade era que Sérgio estava prestes a viajar. Iria fazer um curso de especialização em produção de audiovisuais em Nova Iorque e precisaria se ausentar pelo período de seis meses. A viagem era bastante inconveniente, porque ocorreria justamente durante o período das gravações.

O convite para o curso chegara de repente. Tratava-se de uma cortesia do seu organizador, uma entidade americana de ensino das artes cênicas, interessado em uma parceria de intercâmbio artístico com a Mundo Novo. A taxa de inscrição seria isenta e as passagens aéreas, pagas pela escola. A produtora despenderia apenas com a hospedagem de Sérgio. Era uma oportunidade de ouro, apesar da data inadequada.

Mesmo ciente da importância do produtor ao novo projeto, Raul tinha grandes planos para Sérgio na agência, razão pela qual o escolhera para o intercâmbio. Restava resolver o problema da sua substituição na produção da minissérie. De comum acordo, ficou decidido que Simone ocuparia o cargo vago.

Quando Sérgio sugeriu o nome da amiga, Raul, inicialmente, hesitou. Por ser um produto novo, a minissérie precisaria garantir um alto padrão de qualidade, de modo a conquistar a opinião do público e da crítica. E, para o diretor de arte, nenhuma pessoa da equipe tinha suficiente experiência para assumir esse desafio.

Sérgio recomendara Simone porque a conhecia havia bastante tempo e sabia o quanto era talentosa, ainda que a timidez e insegurança a impedissem de o demonstrar. Talvez Sérgio também a tenha indicado para lhe dar a chance de se expor e provar que é capaz.

Ela já o auxiliara na produção de alguns comerciais e duas séries cômicas e se saíra muito bem. Era muito disciplinada e profissional. De resto, Raul estaria sempre por perto para orientá-la e corrigi-la por alguma eventual falha.

Na opinião de Sérgio, Simone precisava abandonar a insegurança e aprender a assumir riscos. Não se cansava de lhe repetir: "Tentar acertar também é arriscar a errar. Mesmo assim, é sempre preciso tentar!" Alto, loiro, de excelente humor e ampla cultura geral, Sérgio era uma ótima companhia para qualquer ocasião. Sua jovialidade escondia seus trinta e cinco anos. Ninguém entendia por que ainda não se casara. Nunca fora visto com nenhuma namorada. Graduara-se em Engenharia Têxtil, mas não exercera a profissão, pois fora atraído cedo para o campo das artes cênicas.

Simone saiu do carro bem devagar, como era seu ritmo natural. Estava visivelmente cansada. Acabara de voltar de uma viagem de três dias, procurando cidades adequadas para as locações. Sérgio, ao contrário, estava acelerado:

— Vamos, temos que correr, amiga. Já estamos atrasados para a reunião com o Raul — enquanto falava, Sérgio recolhia agilmente do banco traseiro do seu carro uma pilha de livros, papéis e cadernos de anotações.

Simone respondeu com ironia. Aliás, apenas com ele permitia-se a essas brincadeiras:

— Não sei por que essa pressa. Nossas reuniões nunca começam na hora marcada! Só se essa for exceção.

Cumprimentaram-se com um beijo carinhoso na face e se dirigiram para o elevador. Gentilmente, ele segurou a porta para que ela entrasse primeiro:

— E aí, como foi de viagem?

— Muito cansativa, mas, pelo menos, foi bastante proveitosa. Conheci uns lugares ótimos para gravarmos a minissérie.

— Legal! Então o esforço valeu a pena. E meu amigo Laércio, como vai? — ele sempre se referia dessa forma ao marido de Simone.

Ela brincou, ainda que com um fundo de verdade:

— Seu amigo Laércio está cada vez mais chato! Não larga do meu pé. Agora vive me cobrando pressa, ambição, energia, segurança, sei lá mais o quê. Você não imagina como essa viagem me fez bem! Tive sossego por três dias!

Sérgio falou cauteloso:

— Olha, amiga, quem não quer ser chato aqui sou eu, mas, cá pra nós: você precisa mesmo correr mais se quiser acompanhar o ritmo do Laércio. O homem não para!

— E você acha que eu estou parada?

— Não quis dizer isso. Você apenas não é tão elétrica quanto ele, mas também não para, apesar desse jeitinho manso. Não consigo imaginar em que hora do dia vocês conseguem ficar juntos. Se é que conseguem.

Ela se fingiu de brava:

— Quer saber? Acho que meu marido anda fugindo de mim.

O elevador chegou ao décimo quinto andar e os amigos ainda pilheriavam.

Como Simone previra, a reunião ainda não havia começado, mas os outros dois participantes já estavam na sala de Raul. O chefe se mostrava um tanto impaciente, sentado na sua poltrona atrás da mesa coberta de papéis e fotografias. Quando os dois amigos apareceram esbaforidos à porta, Raul os chamou:

— Vamos lá, minha gente. Já estamos atrasados, pra variar.

Raul era o chefe da equipe e dono da produtora, reconhecidamente um bom sujeito, inteligente, competente e bem-humorado. Apesar disso, não abria mão da organização do trabalho, que dirigia com muita firmeza, ao lado de Vânia, sua esposa e sócia. Vânia administrava os recursos financeiros de cada projeto, fossem próprios, governamentais ou de patrocinadores.

A Mundo Novo era uma empresa de médio porte, mas muito respeitada pelo seu profissionalismo. Raul criara a agência com Vânia cinco anos antes, logo após se formarem em Comunicação.

O começo fora difícil ante a grande competitividade daquele mercado. Mas, aos poucos, ano após ano, a produtora foi se destacando pela qualidade das suas realizações, muito bem aceitas pelo público, pelos anunciantes e patrocinadores. Hoje, desfrutava de respeito e reconhecimento. Começara com apenas cinco funcionários, incluindo o casal. Agora contava com quinze empregados, o que demonstrava o quanto crescera em tão pouco tempo.

Naquela reunião, sentados à mesa de Raul, estavam apenas as pessoas que considerava seu *staff*: Vânia, sua esposa, Sérgio, Simone e Ivana, uma espécie de super secretária, misto de assistente e assessora, pessoa da mais alta confiança do casal. Como dizia Raul, ela era "pau pra toda obra".

Raul pigarreou antes de começar a falar:

— Bem, pessoal, pedi esta reunião para dar alguns esclarecimentos e trocar ideias com vocês sobre a recente Lei 12.485 da Associação Nacional do Cinema. Ela será muito importante para nós. Quero também saber como anda o planejamento das nossas novas produções.

Ele tinha nas mãos o texto da lei à qual se referira:

— Vamos começar pela Lei, que estava em discussão no Congresso Nacional desde 2006 e somente agora, no mês passado, foi aprovada.

Ivana o interrompeu:

— Desculpe interrompê-lo, Raul, mas ainda não tive oportunidade de me informar a respeito. O que essa lei propõe exatamente?

— A lei tem vários objetivos, inclusive de natureza econômica e cultural. Mas, do ponto de vista prático, foi criada para estimular a produção nacional de audiovisuais para a televisão. Para isso, as emissoras de TV terão que preencher mil e setenta horas anuais de sua programação com produções independentes brasileiras. Isso corresponde a três horas e meia semanais. E nessa conta não serão considerados os programas de natureza religiosa, política, jornalística, as transmissões esportivas, programas de auditório, publicidade, nem televendas. Ou seja, abrem-se muitas portas para nós, as produtoras.

Foi a vez de Sérgio perguntar:

— E isso já está valendo, Raul?

— Parcialmente. A implantação se dará de forma gradual ao longo de três anos, mas convenhamos que já é um bom começo. Precisamos arregaçar as mangas e planejar como vamos aproveitar esse incentivo. Já estamos com duas novas produções em andamento, duas minisséries. Uma romântica e outra de mistério.

Vânia se dirigiu ao marido:

— Raul, acho importante falarmos um pouco mais sobre esses projetos em andamento.

Raul concordou com um gesto de cabeça:

— Era o que eu ia começar a fazer agora — olhou para Simone — A viagem de Simone, da qual ela retornou ontem à noite, teve justamente o objetivo de escolher o local para a minissérie de mistério. Como já sabem, Sérgio está de malas prontas para viajar. Vai fazer um curso de especialização em Nova Iorque, que vai durar cerca de seis meses. Para cobrir essa ausência temporária. — Voltou-se para Sérgio e enfatizou, sob risos dos colegas: — Temporária, viu, amigo? Sua vaga ficará guardada. Queremos você de volta. — Esperou os outros pararem de rir para continuar: — Como eu dizia, para substituir o

Sérgio, escolhemos Simone e é por isso que ela está aqui. Simone e Sérgio fizeram vários trabalhos juntos e, já há algum tempo, Simone vem sendo preparada para assumir o posto. Eu já desconfiava que, por trás dessa timidez, fosse talentosa. Agora tem a oportunidade de me provar que não estou enganado. Esse projeto é ambicioso e dará início a um novo ciclo de realizações da nossa produtora no formato de minisséries.

Vânia e Ivana sorriram para a colega e Raul continuou:

— Sabemos que Simone é uma profissional capaz, inteligente e muito dedicada, qualidades que serão fundamentais para o novo cargo.

Simone mostrou-se um pouco desconcertada com os elogios, mas foi sincera quando se manifestou:

— Fico muito agradecida, Raul, pela confiança que tem depositado em mim. Darei o meu melhor para não decepcioná-lo. Quero agradecer também ao Sérgio, meu mestre e amigo, que tem me ensinado todos os segredos da profissão. Estou ciente das minhas responsabilidades, mas vocês sabem que venho me preparando bastante.

Vânia completou:

— Por isso mesmo é que nós a escolhemos, amiga. Sabemos que a produção da minissérie estará em ótimas mãos.

Para descontrair, Raul deixou escapar uma brincadeira, dirigida a Simone:

— Só torcemos para que seu marido tenha bastante paciência com suas ausências, porque vamos ter que trabalhar muito.

Simone esperou que parassem de rir:

— Não se preocupe quanto a isso. Laércio me dá muita força. Às vezes faz cara feia quando chego em casa de madrugada, mas, no fundo, ele entende as necessidades e os desafios da profissão que escolhi. No final, fica tudo numa boa.

— Que bom. Não quero ser responsabilizado por nenhum divórcio — e voltou a falar sério — E, já que estamos no tema, fale um pouco sobre a sua viagem. Encontrou alguma coisa boa para as locações?

Simone descontraiu-se e falou com entusiasmo pouco comum ao seu jeito retraído:

— Espero não estar sendo muito otimista, mas acho que encontrei o lugar ideal para gravarmos a minissérie. Antes de viajar, li e reli o roteiro várias vezes para me familiarizar com o perfil dos personagens, a ambientação e os detalhes da trama e acredito que encontrei exatamente o local adequado para as gravações.

Raul não perdeu tempo:

— Ótimo. Então nos mostre as fotos desse lugar maravilhoso.

Simone pegou seu notebook que deixara no chão, apoiado num dos pés da cadeira, e colocou-o sobre a mesa. Introduziu nele o pen-drive com as imagens.

Enquanto falava, Simone ia ajustando o computador, posicionando-o de forma a que todos tivessem boa visão da tela:

— Fiz muitas fotos, mas também gravei tudo em vídeo. Ele dá uma ideia melhor do local, mostrando mais detalhes. Vamos ver o que vocês acham.

Então ligou o aparelho.

Tão logo as primeiras imagens apareceram na tela, Ivana sentiu um súbito e forte calafrio, acompanhado de um mau pressentimento.

Ninguém ali sabia, mas Ivana era uma experiente sensitiva.

Capítulo 2

À medida que as imagens eram exibidas, Simone dava explicações:

— Como sabem, a história da minissérie se passa quase que inteiramente numa casa de fazenda antiga. Visitei várias em algumas cidades do interior, até encontrar aquela que considero perfeita. Eu já estava de volta, desanimada por não ter encontrado nenhum local que me parecesse adequado, quando conheci essa casa. Me apaixonei na mesma hora.

Sérgio se interessou e perguntou, sem tirar os olhos da telinha:

— E essa casa já está disponível?

Para explicar melhor, Simone apertou a tecla *Pause* no aparelho, congelando a imagem:

— Ainda não tenho essa resposta, Sérgio, mas vou consegui-la em breve.

— De quem é a fazenda? — quis saber Sérgio.

— O dono é um empresário que mora no Rio e o imóvel fica sem uso durante a maior parte do ano. Ele quase nunca vai visitá-lo. Aparece lá de vez em quando, principalmente em feriados prolongados, quase sempre na companhia da namorada da ocasião. Parece que leva uma nova garota a cada visita.

— Esse cara sabe aproveitar a vida! — Raul não perdia a oportunidade de fazer uma piada. Vânia olhou-o, fingindo-se zangada, mas Raul logo retomou o tom sério da conversa. — Tem alguém tomando conta da casa?

— Tem um casal de idosos, Hermínio e Lucinda, ambos na faixa dos setenta anos de idade. Ela é muito gentil e simpática; ele, nem tanto. Foi com ela que obtive essas informações. Um detalhe curioso: eles não dormem na casa. Moram em um cidadezinha próxima e vão à casa durante o dia para cuidar da limpeza e da conservação. O problema é que não estão autorizados a dar mais informações. Ouvi muita fofoca de Lucinda, mas nada que nos interessasse.

— Como o quê? — foi a vez de Vânia perguntar.

— Parece que o dono da fazenda é um casca-grossa, muito arredio e antissocial. Não gosta de aparecer na cidade, nem de reunir amigos. Aliás, tudo indica que nem os tem por lá. Hermínio me disse apenas que a casa não estava para vender nem alugar e que o dono não permitia visitas.

Vânia ficou curiosa:

— E como é que você conseguiu entrar e gravar essas imagens?

A resposta de Simone surpreendeu os colegas, que a julgavam tímida:

— Eu os ganhei no papo. Expliquei-lhes meu trabalho, disse que estava procurando um lugar para fazer um filme. Esclareci que usaríamos os móveis e utensílios que lá estavam e que nada seria mexido, nem danificado. Disse que nosso trabalho só duraria duas ou três semanas. Enfim, de conversa em conversa, fiz uma boa amizade com Lucinda. Com o marido dela não consegui, ele é muito fechado, arredio. E, assim, eles permitiram que eu entrasse, fotografasse e filmasse toda a casa, por dentro e por fora.

Vânia sorriu da esperteza da funcionária:

— Muito bem, amiga, quem diria, hein? E, além do visual, que é muito interessante, o que mais lhe dá a certeza de que essa é a casa ideal?

— Posso afirmar isso com toda segurança porque a conheci por inteiro. Por dentro e por fora, de ponta a ponta. Inclusive, e acho até que vocês não vão acreditar — fez uma pausa criando uma razoável expectativa — convenci o casal a me deixar dormir lá por uma noite.

A reação de espanto do pequeno grupo foi explícita. Vânia não sabia se ria ou se ralhava com a funcionária:

— Ah, não! Você não fez isso, Simone!

— O pior é que fiz. Passei o dia inteiro conhecendo a casa minuciosamente e depois, como já era fim de tarde, dormi lá.

Vânia, de surpresa ficou chocada:

— Sozinha?

— Sozinha, claro. O casal mora e dorme na cidade. Nem contei ainda para o Laércio porque já sei que vou levar bronca, de irresponsável pra cima! Mas tudo bem. Terá valido a pena, porque tive tempo suficiente de percorrer todos os cantos da casa e, assim, pude me cerificar de que era mesmo o lugar adequado.

Vânia estava inconformada, repetindo:

— Mas quem diria, hein? Você, com esse jeitinho, teve coragem de fazer uma loucura dessas? Desculpe, amiga, mas acho que não foi legal o que fez.

Raul e Sérgio permaneciam calados, sem tirar os olhos de Simone. Pareciam não acreditar no que tinham ouvido.

Ivana, pelo tom de voz, deixou transparecer na sua pergunta mais do que simples curiosidade:

— E como foi essa noite que passou sozinha na casa?

Simone pensou um pouco, antes de responder:

— Bem, eu diria que... — por que estava hesitando em falar a verdade? — ...eu diria que foi tranquila.

A refinada percepção de Ivana não aceitou essa resposta, por isso insistiu:

— Tem certeza?

— Bom... — Simone pensou um pouco se deveria contar tudo. — Foi tranquila, sim. Exceto por um sonho esquisito que tive.

Nova pergunta de Ivana. Simone já começava a se sentir incomodada com aquela insistência:

— Sonho esquisito? Como assim?

— É que... — continuava hesitante — Mas ele não chegou a perturbar meu sono. Tirando isso, dormi muito bem. Na verdade, apaguei.

Ivana voltou a perguntar, no mesmo tom estranho:

— Apagou? Como assim?

Foi a gota d'agua. Simone não escondeu uma quase irritação atípica:

— É, Ivana, foi o que você ouviu. Apaguei. O que quero dizer é que nem vi a noite passar. Só não estou entendo o que isso tem a ver com o trabalho que fui fazer lá.

Percebendo a tensão do diálogo, Vânia bateu a mão na mesa e levantou-se para pegar um café:

— Gente, eu morro se não tomar um cafezinho agora — todos permaneceram calados até que ela voltasse para seu lugar com a xícara de café na mão. A estratégia funcionou porque as duas colegas pararam o diálogo que já se tornava agressivo. — Pois olhe, Simone, eu nunca faria uma coisa dessas. E logo numa cidade estranha, numa casa desconhecida, ficar sozinha durante a noite... Nem pensar!

Simone apenas riu com a reação da chefe e amiga. Raul mudou de assunto:

— Em que cidade fica essa casa?

— Já ouviram falar de Piracaia?

Silêncio geral. Só Raul se manifestou:

— Eu, nunca. Alguém aqui já ouviu falar?

Pelo silêncio, estava claro que ninguém conhecia. Então, Raul continuou:

— Ok, amiga, então, esclareça pra gente onde fica Piracaia.

— Fica pertinho, a pouco mais de oitenta quilômetros daqui da capital. É próxima de Atibaia e Bragança Paulista. De carro, leva-se menos de uma hora e meia para chegar. É um lugar pequeno, típica cidade do interior, mas muito limpa, silenciosa e bem arrumadinha.

Raul pediu:

— Bom, vamos continuar a ver o vídeo. Agora estamos curiosos para conhecer essa casa ideal. Veremos se você acertou mesmo.

Simone apertou a tecla *Play* e as imagens voltaram a se movimentar.

A fachada da casa provocou expressões de admiração e aprovação. Simone lutou intimamente para ninguém perceber sua grande satisfação pelas reações positivas. Não pôde deixar de pensar que finalmente fizera sozinha alguma coisa de valor, ela, que sempre se desvalorizava e era muito dependente do marido:

— As sequências a seguir foram feitas mais próximas da casa e vão mostrá-la por fora, de vários ângulos. Da fachada ao quintal.

O grupo se debruçou sobre a mesa para ter melhor visão da tela do computador. Permaneceram bem atentos durante toda a sequência.

— Agora, nas cenas seguintes, vamos conhecer o interior da casa. E aí vocês entenderão o porquê do meu entusiasmo.

Quando as imagens do interior da casa começaram a surgir na tela, instalou-se um repentino e profundo silêncio na sala. Por alguma razão, o semblante dos presentes demonstrava apreensão. Ou medo.

Só Simone mantinha um leve sorriso nos lábios, como se dissesse: "eu não disse?"

Ivana voltou a ter o mesmo calafrio de antes, acompanhado de um tremor súbito e intenso. Não gostara nada do que sentira ao ouvir os relatos de Simone com relação ao seu pernoite na casa e agora estava novamente desconfortável ao ver aquelas imagens. Mas não fez mais nenhum comentário ou pergunta para não retomar aquele diálogo ácido de minutos atrás.

As cenas se sucediam mostrando o interior daquela construção antiga, apesar de muito bem conservada: duas grandes salas no térreo — provavelmente uma para receber visitas e outra para as refeições. Uma larga passagem devia conduzir à copa e cozinha. Lá estavam também o lavabo e uma escada espiralada que conduzia ao andar superior. Havia muitas fotografias e quadros pendurados nas paredes amarelas.

No piso superior, o vídeo mostrava amplos quartos com camas enormes, banheiros espaçosos, largas e altas janelas com longas cortinas brancas que chegavam até o chão. A casa vazia acentuava o aspecto lúgubre do ambiente.

Ninguém falou mais nada até o final da exibição.

Após a última sequência, Simone fechou o notebook e olhou a "plateia", aguardando algum comentário. Notou que os colegas se fitavam em silêncio, como se cada um esperasse que o outro se manifestasse primeiro. Ela não conteve a ansiedade:

— E então, gente? Gostaram? — perguntou depois de se certificar de que ninguém se manifestaria espontaneamente.

Ivana foi a primeira a falar, mostrando que não tinha muita convicção quanto ao acerto da escolha daquele local:

— Bem, Simone, não há dúvida de que a casa possui o clima adequado para um filme de mistério — e completou, com alguma ironia na voz. — Eu diria até que chega a ser perfeita demais.

Os outros olharam para a secretária-assistente.

Se havia alguma crítica ou ironia nas entrelinhas do comentário de Ivana, Simone não percebeu:

— Como assim, Ivana? Alguma coisa errada?

Ivana não estava muito confortável quando justificou seu comentário, mas preferiu ser sincera:

— Bem, eu não sei explicar. Como ambiente para a minissérie, repito, o local é mesmo perfeito. Mas preciso confessar que as cenas do interior da casa não me causaram uma sensação boa.

Simone não escondeu sua frustração com aquele comentário. Toda sua segurança inicial ia por terra com a observação de Ivana. Se correto, o comentário da secretária reafirmaria que Simone não cumprira corretamente sua missão. Olhou para os colegas, tentando descobrir se havia mais alguém com a mesma opinião, mas os semblantes estavam impassíveis. Então, ela quis saber:

— Como assim, Ivana? Não entendi.

A super secretária tentava se explicar com sutileza, de forma a não magoar a colega, que se mostrara tão entusiasmada ao apresentar o vídeo:

— Me desculpe, Simone, mas, como eu disse, não sei explicar. Apenas não foi boa a sensação que tive ao ver as cenas do interior da casa. Sinto muito.

Simone insistiu, controlando-se para não demonstrar o quanto ficara abalada com aquela crítica destituída de qualquer argumentação consistente, baseada apenas numa sensação pessoal:

— Mas, Ivana, deve haver uma razão para esse sentimento. Ele não pode ter surgido assim, do nada. Do que foi exatamente que você não gostou na casa?

— Já disse, Simone, não sei. Não me leve a mal, mas... — fez uma pausa e finalmente revelou o que vinha segurando. — Quer saber? É como se esse vídeo fosse um documentário sobre uma casa onde aconteceu um crime.

Capítulo 3

Vânia e Sérgio baixaram o olhar como se, de alguma maneira, concordassem com Ivana, mas não queriam se envolver na discussão. Simone estava chocada:

— O quê? Um crime?

Vânia completou, dirigindo-se a todos:

— Eu sei que vocês vão rir, mas eu preciso dizer. Senti algo parecido com o que Ivana sentiu. Como... Como se a casa fosse mal-assombrada.

Simone estava pasma. Antes de retrucar, deixou escapar uma risada nervosa. Sabia que precisava reagir, defender seu ponto de vista. Senão, poderia até perder a vaga de Sérgio:

— Mal-assombrada? Mas o que é isso, minha gente? Vocês só podem estar brincando comigo. Passei uma noite inteira lá e posso garantir a vocês que não vi fantasma nenhum!

Percebendo que aquela conversa evoluiria para uma nova discussão nada amistosa, Raul decidiu intervir com um calculado bom humor:

— Mas isso é ótimo, pessoal! É sinal de que, como disse Simone, a casa é ideal para a minissérie! Se, só ao ver essas imagens, vocês já sentiram calafrios, imaginem quando a história for exibida com fundo musical e efeitos sonoros! Lembrem-se que se trata de uma história de mistério.

Vânia e Ivana se fitaram em silêncio. Sérgio se mantivera calado durante todo tempo. Gostara da escolha do local feita por sua pupila, mas intimamente admitia que, a julgar pelas imagens do vídeo, a casa possuía alguma coisa de tenebrosa. Talvez pelo jogo de luz e sombra, pois a gravação fora feita num fim de tarde e sem iluminação adicional.

Sérgio resolveu perguntar:

— De qualquer forma, Simone, você disse que ainda não tinha conseguido contratar a casa. Pode até ser que não consiga. O que está faltando?

No fundo, Simone agradeceu ao amigo por ter mudado o foco da discussão. Estava magoada com os comentários que ouvira, mas se esforçou para parecer natural ao responder:

— Esse risco existe, Sérgio. Como eu disse, com base nas informações dos caseiros, o proprietário é avesso a negócios com gente que não conhece e o casal que toma conta da casa acha que ele não vai concordar em alugá-la para as gravações.

— E nesse caso, como ficamos?

— Eles ficaram de telefonar para o dono, um tal de Rui, contar nossas intenções e, depois, irão me ligar com a resposta. Deixei-lhes o número do meu celular e o daqui também.

Vânia estava preocupada com o preço daquela escolha, porque a casa era imensa:

— Você chegou a conversar com os caseiros sobre o valor do aluguel?

— Olha, Vânia, você me desculpe, mas confesso que meu entusiasmo pela casa foi tão grande que lhes disse que o preço do aluguel não seria problema. Agora, de cabeça fria, sei que não deveria ter feito isso.

Vânia fingiu desespero, até para descontrair o ambiente, que ficara meio tenso depois das opiniões negativas sobre a casa:

— Ai, meu Deus! Lá se foi o lucro da minissérie!

Simone entendeu a brincadeira e sorriu também:

— Não se preocupe, Vânia, tenho certeza de que, se der certo, o valor não será nada exorbitante. A casa está meio que abandonada pelo dono, que é riquíssimo. Ele não precisa do dinheiro do aluguel. E pagaremos por apenas algumas semanas.

Raul, atento às reações, providenciou para que a reunião continuasse, pois havia outros assuntos a serem tratados:

— Espero que esteja certa, Simone. Mas, se não conseguirmos essa casa, prepare-se para novas viagens. Agora, pessoal, vamos falar um pouco sobre a outra produção, a minissérie romântica, que também está em fase de planejamento. Para essa minissérie, minha mulher, Vânia, vai assumir a direção de arte. Será sua estreia no cargo. Agora estamos decidindo quem cuidará da produção, uma vez que o Sérgio estará ausente e a Simone ocupada. Ficarei por perto, mas conto com a ajuda de todos até eu me decidir.

Os demais dirigiram cumprimentos a Vânia pelo novo desafio. Ela pegou algumas folhas de papel e começou a falar sobre seu projeto e os planos de ação.

Daí para a frente, Simone permaneceu calada, com o ar absorto. Não parecia aborrecida, mas, pela expressão, não parecia interessada na reunião. Ou ainda, parecia não entender nada, a julgar pelo olhar perdido. Era como se sua atenção estivesse desligada.

Em pouco tempo, essa atitude foi percebida pelo grupo. Mesmo que não comentassem o fato, todos acharam estranha essa postura de alheamento de Simone, porque era comum a participação da equipe na apresentação de qualquer projeto, seja por sugestões, críticas ou perguntas.

Sérgio, que conhecia muito bem as reações da amiga, também achou estranha aquela atitude. Mesmo se chateada com as restrições feitas à escolha da casa, Simone era suficientemente profissional e educada para respeitar as opiniões contrárias às suas, disso Sérgio sabia. A colega jamais deixaria que qualquer contrariedade interferisse no espírito de grupo, uma característica da produtora. Por isso, ficou olhando-a pelo canto dos olhos.

Surpreendeu-se quando, de repente, ela pediu licença para se retirar, embora suas palavras tivessem sido quase ininteligíveis ao se levantar: mais um resmungo do que uma frase. Levantou-se e deixou rapidamente a sala.

O pequeno grupo se entreolhou, mas ninguém comentou nada. Os semblantes oscilaram entre surpresa, preocupação e reprovação por aquela atitude intempestiva no meio da exposição de Vânia. Preferiram deduzir que Simone iria ao toalete ou que talvez não estivesse passando bem. Afinal, acabara de chegar de uma exaustiva viagem de três dias.

Sérgio ficou particularmente intrigado quando percebeu que a amiga se esquecera de levar a mochila com todo o material de trabalho, documentos e demais pertences pessoais inerentes a uma mulher.

Ainda assim, decidiu esperar mais um pouco pelo seu retorno. Como isso não aconteceu, depois de um tempo razoável, comentou com o chefe:

— Raul, acho que Simone não está passando bem. Se ela tivesse apenas ido ao toalete, já teria voltado. Acho melhor eu dar uma espiada e ver se está acontecendo alguma coisa grave, se Simone teve algum mal-estar. Ela havia comentado comigo no estacionamento que a viagem fora muito estressante.

Raul concordou de imediato:

— Com certeza, Sérgio. Vá procurá-la, veja se está tudo bem e nos mantenha informados.

Ele pegou a mochila de Simone e saiu. Talvez estivesse sentindo alguma dor, algum mal-estar e por isso saíra apressada, para se tratar, esquecendo a mochila.

Atravessou o corredor a passos largos e perguntou pela amiga na recepção daquele andar. Ela fora vista minutos antes pegando o elevador. A pedido de Sérgio, a recepcionista ligou pelo interfone e pediu informações à colega do térreo, Em seguida, voltou-se séria para Sérgio:

— A informação é de que dona Simone saiu do prédio há algum tempo, a pé, pela porta da frente.

Sérgio achou estranho que ela tivesse saído a pé, porque seu carro estava estacionado no subsolo. Para eliminar qualquer dúvida, pegou o elevador e foi até o subsolo. Confirmou que o carro da amiga estava lá, ao lado do dele, da maneira como haviam estacionado ao chegarem e isso o deixou mais preocupado ainda. Voltou para o térreo e saiu à rua na esperança de encontrá-la nas proximidades.

Suspirou aliviado quando a viu.

Ela estava parada, logo defronte ao prédio, com os braços cruzados sobre o peito, olhando para os carros que passavam pela avenida Faria Lima. Com a proximidade da hora do almoço, o trânsito começava a ficar crítico.

Sérgio aproximou-se da amiga, percebendo que ela continuava com aquele olhar estranho, meio perdido:

— Ei, Simone! O que deu em você? Ficamos preocupados com sua saída da reunião e depois com a sua demora em voltar. Algum problema? Não está se sentindo bem?

Simone se voltou para Sérgio, que tremeu dos pés à cabeça: ela o olhou, séria, como se nunca o tivesse visto na vida. Tinha um olhar vazio e inexpressivo. Quando respondeu, sua voz estava estranhamente rouca, diferente daquela que o amigo conhecia tão bem:

— O senhor está falando comigo?

Sérgio pensou tratar-se de uma brincadeira da amiga, ainda que aquele não fosse o estilo de Simone brincar. Mesmo preocupado, procurou mostrar-se natural:

— Deixe disso, amiga! Vamos voltar para a reunião. Agora que iremos discutir a outra minissérie, não fica bem você não estar presente — e pegou delicadamente no seu braço, fazendo uma leve pressão para trazê-la de volta ao prédio.

Ele se assustou com o brusco safanão da outra, num movimento ríspido e grosseiro para fazê-lo soltar seu braço. A voz continuava séria e agora claramente agressiva:

— Mas o que é isso? Que intimidade é essa? O que o senhor pensa que está fazendo?

Sérgio não sabia se sorria ou se ficava preocupado. Ainda achava que podia ser uma brincadeira da amiga, embora já começasse a ter dúvidas:

— Ok, Simone, agora chega. Essa brincadeira não tem mais graça. Vamos voltar para a reunião antes que o Raul se aborreça com nossa ausência.

Ela descruzou os braços e voltou-se para ele bastante irritada:

— O senhor está sendo impertinente. Por favor, me deixe em paz ou chamarei a polícia. Dessa vez, Sérgio percebeu que havia mesmo alguma coisa de muito errado com sua amiga. Baixou o tom de voz e fez o possível para que ela soasse natural e delicada:

— Simone, minha amiga, você deve estar muito estressada com todas as viagens que fez e com todas as atividades que tem. Sei também que o Laércio a anda pressionando muito. Tudo isso junto esgota qualquer pessoa. Venha, vamos tomar um pouco de água gelada e conversar lá no escritório. Por favor, venha comigo.

Ela não se mexeu um milímetro sequer. Continuou olhando-o com aquela mesma enorme frieza e distanciamento no olhar:

— O senhor deve estar me confundindo com outra pessoa, moço.

Embora se considerasse um sujeito experiente, que já vira quase tudo na vida, Sérgio não pôde evitar que o tremor lhe acometesse novamente todo corpo. Sentiu o coração disparar quando ouviu a frase seguinte:

— E, de uma vez por todas: eu não sou sua amiga e não me chamo Simone. Tenha um bom-dia.

Deu-lhe as costas e começou a caminhar em outra direção.

As buzinas e os ruídos naturais de um trânsito congestionado faziam um fundo sonoro muito bizarro para aquela cena.

Sérgio levou alguns segundos para se refazer da surpresa. Só então lembrou-se de que estava com a mochila dela. Rapidamente abriu o zíper e procurou um documento qualquer com o nome e a foto da amiga. Achou seu documento de identidade. Correu atrás dela tendo o cuidado de não tocá-la:

— Ei, espere! Por favor, Simone, espere um pouco.

Como a outra não se deteve, Sérgio apressou o passo e postou-se à sua frente. Ela não teve alternativa senão parar, olhando-o com muita raiva. Sérgio ergueu o documento na altura dos olhos de Simone, que estava ofegante pelo esforço da corrida e pela tensão:

— Veja esta foto. É ou não é você? E veja o nome: Simone Andrade. Agora vai parar com essa brincadeira ou vai insistir?

A mulher continuava irritada, olhando fixamente para ele. Pela primeira vez, deu sinais de hesitação. Após alguns segundos, que para Sérgio pareceram uma eternidade, ela desviou o olhar e observou melhor o documento. Inicialmente o fez com indiferença. Depois, seus olhos se arregalaram e sua face ficou pálida.

Pela expressão da outra, Sérgio previu o que ia acontecer. Por isso correu para ampará-la antes que desmaiasse e desabasse no chão.

Capítulo 4

Três dias antes. Piracaia é uma pequena cidade do interior paulista, próxima dos conhecidos municípios de Atibaia e Bragança Paulista. Fundada em 1817, tem pouco menos de 30 mil habitantes e fica a 85 quilômetros da capital. Localizada na Serra da Mantiqueira, é um lugar muito aprazível, repleto de belezas naturais, principalmente pelo relevo montanhoso, que esconde muitas cachoeiras, algumas até inexploradas.

Naquela manhã, depois de dirigir por quase 100 quilômetros, Simone chegou à Piracaia e pôs-se a procurar um hotel. Não via a hora de tomar um demorado banho quente e cochilar um pouco.

Havia três dias que estava "na estrada" e já visitara outras quatro pequenas cidades naquela região. Essa maratona fora possível porque as localidades eram todas interligadas por rodovias estaduais, nem sempre bem conservadas, o que exigia uma atenção redobrada na direção e causava um estresse maior.

Simone já havia completado vinte e nove anos. De estatura mediana, tinha a pele muito branca e longos e lisos cabelos negros. Não chegava a ser bonita, a ponto de fazer os homens virarem a cabeça quando passasse.

Mas possuía uma simplicidade atraente, somada a um jeitinho muito simpático e dócil de tratar as pessoas. Na produtora, era admirada por mostrar-se sempre gentil e prestativa com os colegas. Para ela, era importante ser querida — se isso era carência, como dizia seu marido em tom de crítica, que fosse.

Aos vinte e quatro anos, formara-se em Arquitetura, mas, no ano seguinte à formatura, conhecera Laércio, que a convencera a abandonar a régua e o compasso e a fazer parte do mundo do palco e das telas.

Naquela época, Laércio era ator de teatro e Simone fazia pequenos trabalhos temporários para algumas pequenas construtoras. Apaixonaram-se e passaram a compartilhar os mesmos interesses.

Simone estava deslumbrada com Laércio, o primeiro homem a aceitá-la como era, tímida e insegura.

Além disso, Simone sempre achara que jamais conseguiria atrair um homem interessante — e Laércio, na sua opinião, era muito mais do que isso: jovem, bonito, talentoso e romântico. Às vezes, ela se questionava, tentando descobrir o que ele havia visto nela, entre tantas outras mulheres mais bonitas e inteligentes.

Com o incentivo de Laércio, Simone fizera o curso de Artes Cênicas, com Habilitação em Cenografia, na Escola de Comunicação e Artes da Universidade de São Paulo. Na mesma entidade, ele havia se matriculado no curso de Interpretação Teatral. Após alguns anos, enquanto Simone se mantinha fiel à sua escolha de especialização na produção de audiovisuais, Laércio pulara para a área de Marketing.

Mesmo antes do término da segunda graduação, Simone fora contratada como estagiária pela produtora Mundo Novo e Laércio começara a trabalhar numa agência de publicidade de porte médio, da qual depois se tornaria sócio.

Já moravam juntos por dois anos quando decidiram casar — e só o fizeram exclusivamente por causa da pressão dos pais. Não tinham filhos ainda, porque desejavam progredir nas respectivas carreiras.

No começo do casamento, tudo correu com maestria. Mas, ultimamente, o casal não estava bem. O marido acusava Simone de ter perdido o foco profissional, de ter se tornado uma pessoa passiva, sem iniciativas, que não batalhava o suficiente pelos objetivos perseguidos pelos dois.

Na percepção dele, após o casamento a esposa se acomodara em todos os sentidos e parecia feliz com o modesto cargo de auxiliar de produção na agência. Nem o fato de ter sido efetivada com apenas quatro meses de contrato como estagiária a tinha deixado mais confiante.

Mesmo a contragosto, Simone reconhecia que, pelo menos em parte, seu marido tinha razão. Amava-o muito, mas depois do casamento, algo acontecera, algo do passado voltara. Deixara de ter motivação para cuidar melhor da sua aparência e da sua carreira. Tinha consciência de que lhe faltava energia.

Às vezes culpava seus pais. Pessoas simples, humildes e de pouca cultura, que nada haviam feito para que ela crescesse com ímpetos de vencedora. Na verdade, lutava, em segredo, com uma forte tendência à depressão. Havia períodos mais agudos em que para ela a vida não fazia o menor sentido. Tentava reagir, mas nem sempre obtinha êxito. Para piorar a situação, Laércio percebera o quadro e, a cada dia, mostrava-se mais descontente e distante.

Como isso a deixava muito insegura, pensava muitas vezes em fazer psicoterapia, mas sempre encontrava um "motivo" que a impedisse: ora era falta de dinheiro, ora falta de tempo ou outra desculpa qualquer.

Para compensar, ela se jogava de corpo e alma no trabalho — o que não deixava de ser uma forma de fuga. Mas pelo menos isso lhe garantia o emprego. Quem a visse tão esforçada no trabalho, não conseguiria imaginar a pessoa frágil e dependente que era em casa.

Quando Sérgio lhe comunicara que havia sido escolhida para substitui-lo na produção da minissérie, sentira um medo enorme de não conseguir cumprir a missão. Depois, conversara longamente com Laércio e fora persuadida por ele de que essa seria a grande oportunidade da sua vida. A partir daí, prometera a si mesma que faria um grande esforço, superaria todos os seus medos e enfrentaria o desafio, custasse o que custasse. Ou então, sabia que mais cedo ou mais tarde, perderia o marido.

Esse perfil de Simone, que antes cativara Laércio, tomado por uma tendência paternalista, anos depois, era incompatível com o de uma pessoa dinâmica, que adorava o trabalho e alimentava planos bem ambiciosos de crescimento profissional. Laércio ainda tinha a grande vantagem de saber administrar o binômio vida pessoal e vida profissional. Nesta, sentia-se realizado; na outra, estava frustrado, embora amasse muito sua mulher. Queria apenas que ela fosse mais cúmplice, mais parceira, com tanta alegria de viver e crescer quanto ele.

Talvez o marido não percebesse, mas Simone estava se esforçando, ainda que maltratasse sua mente e seu corpo, trabalhando além das suas forças.

Durante o dia, dava expediente na Mundo Novo, sua ocupação principal, e em duas noites por semana atuava como atriz numa peça teatral, encenada por um grupo amador. Procurara e enfrentava esse desafio como tentativa de vencer sua inibição. Preferia essa exposição a fazer terapia; pelo menos não pagava nada e contava com um elenco de apoio à sua volta. Para completar a jornada, nas noites que sobravam, concluía um curso prático de especialização em direção e produção de arte, recomendado pelo Sérgio.

Tudo era feito para atender às expectativas do seu marido, que queria uma mulher mais dinâmica e batalhadora — mas só Deus e ela sabiam o desgaste físico e emocional que lhe provocavam.

Agora estava em uma missão de trabalho para a produtora. Buscava identificar lugares ideais para as gravações da minissérie de mistério, um projeto que se mostrava a grande oportunidade de sua carreira.

Apesar disso, seu marido não compartilhava muito dessa alegria. Por um lado, estimulava o dinamismo da esposa; por outro, preocupava-se com o desgaste da sua saúde, além de sentir falta da sua companhia. Com toda essa agitação, era muito pouco o tempo que sobrava para o casal.

Antes de pegar a estrada, Simone havia examinado cuidadosamente o mapa rodoviário. De forma aleatória, seguindo apenas sua intuição, optara por uma região, escolhera algumas cidades próximas, definira um roteiro sequencial para as visitas e seguira naquela direção. Preferia usar esse critério de escolha do que aceitar sugestões e palpites de amigos e colegas. Ela precisava mostrar que tinha competência para aquele trabalho, sem recorrer a ninguém. Até onde se lembrava, era a primeira vez na vida que assumira essa atitude.

Para essas viagens, poderia ter escolhido usar ônibus, mas sabia que assim perderia muito tempo. Também poderia ter requisitado um motorista, mas preferiu viajar sozinha. Foi uma decisão assumida e pensada. Sentia necessidade de ficar só ao menos por alguns dias.

No entanto, diante de todo esse esforço, sabia que precisava relaxar e descansar a mente. Para ela, o desgaste físico seria facilmente resolvido com algumas horas de sono, mas aquietar a alma era bem mais complicado.

Sentia-se esgotada em todos os sentidos. Sua tensa relação com Laércio inquietava-a muito e deixava-a dividida pelas muitas obrigações profissionais que assumira.

Depois de percorrer as estreitas ruas do centro de Piracaia, encontrou um pequeno hotel que lhe pareceu satisfatório para apenas um pernoite — certamente não conseguiria regressar no mesmo dia a São Paulo. Levaria tempo para percorrer a região fazendo a pesquisa e ficaria mais cansada ainda. Portanto, decidiu que voltaria na manhã seguinte.

Conforme presumira, era um hotel pequeno e bem simples, mas limpo e acolhedor. Depois de um banho reconfortante, deitou-se numa estreita cama de solteiro e dormiu profundamente por quase três horas. Estava realmente exausta, sentindo-se muito fraca.

Acordou já na hora do almoço. O hotel não servia refeições, de modo que ela precisou pegar o carro novamente e procurar um restaurante nas redondezas.

O banho e o repouso lhe fizeram muito bem — sentia-se energizada e disposta. Assim, decidiu deixar o almoço para mais tarde e rodar um pouco pela cidade. Quem sabe encontraria ali uma casa adequada para as filmagens.

Em todos os lugares que visitara nos dois dias anteriores, não encontrara nenhuma casa de fazenda que lhe parecesse apropriada, o que não a deixava muito otimista. Já decidira que, se nada a interessasse ali, voltaria para a capital e retomaria a busca na semana seguinte, rumando para outra região.

Após dirigir por mais de meia hora, Simone percebeu que saíra do perímetro urbano. A presença de moradias, casas comerciais e mesmo de pessoas já se tornara escassa e agora ela avançava por uma estreita estrada de terra, cercada por densas matas, ladeando extensas e verdejantes pastagens.

Continuava achando que estava perdendo tempo.

Quando já procurava um lugar seguro para fazer o retorno, avistou a casa.

Ficou tão impressionada que freou bruscamente e passou a contemplar aquela construção por algum tempo, observando-a e avaliando-a. Soltou finalmente um longo suspiro de alívio. Era aquela! Pelo menos à distância, a casa parecia ser o lugar ideal para as gravações. Sua intuição lhe dizia que a busca, enfim, resultara em algo muito positivo.

Avançou o carro mais um pouco, dessa vez bem devagar para estudar o local. Com dois amplos andares, aquela era a casa-sede da enorme fazenda à sua frente. Quanto mais se aproximava, mais certeza tinha do lugar.

Dirigia tão empolgada, que o carro parecia seguir sozinho, como se outras mãos tomassem conta do volante e escolhessem o caminho.

Simone jamais poderia suspeitar que era isso mesmo que acontecia.

Por fora e à distância, a casa da fazenda parecia perfeita. Olhando-a mais detidamente, ela teve a perturbadora sensação de já ter estado ali, o que era definitivamente impossível, pois nunca tinha ido àquela cidade antes.

Estacionou o carro diante de uma enorme e reforçada cancela, acima da qual era difícil não ver a grande e rústica placa de madeira com dizeres escritos com tinta branca e em letras maiúsculas: "Entrada proibida".

Ficou parada, sentada dentro do carro, olhando os detalhes da casa, por quase meia hora. De onde estava, não podia distinguir muita coisa.

Da cancela até à entrada da casa, sobre um volumoso e verdejante gramado havia um longo e sinuoso caminho recoberto por pedras irregulares e ladeado por algumas plantas floridas baixas.

A fachada era imponente, com uma escadaria de cimento que mostrava visíveis sinais de desgaste pelo tempo, dando acesso a ampla varanda em "L". A pintura amarelada das paredes denunciava a necessidade de uma reforma, bem como o marrom das portas e janelas, todas protegidas por grossas grades. Plantas trepadeiras cobriam largos espaços em torno das amplas janelas.

Vista em detalhes, a casa nada tinha de extraordinário. Mas, observando-a por inteiro, a visão era um tanto assustadora e, ao mesmo tempo, atraente.

Sim, era inegável que aquela casa exercia uma estranha e inexplicável atração sobre Simone. Uma atração tão forte que excedia a natural satisfação profissional de haver encontrado um excelente lugar para o projeto.

Havia um forte contraste em tudo aquilo: se, por um lado, o tamanho da fazenda e a imponência da casa mostravam provável riqueza dos seus proprietários, por outro lado, deixava perceber um considerável descuido na sua conservação. Não que estivesse prestes a desabar, mas bem que a pintura, a escada, as paredes mereciam uma atenção maior.

Diante da placa de "Entrada Proibida", Simone hesitava entre dar meia-volta ou buzinar para chamar a atenção de algum morador. Uma coisa era certa: se aparecesse alguém, ela tentaria conhecer a casa por dentro.

Ocorreu-lhe que precisaria de muita força interior para controlar suas inseguranças e temores. Afinal, agora que chegara até ali, não poderia se dar ao luxo de esmorecer. Seria um fiasco.

Antes que decidisse o que fazer, percebeu que um homem idoso saíra de trás da casa e caminhava devagar em sua direção. Usava um chapéu de palha para proteger o rosto contra o sol forte daquela hora. Vestia-se de maneira simples, do jeito habitual das pessoas que trabalham no campo: enormes botas pretas e sujas, calça jeans já surrada pelo uso e uma larga camisa quadriculada, de mangas compridas, com os punhos dobrados até os cotovelos.

— Bom dia, moça.

Simone já saltara do carro e se aproximara do portão. Resolveu que se mostraria decidida e comunicativa:

— Bom dia, senhor. Aqui não tem cachorro bravo não, tem?

O velho ensaiou um sorriso tímido:

— Tem não, moça. A senhora está precisando de ajuda?

Simone não sabia como introduzir o assunto. Quando ajudava Sérgio a alugar alguma casa para filmagens, era sempre ele que negociava com os corretores de imóveis. Havia um jeito padrão para esse tipo de transação. Mas ali se tratava de gente simples, donos ou empregados da casa. Imaginava que, com eles, a conversa deveria ser mais direta, embora mais simples:

— Bem, de certa forma, sim. Será que poderíamos conversar um pouco?

O velho apertou os olhos demonstrando desconfiança. Talvez imaginasse que ela quisesse vender-lhe algo. De vez em quando, apareciam por ali pessoas tentando vender bugigangas e era difícil livrar-se delas. Mas aquela jovem não parecia ser desse tipo:

— Sobre o que, moça?

— Sobre essa casa.

O velho mostrou-se surpreso. Ficou um pouco em silêncio olhando para Simone e depois voltou o rosto e olhou para a frente da casa de onde surgiu uma senhora, também idosa, que secava as mãos em um avental vermelho preso à cintura. "Provavelmente sua esposa", pensou Simone.

O homem tirou o chapéu, enxugou a testa com um lenço branco bastante amassado pelo uso e voltou a encarar Simone:

— O que é que tem a casa, moça?

Era difícil explicar-lhe separada por um grosso portão, falando por entre frestas de largas taboas de madeira. Decidiu falar a verdade:

— Bem, eu queria sua permissão para fotografá-la.

O velho não hesitou, balançou negativamente a cabeça:

— Não pode, moça.

Diante dessa negativa tão imediata e taxativa, Simone teve vontade de dar meia-volta, mas censurou-se em seguida: não poderia desistir assim tão facilmente, sem insistir. Fingiu surpresa:

— Não posso? Mas por quê? Qual é o problema de fazer algumas fotos da casa? Ela é tão bonita!

O homem repôs o chapéu na cabeça:

— Desculpe, moça, eu não sou o dono dela. Só estou obedecendo ordens. O dono disse que ninguém pode entrar na casa.

— Entendo. O senhor está cumprindo corretamente o seu papel. Mas, neste caso, será que eu poderia falar com o dono?

— Também não pode, moça. Ele mora no Rio de Janeiro.

— Ah, então ele não está na casa?

— Não, senhora. Está no Rio de Janeiro.

— Entendo. Mas penso que não haverá problema se o senhor me deixar entrar só um instantinho para conhecer a casa de perto.

O velho ia responder algo de forma impaciente, quando percebeu que a mulher, que até então permanecera na escadaria olhando-os com curiosidade, caminhava na direção deles.

O homem esperou pacientemente que ela se aproximasse e lhe disse:

— A moça aqui quer entrar para fotografar a casa.

A mulher, já com os cabelos todos grisalhos, olhou com curiosidade para Simone, que se apressou em explicar, esforçando-se para se mostrar bem simpática:

— Bom dia, senhora — a mulher respondeu com um gesto de cabeça, protegendo os olhos do sol com a palma da mão esquerda, enquanto a outra repousava na cintura. Simone decidiu que deveria ser bastante objetiva na justificativa do seu pedido. — Eu trabalho em São Paulo, numa produtora de filmes para a televisão. Há dias venho procurando uma casa para fazermos uma novela e simpatizei muito com esta aqui.

O casal de idosos se fitou em silêncio. Simone achou que poderia continuar falando e, quem sabe, conseguisse convencê-los a atender seu pedido:

— Daqui de fora, a casa parece ser a ideal. Mas, de repente, conhecendo-a de perto, talvez não seja o que nos convém e não o incomodaremos mais — o casal olhava-a ainda em silêncio. Pareciam tentar entender o que ouviam. Simone deu uma última cartada. — Minha visita será rápida, não deve durar nem uma hora. Preciso voltar logo para a cidade porque ainda nem almocei.

Essa última frase teve um efeito devastador e decisivo sobre a velha senhora. Ela encarou o homem com expressão de espanto, voltou a olhar para Simone e falou:

— Ainda não almoçou? Mas, minha filha, já são quase três horas da tarde! Como ainda não almoçou? Deve estar morrendo de fome! Entre, vou providenciar alguma coisa para você comer.

Simone percebeu que sensibilizara a mulher. Foi tentada a sentir remorsos por usar aquele apelo emocional, mas, afinal de contas, não dissera nenhuma mentira. Ainda não havia almoçado mesmo, embora não estivesse "morrendo de fome".

O velho não deve ter gostado da iniciativa da sua mulher, porque não teve nenhuma pressa em tirar um molho de chaves que trazia pendurado no cinto.

Devagar, abriu o enorme cadeado que prendia as correntes da cancela. Resmungou mais do que falou:

— Pode colocar o carro aqui dentro, moça. Minha mulher vai preparar alguma coisa para a senhora almoçar.

Sem mostrar-se satisfeita pelo que conseguira até então, Simone voltou ao carro, ligou-o e conduziu-o devagarinho pelo caminho de pedras até a frente de casa.

À medida que o carro avançava, sua respiração começava a ficar ofegante e seu coração batia com mais força. Achou estranha a reação, pois, ainda que se sentisse feliz pela casa encontrada e pelo êxito ao tentar entrar no terreno, não era razão para o metabolismo tão afetado. Já havia vivido outras felicidades profissionais e, nem por isso, ficara assim tão agitada. Era quase como se estivesse emocionada — mas sabia que não havia nenhuma razão para tanto. Era apenas um trabalho a mais.

Ah, o estresse! Era o bendito estresse responsável por esse exagero sentimental! Aliás, por conta do cansaço, ultimamente, qualquer emoçãozinha virava um terremoto interior. Precisava cuidar-se depressa, antes que tivesse um colapso nervoso. Laércio tinha suas razões para estar bravo e preocupado. Apesar de implicante, o marido era inegavelmente paciente e tolerante com a esposa.

Dirigiu devagar, até porque o casal caminhava lentamente ao lado, quase à frente do carro.

Ao olhar para a direita, tremeu dos pés à cabeça e teve de parar bruscamente: uma grande e frondosa mangueira parecia chamá-la, atraí-la. Sentiu bastante frio, mas não conseguiu desviar o olhar da enorme árvore.

Capítulo 5

Assustou-se quando o velho se encostou na janela ao seu lado, perguntando:

— Algum problema, moça? O carro enguiçou?

Simone como que despertou de um estado de letargia e procurou disfarçar:

— Não, tudo bem, me desculpe. Parei para apreciar a paisagem, que é linda!

O homem franziu a testa, olhando-a com expressão de censura: por que havia freado de forma tão brusca? Simone procurou se recuperar rapidamente e voltar à normalidade. Acelerou o carro e avançou na direção da casa, agora com um pouco mais de velocidade. Quando parou o carro, já estava se sentindo bem.

Saltou, esforçando-se para parecer calma, amistosa e natural. Não queria causar qualquer aborrecimento ao casal de idosos, pois dali a instantes certamente negociaria o aluguel da casa.

A velha senhora segurou Simone pelo braço, de forma gentil.

— Vamos entrar, minha filha, que eu lhe arranjo algo para comer. Onde já se viu, a uma hora dessas ainda de estômago vazio?

Empurrava-a com delicadeza na direção das escadas.

Simone não pode deixar de pensar: "Eu estou conseguindo! E sem a ajuda de ninguém. Eu sei que vou conseguir mais ainda!". Ela percebeu que o velho não escondia seu descontentamento, embora nada dissesse.

— Não precisa se incomodar, dona... Desculpe, como a senhora se chama mesmo?

– Lucinda, minha filha. Eu me chamo Lucinda. Mas não precisa me chamar de "dona" nem de "senhora". Eu não gosto. Me faz sentir mais velha.

— Está bem. Da mesma forma, também não precisa me tratar de "dona" nem de "senhora", combinado?

Ela sorriu, satisfeita:

— Combinado.

— E seu marido, como se chama?

— Ele é o Hermínio. Tem cara de mau, mas é só a cara, pode acreditar. É meio rabugento, mas, no fundo, tem bom coração.

Quando chegaram ao topo dos dez degraus, Lucinda parou para recuperar o fôlego. Simone ficou ao seu lado, até porque Hermínio vinha mais atrás, num ritmo mais lento. Ainda não subira todos os degraus.

Simone percebeu que, embora bem conservados, os caseiros já não tinham condições físicas para subir e descer aqueles degraus com mais rapidez e nem muitas vezes ao dia:

— Gente, eu não quero incomodar vocês. Meu desejo é apenas conhecer a casa e, se for possível, fazer umas fotos e levar para São Paulo para mostrá-las ao meu chefe.

Enquanto se recuperava, ofegante, com a mão esquerda no peito, Lucinda perguntou:

— Você disse que trabalha numa produtora de filmes? O que vocês fazem lá?

— A gente faz séries, documentários e comerciais para a televisão.

Lucinda se mostrou admirada:

— Que interessante... Essas séries são como novela, não é?

— Isso mesmo.

— Que interessante... — repetiu com uma das mãos no queixo. Então, como se tivesse despertado de um cochilo, lembrou-se por que a visitante estava ali na casa. — Venha, sente-se aqui. Descanse um pouco aqui na varanda, enquanto eu preparo alguma coisa. — indicou um sofá rústico de palha. Voltou-se para o marido: — Hermínio, faça companhia à moça que eu já volto.

Em resposta, ele apenas olhou para a esposa, insistindo em permanecer calado.

Lucinda entrou na casa enquanto o velho, sempre com olhar desconfiado, sentou-se numa larga poltrona, também de palha, na frente de Simone.

Estavam numa ampla varanda que, de tão grande, podia ser usada como sala de espera. Ali havia várias poltronas e um sofá, com encostos e assentos de tecidos coloridos. Além disso, havia duas cadeiras de balanço de palha e uma mesinha de centro, com algumas revistas antigas, com muitas páginas amassadas e desbotadas pelo tempo. De onde estavam, ficavam à exposição tanto do sol como da chuva e da poeira.

Simone tentou vencer a desconfiança do velho:

— Hermínio, sei que você está preocupado com a minha presença aqui, mas pode ter certeza de que eu não farei nada que vocês não queiram. Não desejo lhes criar nenhum problema.

Ele tirou o chapéu e passou a mão na cabeça, já com poucos cabelos:

— A senhora sabe como é, né? Somos empregados e temos que obedecer ao patrão. O senhor Rui nos deu ordens bem claras: não quer visitas, não quer nenhum estranho na casa. Mas minha mulher é muito teimosa, não leva essas ordens a sério, e não gosto de contrariá-la.

— Ela apenas tem bom coração, Hermínio. Entendo tudo o que você falou. Mas, como eu disse, não se preocupe. Pode até ser que a casa não seja aquela que estou procurando.

O velho aproveitou a deixa:

— Eu acho mesmo que ela não vai servir para o que a senhora quer. Ela é muito velha e a conservação não está muito boa. Nunca foi reformada, apenas uma vez em todos esses anos. É de construção antiga e a senhora com certeza deve querer algo mais moderno.

— Pelo contrário, Hermínio. Acho que vai ficar decepcionado em saber, mas a história do nosso filme se passa no começo do século passado. A casa deve ser mesmo um pouco antiga.

Ele repôs o chapéu na cabeça. Era claro que não gostara daquela informação. Ficou um instante em silêncio e depois perguntou:

— Como é que a senhora chegou até aqui? Quero dizer, como é que achou esta casa?

— Foi puro acaso, pode acreditar. Nesses últimos três dias estive visitando outras pequenas cidades aqui da região. Esta é a quinta cidade que visito. Quando cheguei em Piracaia, estava muito cansada. Dormi e acordei tarde, já na hora do almoço. Sem fome alguma, resolvi passear um pouco pelas redondezas, me perdi na estrada e, quando menos esperei, estava aqui. Acredite que esta é a primeira cidade onde encontro uma casa que me agradou logo de primeira — riu, tentando descontrair o velho. — Acho que foi amor à primeira vista.

Ainda sério, Hermínio mostrava que era duro na queda:

— Talvez a senhora ache coisa melhor na cidade. Ou andando um pouco mais pelo campo. Há muitas fazendas por aqui. Maiores e mais conservadas do que esta.

Simone respondeu com a intenção de diminuir a resistência do caseiro, porque estava convencida de que aquela era a casa certa:

— Pode ser. Talvez o senhor tenha razão. Depois vou dar uma espiada por aí.

Ele relaxou um pouco com a resposta.

Lucinda apareceu na porta da casa e chamou:

— Venha, minha filha, preparei uma coisinha pra você. Venha comer, senão você fica fraquinha e pode até passar mal.

Intimamente, Simone dava pulos de alegria. Ia conhecer a casa por dentro! Procurou controlar a ansiedade e a euforia e caminhou devagar para a larga porta dupla onde Lucinda a esperava. Hermínio levantou-se e a seguiu.

Ao entrar na sala, Simone não acreditou no que viu. Por dentro, a casa era exatamente como imaginava! As altas e grossas paredes estavam cobertas com papel florido, já desbotado e amarelado pelo tempo, móveis rústicos antigos e enormes, tapetes de pele de animais cobriam o piso de cimento no centro das salas. Havia ali muitos adereços, quadros e fotografias em pesadas molduras nas paredes. Simone reparou nos candelabros à moda antiga, as largas janelas com longas cortinas brancas que chegavam ao chão — todas precisando de uma boa lavagem.

E o mais estranho: tudo aquilo lhe era muito familiar, como se já tivesse morado ali! Sentia-se inexplicavelmente em casa, essa era a verdade.

Lucinda deve ter notado seu deslumbramento:

— Está gostando da casa, Simone?

— É linda, Lucinda, muito linda! Não entendo como os donos não vêm morar aqui. É um desperdício deixá-la sem uso.

A senhora respondeu com um tom de voz que insinuava uma fofoca:

— Na verdade não são os "donos", mas "o" dono.

— Como assim?

— Ih, minha filha, é uma longa novela. Mas sente-se. Enquanto você come, eu vou lhe contando um pouco da história desta casa.

Hermínio, que ficara sentado no batente da porta ouvindo disfarçadamente toda a conversa, pigarreou como que para advertir a mulher de que não deveria falar tanto a respeito da casa. Mas ela pareceu não lhe dar importância. Continuou se dirigindo da mesma maneira à Simone. Tudo indicava que a velha senhora simpatizara muito com ela.

"Acho que ela gostou de mim. Com certeza isso irá facilitar as coisas", pensou Simone, sentando-se para comer.

Lucinda praticamente cobrira a mesa de pratos, tamanha variedade de iguarias:

— Pode se servir à vontade, minha filha. Eu e meu velho já comemos.

— Minha Nossa! Isso é muita comida para uma só pessoa!

— Que nada, você está precisando se alimentar. Está há muitas horas sem colocar nada no estômago. Isso não faz bem.

Simone serviu-se generosamente de cada uma daquelas opções. Enquanto isso, Lucinda começou a contar a história do local.

— Esta casa pertencia ao coronel Justino e sua esposa, dona Angélica. Um casal boníssimo, muito apaixonados um pelo outro. Eles tinham uma filha linda, a Mariana. Ela era muito inteligente; lia bastante, pintava (há muitos quadros seus pendurados pela casa), falava inglês, sabia dirigir, atirar e tocava piano muito bem. Uma joia de pessoa.

Hermínio não gostava nada da tagarelice da sua mulher. Tentou fazê-la calar-se:

— Deixe a moça comer em paz, Lucinda! Fique um pouco com essa boca fechada!

Simone não queria que Lucinda interrompesse a narrativa. Seria interessante conhecer aquela história:

— Não se preocupe, Hermínio. Gosto de ouvir histórias antigas. Principalmente quando são verdadeiras.

Dessa vez foi Lucinda quem chamou a atenção do marido:

— Viu só, Hermínio? A moça gosta de conversar. Não é como você, que passa o dia inteiro de boca fechada, e eu sem ter com quem falar — voltou-se para Simone: — Se você não aparece aqui hoje, minha filha, eu ia criar ferrugem na boca. Esse homem não conversa comigo e nunca aparece ninguém por aqui. Então, o que é que eu faço? Se eu falar com as paredes, vão dizer que enlouqueci.

O velho resmungou qualquer coisa e passou a olhar a paisagem. Mas certamente suas antenas continuariam ligadas na conversa das duas mulheres.

— Então, como eu ia lhe dizendo, minha filha, quando Mariana tinha dezenove anos, conheceu na aula de piano o amigo do seu professor, um moço do Rio que estava aqui de passagem. Pronto! Foi tiro e queda! Eles se conheceram e ela se apaixonou perdidamente por esse moço do Rio, um tal de senhor Rui. Ele era cinco anos mais velho do que ela. Era um rapaz muito bonito e bem falante, muito galanteador. Acho que foi esse jeitão que conquistou o coração inexperiente da moça, que nunca tivera um namorado. A partir daí, começaram a se encontrar às escondidas. Os pais não aprovavam a relação, até porque não se sabia muita coisa a respeito do rapaz. Mas, você sabe como é. Quando duas pessoas se apaixonam, não há quem os impeça de se juntarem.

— Isso é verdade. E ele? Também era apaixonado por ela?

Lucinda franziu um canto da boca, antecipando sua opinião:

— Sei não, minha filha. Ele dizia que sim, mas eu tinha minhas dúvidas. Só sei que ele era muito ciumento, isto sim. Depois que casaram, ela passou a tomar todas as aulas, a de pintura, inglês e piano, aqui dentro de casa, por ordem do marido. Não queria que fosse à cidade, tudo por causa do ciúme. Os professores tinham que ser mulheres, por isso chegou até a trocar o de piano, mesmo sendo seu amigo. Por ordem do senhor Rui, não entrava homem aqui.

Hermínio não se conteve e falou lá do batente da porta:

— Deixe de fofoca, mulher! — até do batente, Hermínio prestava atenção na conversa.

Novamente Lucinda demonstrou não se preocupar com as admoestações do marido, pois continuou falando no mesmo tom:

— Imagine que a coitadinha adorava ler. Lia de tudo. Antes de casar, ia sempre à Biblioteca Municipal daqui, de Atibaia ou de Bragança Paulista, pegar livros para ler. Ia de carro, pois o pai lhe ensinara a dirigir. Pois bem. Depois que se casou, por ordem do marido, ela só ia à cidade se meu Hermínio a levasse, esperasse e a trouxesse de volta — voltou-se triunfante para o marido — Isso por acaso é fofoca minha? Você sabe que era assim! — ele não respondeu, apenas resmungou qualquer coisa. — Às vezes, a professora de inglês trazia alguns livros americanos para ela ler, pois assim aprendia cada vez mais aquele idioma.

— Vida difícil, hein? — mesmo interessada na história, Simone começava a se incomodar com o machismo de Rui.

— Era mesmo uma vida dura, a da Mariana. Eu e meu velho já servíamos ao senhor Justino e dona Angélica havia bastante tempo, mas éramos muito jovens e não podíamos falar nem fazer nada para ajudar a menina.

— Por que motivo você não acreditava que o senhor Rui amava Mariana?

Dessa vez ela baixou a voz:

— Ele era muito mulherengo. O pessoal da cidade comentava que, antes de casarem, quando deixava a menina aqui e voltava para o hotel, o senhor Rui passava a noite na companhia de outras mulheres. Aquelas, sabe?

— Imagino. Mas Mariana não sabia disso?

Lucinda voltou a franzir os lábios:

— Acho até que sabia. Sempre havia quem contasse. Eu mesma contei-lhe algumas vezes. Mas você sabe, né? A coitadinha estava apaixonada, era seu primeiro namorado. Ela preferia não acreditar, dizia que não passava de boatos de pessoas invejosas.

— Ou então sabia, mas não dava o braço a torcer. Eu sei bem como são essas coisas. Uma mulher apaixonada faz de tudo para não perder seu amado.

— É verdade. Enfim, para encurtar a história, depois que eles se casaram, passaram a morar aqui mesmo, nesta casa.

— Aqui? Juntamente com os pais dela?

— Pois é. Tanto o senhor Justino como dona Angélica não gostavam nada disso. Até porque, com menos de um ano de casados, o senhor Rui passou a tratar muito mal a menina Mariana. Algumas vezes quase chegou a agredi-la. Para não presenciar essas cenas, os pais decidiram mudar-se para a fazenda que possuíam no Mato Grosso.

— Então Rui e Mariana ficaram morando aqui, sozinhos?

— Isso mesmo. Depois de alguns anos, soubemos que os pais de Mariana haviam sofrido um acidente de carro e morreram.

— Nossa Mãe! Que tragédia!

— O mais curioso é que, por coincidência, o senhor Rui estava por aquelas bandas na época do acidente, aliás, muito misterioso, porque o senhor Justino dirigia muito bem, era muito cauteloso e não iria errar uma curva, e capotar o carro. Mas, enfim, foi o que disseram que aconteceu e, por ironia, foi o senhor Rui quem providenciou o enterro dos sogros.

— Ainda bem que ele estava por lá.

Lucinda aproximou-se mais de Simone e confidenciou em voz baixa, quase cochichando:

— Olha, acho que, no fundo, ele até gostou da morte dos sogros.

Dessa vez, Hermínio reclamou mais alto que das vezes anteriores:

— Mas o que é que você está dizendo, mulher? Você já está passando dos limites com sua mania de fofocar!

— Ora, fofoca nada. Você sabe do que estou falando!

— Eu não sei de nada. Me deixe fora dessa conversa.

— Você já está fora dela. É você quem fica dando pitaco sem ser chamado.

Simone ficou constrangida ao perceber que aquela conversa com Lucinda poderia gerar uma discussão entre o casal:

— Por favor, gente, eu não gostaria de ser a causa de nenhum mal-estar entre vocês.

— Qual mal-estar que nada, minha filha! Isso é rabugice desse velho. Se ele não gosta de conversar, é problema dele. Eu gosto.

— Só espero que ninguém fique aborrecido.

— Fique tranquila, ninguém vai ficar aborrecido — e continuou, agora em voz alta, sem se preocupar com o marido: — A verdade é que o senhor Rui gostou, sim, do falecimento dos sogros porque, como Mariana era filha única, ficou com toda a fortuna dos sogros. Como casaram em comunhão de bens, ele tinha parte na herança.

— Puxa, que história! Isso daria um bom filme!

Dessa vez, Hermínio falou para a mulher de modo mais calmo:

— Você não devia falar uma coisa dessas para a moça, Lucinda. Ninguém pode afirmar que ele gostou de perder os sogros.

Como Lucinda deu um muxoxo e mostras de que iria continuar a falar, o velho Hermínio fez um gesto zangado, levantou-se e saiu andando em direção à varanda. Lucinda pareceu não ter notado sua saída:

— É mesmo uma história muito triste, minha filha, mas o pior estava por vir.

— Aconteceram mais dramas?

— Você ainda não ouviu nada! Escute só. Um dia, o senhor Rui chamou a mim e ao meu marido e disse que dona Mariana o tinha abandonado. Eu perguntei: "Por que dona Mariana faria uma coisa dessas?". Ele disse que achava que a esposa o culpava pela morte dos seus pais.

— Caramba! De onde ela tirou essa ideia?

— E quem sabe? Nós não participávamos das conversas e discussões do casal. Quando começavam a discutir, a gente logo saía de perto e ia para a cozinha.

— E ela foi embora assim, sem mais nem menos?

— Foi o que o senhor Rui nos contou. Nós também achamos muito estranha essa atitude. Dona Mariana não era disso. Era uma mulher direita, muito religiosa. Nunca abandonaria o marido. E, pelo que a gente sabia, ela nem tinha para onde ir, porque não tinha parentes conhecidos. Mas quem ousaria discordar do senhor Rui?

— Mas o pessoal da cidade não achou estranho esse desaparecimento tão repentino?

— Minha filha, se você quer mesmo saber, a maioria das pessoas nem ficou sabendo disso. O casal não tinha amigos e quase nunca ia à cidade. Éramos meu marido e eu que fazíamos as compras no supermercado e trazíamos as coisas para esta casa. Até quando precisavam ir ao médico, ele é que vinha até aqui. Você sabe que com dinheiro se consegue tudo, né?

— Por que isso? Por que não ir ao consultório?

— Por causa do ciúme. Ele não ia e não deixava dona Mariana ir. Também não a deixava receber visitas. As poucas amigas vinham aqui escondidas, para o senhor Rui não ficar sabendo. Enfim, ninguém tinha conhecimento do que se passava nesta casa. E, assim, muita gente nem ficou sabendo do sumiço de dona Mariana.

— Puxa vida! E o que o senhor Rui fez da vida? Casou de novo?

— Que nada! Ficou por aqui mais um ou dois meses e então voltou para o Rio. Está lá até hoje. Isso já faz quase dez anos. Algumas pessoas daqui, que estiveram no Rio, disseram que ele está na boa vida. Ficou rico com tudo o que herdou de dona Mariana e hoje tem uma fábrica de móveis de luxo.

— Ele ficou com tudo?

— Com tudo. Dona Mariana não teve filhos nem tinha irmãos. Se o senhor Justino e dona Angélica tinham parentes, ninguém ficou sabendo porque não apareceu ninguém para reclamar parte na herança. Assim, ficou tudo para o senhor Rui — voltou a baixar a voz. — Ouvi dizer que hoje ele vive cercado de mulheres.

— Não entendo uma coisa: já que ele mora no Rio, por que não se desfaz desta fazenda?

— E quem sabe? Talvez goste daqui, talvez queira manter a fazenda como recordação, quem vai saber?

— Mas ele pelo menos aparece por aqui?

— O senhor Rui vem para cá de vez em quando. Principalmente quando tem algum feriado prolongado. — Baixando a voz outra vez: — Quando ele vem, traz sempre uma namorada nova. Está claro que essas meninas só querem o dinheiro. A gente assiste a tudo com muita tristeza, porque dona Mariana não merecia isso. Ela era uma pessoa muito bondosa, amava muito esta casa que tinha sido dos seus pais, foi o lugar onde nasceu e passou toda a infância e adolescência. Cuidava dela com muito carinho.

— Ainda bem que ele manteve vocês trabalhando aqui.

— Isso é verdade. E nos paga muito bem. Acho que confia muito na gente. E para nós isso foi muito bom porque também gostamos muito daqui.

— E por que vocês não moram na casa?

— O Hermínio bem que quis e quer, mas eu não. Ela me traz muitas recordações tristes. Na verdade, são recordações muito boas, mas que se tornam tristes porque os fatos vividos não existem mais e acabaram de maneira muito trágica — nesse ponto Lucinda se emocionou, embargou a voz e enxugou as lágrimas numa das pontas do avental. — Tenho muita saudade daquele tempo.

Simone não sabia como reagir com aquela súbita tristeza de Lucinda. Habitualmente, quando estava nas fases depressivas, era ela a chorona, por isso não tinha prática em consolar outros. Preferiu ficar quieta e deixar a pobre senhora desabafar.

Depois de fungar um pouco e enxugar novas lágrimas com a costa das mãos, Lucinda continuou:

— Naquele tempo, como o senhor Rui sempre chegava tarde da cidade, eu e dona Mariana ficávamos um tempão sentadas ali na varanda, jogando conversa fora, mas principalmente trocando confidências. Ela gostava de desabafar, de contar suas tristezas e decepções com o marido. Eu ficava em silêncio, ouvindo-a, também triste, porque ela não merecia aquilo — emocionada, Lucinda lembrou que Mariana sempre a chamava de "minha boa Lucinda" e dizia-lhe que tinha um "pequeno grande coração de ouro", o que a fazia sentir-se muito orgulhosa. — Numa dessas vezes, Mariana me contou que sonhava em ter muitos filhos, mas que o senhor Rui não queria, não gostava de crianças.

Simone escutava tudo com atenção, sem esquecer, porém, que seu objetivo ali era conhecer e fotografar a casa por dentro. Mas para conseguir isso, achava importante ouvir a mulher e, assim, ganhar sua confiança.

Aproveitou uma pausa na narrativa de Lucinda e deu um longo suspiro para mudar o rumo da conversa.

— É a vida, minha amiga. Algumas pessoas não dão sorte no amor. Bom, sua comida estava ótima e o papo melhor ainda, mas eu preciso trabalhar, senão daqui a pouco escurece. Está ficando tarde. A senhora se importa se eu fizer algumas fotos daqui do térreo e depois do andar de cima?

— Não me importo, minha filha, mas meu marido é meio chato. Como recebeu ordens do senhor Rui de não deixar ninguém entrar, leva essa ordem a ferro e fogo. Mas eu não vejo nenhum problema. Aproveite que Hermínio foi andar pela fazenda e tire as fotografias que quiser, minha filha.

Capítulo 6

"Foi mais fácil do que eu esperava!", pensou Simone, preparando seu equipamento.

Já que a oportunidade estava favorável, faria fotos e gravações em vídeo. Melhor não poderia ser.

"Quem disse que eu não seria capaz?", continuou em pensamento, num dos raros momentos em que teve orgulho de si. Na maioria das vezes, não se dava valor — e essa era uma das razões da irritação de Laércio.

Enquanto preparava o material e escolhia as melhores posições, notou o piano no fundo da enorme sala. Sobre ele, havia várias molduras com fotografias. Parou o que estava fazendo e aproximou-se para vê-las melhor. Em duas ou três delas aparecia o jovem casal.

Mariana era, de fato, muito bonita e seu semblante transmitia muita alegria e doçura. Já seu marido, o tal do Rui, posava sempre sério, quase carrancudo. Em outra foto estavam os pais da jovem.

— Vê como dona Mariana era bonita?

De tão entretida que estava, Simone assustou-se com a observação de Lucinda, que aparecera de repente ao seu lado.

Disfarçou a voz para não demonstrar que ficara nervosa com o susto:

— De fato, era uma bela mulher. Custa acreditar que ela simplesmente fugiu.

A velha senhora baixou a voz e sussurrou, assumindo de vez a fofoca:

— Há quem diga que ela não fugiu.

— Mas, então, onde ela está?

Lucinda sabia que estava provocando Simone a fazer novas perguntas:

— Sei lá, minha filha, falam tantas coisas...

— Que tipo de coisas, Lucinda? Quem fala o quê?

— Bem, ela não tinha muitas amigas, porque o marido não deixava. Mas as poucas, aquelas que apareciam por aqui de vez em quando, na época, diziam coisas horríveis.

Simone ia ora fotografando, ora gravando, mas continuava a fazer perguntas para manter Lucinda distraída, sem perceber a quantidade de imagens da casa que estava colhendo:

— Como o que, por exemplo, Lucinda?

A velha senhora baixou a voz e dessa vez só sussurrou, olhando para os lados, como se ali pudessem aparecer pessoas estranhas:

— Dizem que ela está morta. Que ele a matou e sumiu com o corpo. E depois inventou essa história de que ela fugiu.

Surpresa com a dramática informação, Simone parou o que estava fazendo e olhou Lucinda, chocada. Por alguns instantes, guardou silêncio antes de perguntar:

— Mas ninguém deu queixa, nem falou nada para a polícia?

Lucinda encolheu os ombros e retomou o tom de voz normal:

— Quem iria falar? A coitadinha não tinha mais pais, nem outros parentes. Não tinha amigas de verdade. Quem iria falar o que para a polícia? Eu e meu velho não sabíamos de nada, não havia como acusar e provar coisa alguma. Bem que a polícia veio aqui. Olharam, vasculharam, fizeram perguntas para ele, para nós e foram embora. Concluíram que Mariana tinha mesmo fugido. Afinal, todo mundo sabia que o marido a maltratava. Então, foi fácil acreditar na fuga. A polícia achou que a esposa resolvera se ver livre dos maus-tratos e humilhações.

— Que história mais triste e esquisita...

Simone aproximou-se de uma foto onde o rosto de Mariana estava mais nítido. Era linda, mesmo. Muito branca, longos cabelos negros, lábios finos, olhos graúdos, o corpo bem torneado.

O que mais chamava a atenção era seu olhar, muito penetrante, quase hipnótico. Simone sentiu um leve arrepio. Pensou num absurdo: era como se Mariana quisesse lhe dizer alguma coisa com o olhar.

Mas logo se recompôs: isso era uma bobagem. Ficara impressionada com as fofocas de Lucinda e estava imaginando coisas.

— O que você acha de tudo isso, minha filha?

Simone levou outro susto. Reconhecia intimamente que estava muito tensa.

Esforçou-se para desviar o olhar da foto porque a imagem de Mariana parecia atraí-la.

— Eu? O que eu acho? Eu... Sinceramente, não sei. Acho muito difícil uma pessoa matar quem ama. Mas também acho difícil acreditar que Mariana simplesmente tenha fugido sem deixar vestígios. Não sei, é uma história muito complicada.

— Também acho. — Lucinda agitou-se de repente.

— Me desculpe, minha filha. Mas peço-lhe que se apresse. Daqui a pouco meu marido volta e pode criar problema por causa das fotos.

Simone colheu várias imagens do térreo, por inteiro. Quando se encaminhou para a escada de acesso ao andar superior, viu o enorme quadro enfeitado por uma luxuosa moldura pendurada na parede, à esquerda da escada. Da sala principal, a pintura não era vista, apenas por quem avançasse para a sala seguinte ou por quem se dispusesse a subir a escada.

O imenso quadro mostrava uma vista geral da fazenda, a partir da cancela, com a casa no centro. Era uma pintura linda, de cores fortes, bem detalhista: ali estavam o caminho de pedras ladeado pelas flores, a frondosa mangueira ao lado, as plantações ao fundo, a perder de vista, algumas vacas pastando.

— Gente, que quadro lindo!

— Foi dona Mariana quem pintou. Eu acompanhei tudo, desde os primeiros rascunhos. Ela ficava com o cavalete lá na frente, logo depois da cancela, que deixava aberta para ter uma visão melhor da paisagem. Levou várias semanas para concluir o quadro. Mas valeu a pena. Ficou uma beleza! — mudou o tom de voz, falando mais baixo. — Vou lhe contar um segredo.

Apesar da dramaticidade do que ouvira, Simone tinha vontade de rir quando Lucinda falava desse jeito. A velha gostava mesmo de uma fofoca, como dizia seu marido. Será que ela não estava inventando metade daquilo que falava? As pessoas muito solitárias acabam se entregando demais às fantasias e, em pouco tempo, não diferenciam mais o real do imaginário.

De qualquer forma, até por educação, Simone prestou atenção na Lucinda, que continuou:

— Está vendo na parede aqueles riscos logo acima do quadro? É uma porta escondida. Por trás deste quadro tem uma porta. O papel de parede disfarça bem, mas se você prestar atenção verá as ranhuras.

Essa informação pegou Simone realmente de surpresa:

— Não me diga! Uma porta secreta?

— É. Depois dela tem uns degraus que descem para uma adega. O senhor Rui sempre bebeu muito vinho. Todo santo dia tomava uma garrafa, sozinho, porque dona Mariana não bebia. Ele descia e passava horas na adega. Não sei por que, mas nunca chamava dona Mariana, ficava lá sozinho, não sei fazendo o quê. Eu só sei que ele nunca deixava ninguém entrar lá, nem para limpar. Ele mesmo limpava — olhou para os lados para verificar se seu marido estava por perto. Decerto não queria que ele ouvisse o que ela ia dizer. — Só uma vez entrei lá. Nossa Mãe! Eu vi um monte de garrafas de vinho arrumadas em várias prateleiras e muitas outras espalhadas pelo chão. Tinha uma escrivaninha e...

Para Simone, essa história estava cada vez mais estranha:

— Uma escrivaninha?

— É. Eu acho que ele trabalhava lá algumas vezes. Mas o que mais chamou minha atenção e me deixou chocada foi que também tinha uma cama de solteiro.

Simone não pode deixar de rir:

— Ué! Mas para que ele iria querer uma cama na adega?

— Minha filha, eu não te falei que ele era mulherengo? De vez em quando ele pedia ao Hermínio para levar dona Mariana e eu a algum lugar na cidade para comprar algumas coisas. Enquanto a gente estava fora, ele recebia certas visitas.

— Mas que danadinho, esse senhor Rui!

— Danadinho? Sem vergonha, isto sim! E quer saber? Eu até acho que meu velho colaborava com ele, demorando bastante para voltar.

— Mas se você também saía com a Mariana, como é que tinha conhecimento dessas visitas?

— Pistas, minha filha! Havia pistas por toda a adega e, às vezes, também pela casa: marcas de batom nos copos, garrafas vazias, pontas de cigarro pelo chão, toalhas molhadas, roupas suadas e com certas manchas reveladoras, se é que você me entende.

— Entendo, claro. Mas a Mariana não percebia isso?

— Coitada da minha patroa, tão boazinha... Claro que ela percebia, minha filha, mas o que é que ela ia fazer? Naquele tempo mulher separada era como se tivesse doença contagiosa. Era mal falada e, como se diz, marginalizada pela sociedade. Eu acho que ela preferia fingir que não via e que não sabia de nada. Já ouviu falar daquela coisa de que "é ruim com ele, mas muito pior sem ele"?

Pensativa, Simone aproximou-se do quadro. Estava fascinada pela pintura, de cores quentes e traços firmes. A julgar por tudo que ouvira, além de uma figura humana especial, Mariana também era uma grande artista.

Talvez influenciada pelas narrativas de Lucinda, Simone sentia melancolia no quadro. Era uma paisagem bonita, sem dúvida, mas transmitia algo parecido com solidão, tristeza. Tentou imaginar o estado de espírito de Mariana quando pintou a obra.

Nesse momento, Simone teve uma sensação estranha. Parecia que o quadro a atraía para dentro dele. Era absurdo pensar isso, mas era exatamente o que ela estava sentindo. A imagem parecia chamá-la e, pior, Simone percebia que estava indo!

Lucinda pigarreou discretamente como que para chamar Simone de volta à realidade, pois parecia hipnotizada pelo quadro.

Desconcertada, Simone olhou em volta, fingiu uma tosse e cautelosamente, subiu as escadas que conduziam ao andar superior.

Ao chegar ao topo, voltou a sentir o mesmo calafrio que sentira quando olhara de perto a foto de Mariana. Na certa, a temperatura estava mudando. Ouvira dizer que era comum naquela região fazer calor durante o dia e frio de noite.

No andar superior, havia três quartos amplos. Um deles, como denunciava a espaçosa cama de casal, tinha sido aquele usado por Mariana e Rui. Os outros cômodos eram menores e certamente foram ocupados, durante algum tempo, pelos pais de Mariana.

O aposento maior era separado dos outros por um espaço que servia de sala de espera, com grandes e confortáveis poltronas e um largo sofá. Ao fundo, havia dois enormes banheiros. Tudo muito limpo, mas claramente abandonado.

Simone sentiu-se melancólica ao imaginar que houvera vida ali e que agora só restavam lembranças tristes.

Depois de registrar, em fotos e vídeos, sob vários ângulos aquele andar, entrou no quarto do casal, onde a sensação de frio era mais intensa.

— Provavelmente porque a casa ficou fechada por muito tempo — disse a si mesma. Por falta de uso, as coisas tendem a esfriar. Pelo menos essa era uma justificativa aceitável.

Dentro daquele quarto tudo estava bem arrumado, limpo e conservado. Encostado na parede de um dos lados do aposento, havia um grande guarda-roupa com um enorme espelho na porta do meio. No outro lado, havia uma penteadeira, ainda com muitas peças de toucador deixadas ali. Talvez Lucinda fosse saudosista, pois mantinha tudo intocado, como se sua patroa ainda estivesse viva. Afinal, a versão oficial era apenas de que ela desaparecera. Quem sabe a caseira acreditava que um dia Mariana voltaria?

Simone não resistiu ao estranho impulso e abriu uma das portas do guarda-roupa.

— Nossa!

Não pôde evitar uma exclamação de surpresa. O guarda-roupa estava cheio de vestidos, saias, casacos, robes, xales — todos da melhor qualidade. Estavam limpíssimos, como prontos para serem usados a qualquer momento.

Entre deslumbrada e emocionada, Simone passou as mãos suavemente pelos tecidos e ficou refletindo sobre a mulher que usara tudo aquilo. Imaginou com que sentimentos o fizera: alegria? Amor? Tristeza? Raiva?

Fechou a porta do guarda-roupa com cuidado e andou mais um pouco pelo amplo quarto. Chegou até a larga janela aberta e olhou para fora.

O sol já se fora e a tarde caía, anunciando a aproximação da noite.

Hermínio estava a certa distância da casa, mexendo nas plantas, revolvendo a terra. Parecia não sentir frio. Decerto, estava acostumado às mudanças de clima da região.

Simone cuidou para que não a visse ali. O que pensaria se soubesse que a estranha visitante estava no quarto da ex-patroa, mexendo nas suas coisas? Na certa ficaria muito bravo e voltaria correndo, pronto para expulsá-la dali.

Afastou-se da janela e ficou olhando a imensa cama. Aproximou-se e lentamente sentou-se na sua borda. Sentiu uma irresistível vontade de deitar-se e dormir mais um pouco.

Com muito esforço, resistiu a esse súbito desejo e decidiu encerrar sua missão do dia.

Fez mais algumas fotos, gravou mais cenas e, dando-se por satisfeita, desceu as escadas e retornou ao andar térreo.

Lucinda a esperava com uma sobremesa.

— Venha aqui, minha filha. Na pressa esqueci de oferecer uma sobremesa. Veja, tem doces, queijos e frutas. Escolha o que preferir, fique à vontade.

Simone sentiu-se subitamente cansada. Esforçando-se para fugir desse inesperado esmorecimento, aproximou-se, colocou o equipamento sobre a mesa, sentou-se e serviu-se de um daqueles doces de compota.

— Esse é de goiaba, eu mesma fiz.

— Está uma delícia, Lucinda. Parabéns!

Enquanto saboreava o doce, Simone decidiu puxar assunto com a mulher para saber mais detalhes sobre a casa. Procurou aparentar naturalidade:

— Há quanto tempo você está casada com o Hermínio?

Lucinda estalou várias vezes o polegar direito contra o dedo médio, fazendo-os emitir fortes estalos:

— Ih, minha filha, faz muito tempo! Já estamos para fazer bodas de ouro! Casamos jovens, como era comum naquela época.

— E não tiveram filhos?

O semblante dela ficou triste:

— Às vezes, acho que meu marido se parece um pouco com o senhor Rui. Ele também fala pouco, não é carinhoso e também não quis ter filhos.

— Que pena, Lucinda. E vocês sempre moraram aqui em Piracaia?

— Desde que me entendo por gente.

E a partir daí, dona Lucinda começou a contar sua vida e não mais parava de falar.

Simone começou prestando atenção, mas logo sentiu-se invadida por uma grande moleza, uma irresistível sonolência que ameaçava dominá-la por inteiro. Ouvia a voz de Lucinda como que à distância, como se ela estivesse bem longe. A certo momento, Simone sentiu que ia cochilar e chegou a cambalear.

Lucinda interrompeu o que falava e correu para perto de Simone:

— O que foi, minha filha? Está sentindo alguma coisa?

Simone ficou envergonhada por ter sido flagrada quase cochilando enquanto a mulher falava:

— Hein? O quê? Não, não é nada, Lucinda, apenas uma leve tontura. Acho que é essa mudança de tempo. Quando cheguei estava um calorão e agora começou a esfriar. Deve estar vindo um resfriado por aí.

— Pode ser, mas não é só isso não. Você permaneceu muito tempo sem se alimentar e ficou fraquinha. Acho que deveria se deitar um pouco antes de ir embora.

A observação de Lucinda fez Simone ter uma louca ideia.

Lembrou-se de que era uma atriz, ainda que nas horas vagas e por motivos quase terapêuticos. Mas a ideia lhe pareceu muito boa e decidiu colocá-la em ação. Exagerou na fraqueza da voz:

— A senhora está certa, fiquei muito tempo sem me alimentar. Por isso estou um pouco tonta. Sou muito vulnerável a ter anemias. Acho que um bom repouso me faria muito bem — e preparou-se para a grande cartada.

— Lucinda, será que eu posso lhe pedir uma coisa?

— Claro, minha filha, diga do que você precisa.

Simone fez cara de embaraçada:

— Não me leve a mal, mas seria abusivo da minha parte pedir a você e ao seu marido que me deixem dormir aqui esta noite?

Simone estava surpresa com sua ousadia! Não estava se reconhecendo! Em outros tempos, essa representação seria impensável, por causa da sua timidez e insegurança.

Tinha consciência de que aquela era uma ideia muito louca, mas algo a compelira a pedir isso. Como se a ideia não tivesse partido dela.

Procurava convencer a si própria de que serial genial se o conseguisse, pois poderia conhecer melhor a casa. Grande parte da minissérie se desenrolava à noite. Ela poderia verificar como ficaria aquele cenário sob a luz natural do entardecer e até da madrugada. Sim, era uma ideia louca, mas que fazia algum sentido.

Lucinda parou de falar e de se movimentar. Olhando fixamente para Simone, com a boca aberta pela surpresa, perguntou com dificuldade:

— Dormir aqui?

Simone continuava forçando a voz para parecer fraca:

— Desculpe, Lucinda, não quero ser impertinente, mas é que, além de não estar me sentindo bem, já está escurecendo. Eu nem reservei hotel na cidade para pernoitar — mais uma pequena e "inofensiva" mentira — e não gosto de dirigir à noite. Não me sinto segura, principalmente assim, tão fraca e ainda mais com um pouco de tontura.

A velha senhora estava atordoada pelo inesperado pedido:

— Dormir aqui, sozinha? — repetiu a pergunta como se não a tivesse ouvido da primeira vez.

— Não vejo problema nisso, Lucinda. Eu me sentiria mais tranquila do que pegar estrada agora — decidiu reforçar sua encenação. — E gostaria de acrescentar uma coisa: como garantia de que não vou danificar a casa nem nada do que está aqui dentro, deixarei com vocês todos os meus documentos, talão de cheques, cartões de crédito e meu equipamento — e foi abrindo sua mochila. — Afinal, vocês me conheceram hoje e nem sabem direito quem sou. Não têm nenhuma obrigação de confiar em mim.

Na verdade, Simone esperava que essa atitude — na sua opinião, uma brilhante sacada — servisse como prova de honestidade e sensibilizasse os caseiros.

No íntimo, entretanto, desejava que eles não aceitassem a oferta, porque não gostaria de ficar sem seus documentos, ainda que por uma noite apenas.

A velha senhora parecia muito confusa, sem saber o que responder. Por essa ela não esperava. Ficou olhando para a mão de Simone que segurava os documentos, cheques e cartões. Depois de algum tempo, conseguiu falar:

— Não é isso, minha filha, a gente confia em você. Com a idade, a gente aprende a reconhecer quem presta e quem não presta nesta vida. Percebe-se que você é uma pessoa do bem. É que... Isso que você pede é tão novo, tão inesperado... Por que então você não dorme na minha casa, na cidade?

— É muito gentil da sua parte, Lucinda, mas é que, ficando aqui, terei oportunidade de conhecer mais a casa. E isso é bom para a avaliação do meu trabalho, você me entende?

Lucinda não estava muito segura:

— Bem, se você acha que é melhor...

Simone arriscou outra grande jogada:

— Lucinda, você tem sido muito gentil comigo. Não quero abusar dessa gentileza, nem incomodar vocês. Se não for possível, não se preocupe. Irei embora assim mesmo.

Só, então, Lucinda se mexeu:

— Não, calma! Eu só preciso falar com meu marido. Sabe como é, né? Me espere um pouco.

Levantou-se e saiu da sala, deixando Simone entre ansiosa e aflita. Ansiosa porque, se desse certo, seria fantástico, uma experiência incrível. Aflita porque estava em dúvida se tinha exagerado ao pedir essa hospedagem. Mas ela queria tanto...

Não saberia explicar porque, mas queria muito pernoitar ali. Algo dentro de si lhe compelia a insistir nisso.

Enquanto esperava o retorno de Lucinda, levantou-se e voltou a olhar a foto de Mariana, aquela que mostrava seu olhar penetrante.

Voltou a refletir: "o que ela estaria sentindo ou pensando enquanto era fotografada?"

— Ai, minha filha, que bom!

Simone tomou o terceiro susto do dia, tão distraída que estava em suas reflexões sobre a foto... Lucinda voltara esbaforida, ofegante pelo esforço feito. Ela pegou as duas mãos de Simone e falou contente:

— Meu marido não queria permitir, mas falei que você não estava passando bem e que não sabia dirigir à noite — deu uma risada travessa. — Não falei que é um bom homem, apesar da cara feia? Ele até sugeriu que dormisse lá em casa, mas eu disse que você preferia ficar aqui, porque gostou muito da casa e queria conhecê-la melhor. Ele não entendeu sua preferência, mas concordou!

Simone controlou a vontade de pular de alegria. No íntimo, se cumprimentava pela sua impecável atuação como atriz! No entanto, jamais poderia imaginar que aquela tinha sido a pior ideia que já tivera.

Capítulo 7

Simone deu um forte e sincero abraço na idosa:

— Que bom, Lucinda! Você é mesmo maravilhosa! Muito obrigada! Prometo que não vou mexer em nada aqui. Vou subir e deitar logo. Estou louca para ter uma boa noite de sono.

— Durma bem, mas não exagere. Amanhã, eu e Hermínio estaremos aqui bem cedinho, entre sete e oito horas da manhã.

— Ah, a essa hora já estarei de pé!

— Vamos comigo lá em cima para eu lhe mostrar onde estão as coisas que precisará durante a noite. — Voltou a cochichar e falou de maneira cúmplice: — Se você quiser, pode até usar uma camisola ou roupão da dona Mariana, se é que você não é supersticiosa. Elas estão limpinhas. Eu mesma cuido de lavá-las regularmente. Assim, tenho a impressão que ela ainda está entre nós ou que vai voltar a qualquer momento.

— Nem precisa subir, Lucinda, você se cansará sem necessidade. E não sou supersticiosa, mas não se preocupe com isso. Minha mala está no carro. Depois que vocês saírem, vou pegá-la e lá tenho tudo do que precisarei — mais uma mentirinha.

Simone estava cada vez mais surpresa consigo. Parecia ser outra pessoa, pois nunca tivera coragem de agir assim, manipulando, fazendo jogos e até mentindo.

A velha senhora pareceu aliviada por não ter que fazer aquele esforço mais uma vez, subindo os degraus:

— Então está bem. Venha aqui na cozinha para eu lhe mostrar onde ficam as coisas que você pode precisar se quiser preparar um lanche. Quem sabe uma sopinha?

Com a maior boa vontade, Lucinda mostrou-lhe onde estava a geladeira, abriu-a para verificar se estava abastecida e por fim indicou onde guardava os talheres, pratos, copos e mantimentos.

Quando falou, parecia uma mãe-coruja, com o dedo em riste, alertando a "filha" de forma protetora:

— Não deixe de se alimentar, agasalhe-se bem ao deitar e, se precisar de alguma coisa, use o telefone da casa ou seu celular e ligue para a gente.

Quando deixaram a cozinha, Simone viu novamente Hermínio sentado no batente da porta de entrada. Olhou--as de soslaio, sempre com cara de poucos amigos, mas, como das vezes anteriores, não disse nada.

Simone fingia não notar sua insatisfação, porque estava exultante com a perspectiva de passar a noite ali. Por outro lado, curtia uma sensação de alívio e prazer, ainda que não soubesse explicar a razão.

Por último, Lucinda mostrou-lhe onde estavam os interruptores de luz e entregou-lhe um molho de chaves, destacando aquelas das portas e janelas.

Depois de dadas as orientações e feitas as reco-mendações, a boa senhora despediu-se de Simone. Mesmo enquanto descia as escadas, seguindo o marido na direção do carro deles, não parava de falar, repetindo as recomendações:

— Como toda cidade pequena, aqui é muito tranquilo e seguro, mas, antes de deitar, não deixe de verificar se portas e janelas estão bem trancadas. Não convém facilitar.

— Não se preocupe, Lucinda, farei isso.

Depois que o casal se foi numa camionete antiga e barulhenta, Simone sentou-se numa das cadeiras de balanço da varanda e ficou contemplando a paisagem silenciosa, já com sua beleza menos visível pelo entardecer.

Ela nunca desejara morar no interior; achava que ficaria mais deprimida ainda. Mas admitia que aquela serenidade era muito relaxante e agradável, e ainda oportuna e bem-vinda para seu momento de vida. Voltou a sentir certa melancolia, mas atribuiu-a ao fato de ser fim de tarde. Já começava a escurecer.

Parecia-lhe muito natural que as pessoas em geral ficassem um pouco tristes após o pôr do sol. Sobretudo, se fizesse um frio penetrante, como agora.

Lembrando-se da história de Rui e Mariana que Lucinda contara, Simone não pôde deixar de pensar no seu próprio casamento.

O que mudara nesses anos? Ou melhor, quem mudara, ela ou Laércio — ou ambos? Ela sempre fora daquele jeito — passiva, insegura, depressiva. Quando se conheceram, ele achava sua dependência muito cativante e repetia a toda hora que iria tomar conta de Simone por toda vida. Logo percebeu que o marido tinha um lado paternalista. Entre os dois, formou-se aquilo que os psicólogos chamam de simbiose. E, assim, pareciam dois eternos namorados, sempre juntinhos, com muitas trocas de carinhos e palavras românticas — certamente mais por iniciativa dele.

Depois que casaram e começaram a definir os planos de carreira, as coisas mudaram.

Para Simone, quem mudou foi Laércio — ainda que aos poucos e disfarçadamente. Com o passar do tempo, essa mudança tornou-se mais constante e explícita. E aí a relação começou a desandar.

Ele levava muito a sério o sonho de crescerem profissionalmente e de terem seus próprios negócios. Para isso, desde logo entregou-se de corpo e alma ao trabalho. Contudo, Simone não conseguia acompanhar seu ritmo acelerado.

Ela nunca duvidou do seu amor, mas, no fundo, achava que Laércio simplesmente se cansara de tomar conta da esposa. Tanto é que ele passou a lhe cobrar mais iniciativa, mais independência, acusando-a de estar satisfeita com o emprego, o cargo e o modesto salário. Não parecia preocupada, muito menos empenhada, em buscar melhorias, como haviam planejado quando namoravam.

Desses modos diferentes de encarar a vida e o futuro, provavelmente, surgiram as primeiras discussões mais azedas, quando ele sempre terminava aborrecido e ela, chorosa.

No momento, as necessidades materiais do casal eram bem atendidas, mas ele continuava buscando a segurança definitiva, a independência econômica. E para atingir esse objetivo, na opinião dele, Simone não era uma boa parceira.

Talvez sensibilizada por aquele instante sereno e harmonioso, Simone sentiu brotar dentro dela um forte arrependimento. Refletindo sobre suas ações do dia e avaliando tudo o que conseguira, agora reconhecia que havia feito corpo mole por muito tempo.

Ali na varanda, naquele silêncio que induzia à reflexão, ela reconhecia que Laércio merecia mesmo uma companheira mais aliada, mais participativa. Afinal, ele já demonstrara de todas as formas que a amava e ela, somente agora, sentia que não retribuía na mesma intensidade devido a sua timidez, muito provavelmente causada pelo profundo medo de rejeição que a acompanhava desde jovem.

Talvez fosse o momento certo de se desculpar, de propor um recomeço, uma mudança de estilo e ritmo de vida, antes que pusesse tudo a perder.

Levada por esses pensamentos, pegou o celular e ligou para o marido. Para sua surpresa, considerando a distância que os separava, conseguiu logo a conexão:

— Amor?

Ela ficou feliz de ouvi-lo:

— Oi, querida, que surpresa! Está tudo bem?

—Tudo bem. Ainda está no trabalho?

— Ainda. Surgiu um projeto novo, um cliente dos grandes, e eu tenho que fazer um esboço inicial. Mas, daqui a uma hora, no máximo, irei para casa. E você, já voltou?

Hesitou em responder, pois sabia que ele não gostaria da novidade. Por isso falou rapidamente:

— Ainda estou aqui. Volto para casa amanhã de manhã.

Ele fez silêncio. Desde o início da relação, haviam combinado que nenhum dos dois reclamaria do trabalho do outro. Certamente, ele se lembrou desse acordo, mas, no fundo, ficara frustrado porque não encontraria sua mulher quando chegasse em casa. Ela percebeu:

— Amor, não fique chateado. É só uma noite.

Laércio aguardou alguns segundos para responder, administrando a frustração e disfarçando o aborrecimento:

— Não estou chateado. Estou com saudade de você. Já faz três dias que não a vejo. É muito ruim dormir sem você ao meu lado.

Simone sorriu ao confirmar que o marido jamais perdia a oportunidade de dizer-lhe algo carinhoso. Ela não tinha essa atitude, mas acabara de decidir que iria mudar:

— Eu também estou com saudade. Aliás, liguei somente para lhe dizer isso.

Ele quase gritou no telefone, tamanha surpresa com a resposta:

— Uau! Fico feliz de ouvi-la falar assim! Não é sempre que isso acontece.

O tom de voz dela ficou mais rouco:

— Escuta, amor, eu... Eu queria te falar um negócio.

— É só falar, estou ouvindo.

— Você vai me achar louca porque quase nunca falo isso.

— Nossa, quanto suspense! Estou curioso. Fala, amor.

Simone fez silêncio. Depois, falou num tom de voz que pretendia ser muito sensual:

— Eu te amo — novo silêncio. Esperava uma explosão de alegria. — Amor, você está aí?

A voz dele também ficou rouca:

— Estou. Só estava recuperando o fôlego. Uau! Não ouvi direito. Pode repetir?

Ela entendeu a brincadeira e sorriu:

— Você ouviu, sim, seu engraçadinho. Mas vou repetir assim mesmo — fez nova pausa sabendo que assim lhe aumentava a expectativa. — Eu te amo muito e estou morrendo de saudades.

Pelo tom de voz, Laércio parecia excitado:

– Vamos fazer o seguinte: me diga onde você está que vou correndo encontrá-la!

Simone deu uma gostosa risada como havia muito tempo não fazia, num misto de orgulho e vaidade. Era muito bom sentir-se amada e desejada:

— Não, senhor, não pode. Estou a quase 100 quilômetros daí e já está escurecendo. Controle-se. Amanhã estaremos juntinhos. Chegarei ainda de manhã.

— Então vou me atrasar para o trabalho. Ficarei esperando por você em casa.

— De jeito nenhum! Você acabou de dizer que está com um projeto novo de um grande cliente. Vai dar moleza para o azar? Se controle, amor. Amanhã teremos a noite inteira para conversarmos e... — deixou escapar um risinho travesso. Era ela mesmo quem estava falando? Sedutora daquele jeito?

Ele entendeu:

— ... e principalmente para esse "e..."

— Combinado, ligo amanhã assim que chegar. Se sentir vontade, me ligue no celular.

— Por quê? No hotel que você está não tem telefone?

Caramba! Ela percebeu que se descuidara! Ele jamais poderia desconfiar de que ela dormiria na fazenda e ainda mais sozinha. Em outro dia, no momento oportuno, ela lhe contaria, mas não agora. Procurou justificar-se:

— Claro que tem, mas parece que estão tendo algum problema com a linha, que já estão consertando.

Ele aceitou a explicação numa boa:

— Tá bom, te cuida. Te amo também, viu?

Ela desligou aliviada pois o marido não perguntara o nome do hotel. Se Simone o dissesse, Laércio seria capaz de ligar para lá mais tarde e saberia da sua ausência.

A tarde chegara ao fim e dera espaço para a entrada da noite. Simone percebeu que a temperatura caíra bastante. O friozinho penetrante começava a incomodá-la.

Ao se levantar, sua mente foi atraída pela frondosa mangueira. Sem que o quisesse, seu rosto virou e seus olhos procuraram a árvore, distante dali uns 50 metros.

A essa hora, com o ocaso do Sol, a enorme árvore adquiria uma aparência sombria, quase fantasmagórica.

Simone pensou num absurdo: será que o frio que sentia era da queda da temperatura ou, de alguma forma, por causa da mangueira?

Esboçou um sorriso após esse pensamento. Isso não fazia o menor sentido, mas ela sentiu um pouco de medo e se forçou a desviar o olhar. Por algum motivo, aquela visão não lhe fazia bem.

Resolveu entrar para se agasalhar e se preparar para deitar.

Lembrando-se das recomendações de Lucinda, antes de se recolher, certificou-se de que todas as portas e janelas do térreo estavam bem fechadas. Depois, subiu.

Abriu a porta do quarto de casal e acendeu as luzes. Ao entrar no aposento, a sensação de familiaridade — até mesmo de que morava ali — tornou-se muito mais forte.

Achou estranho esse sentimento, mas não se impressionou. Na certa, devia ser porque gostara muito da casa. Criara uma espécie de empatia, se é que isso seria possível.

Sentia-se tão à vontade naquele quarto que se achava capaz de dizer onde se encontrava cada coisa que a antiga dona usava.

Abriu o guarda-roupa e ficou olhando para aquelas peças de vestuário. Havia muita roupa florida, de cores quentes, alegres. Antes de conhecer o homem que se tornaria seu marido, Mariana devia ter sido uma pessoa muito expansiva, muito descontraída — era o que aquelas peças lhe permitiam deduzir.

Seus olhos pousaram sobre um roupão — também chamado de robe-de-chambre — de veludo azul forte. Cuidadosamente tirou-o do cabide para examiná-lo melhor. Era lindo, bem adequado para aquele friozinho.

Despiu-se e vestiu-o, apertando a faixa que servia de cinto. Olhou-se no amplo espelho e gostou do que viu. Caía-lhe muito bem, era exatamente do tamanho do seu manequim. Virou-se de um lado, de outro — estava perfeito. Ficaria um pouco com ele.

Em seguida, abriu sua mochila e tirou de lá o texto do roteiro da minissérie. Iria aproveitar aquele silêncio para reler o material e pensar nas providências que deveria tomar dentro de alguns dias.

Afastou parte da grossa colcha rosa que cobria a cama e sentou-se sobre o alvo e macio lençol. Estava tudo muito agradável. Ajeitou os dois enormes e fofos travesseiros contra a cabeceira da cama, recostou-se neles e começou a ler.

Sua intenção era estudar um pouco o texto e depois descer para preparar alguma refeição leve antes de dormir.

Mas, talvez por estar muito cansada, não resistiu mais do que alguns minutos. Sentiu suas pálpebras pesarem e logo adormeceu.

Simone não tinha certeza se estava dormindo.

A sensação era de que estava flutuando naquele estado intermediário entre o sono e a vigília. Não sentia medo, apenas curiosidade, tentando entender a situação.

A imagem de Mariana, que vira na foto, veio-lhe à mente. Só que a imagem crescera e a mulher parecia estar ali presente, viva, sentada ao seu lado, na beira da cama. Estava sorrindo, exatamente como na fotografia sobre o piano.

Simone quis falar alguma coisa para se certificar de que estava mesmo sonhando, mas nenhum som saiu de sua boca. Mariana estendeu o braço em sua direção e pôs as mãos suavemente sobre seus olhos.

Simone continuava sem sentir medo ou aflição, pois tinha certeza de que estava sonhando. Apenas continuava curiosa, tentando entender e explicar para si mesma o que estava acontecendo e o que fazia aquele sonho parecer tão real.

O fato perturbador era que Simone sentia o calor das mãos de Mariana sobre seus olhos. Depois, percebeu que aquele calor se estendeu por todo o seu corpo.

Então, a mulher, ou melhor, sua imagem começou a mover-se lentamente para cima. Ficou de pé, levitando a quase um metro do chão, sempre sorrindo. Em seguida, tomou a posição horizontal, aproximou-se de Simone e se estendeu sobre o seu corpo.

A sensação era de calor.

Simone só começou a ficar preocupada quando notou que aquele calor penetrava-a por todo o corpo, principalmente a cabeça.

Era como se aquela imagem de mulher estivesse colando nela. Com o pouco de lucidez que ainda lhe restava, pensou que isso não fazia sentido, que não poderia acontecer de verdade.

Nesse momento, teve a impressão de ouvir uma voz:

— Não se preocupe, Simone. Nada de mau vai lhe acontecer. Peço-lhe que mais tarde me perdoe, porque vou tomar sua mente e seu corpo emprestados por algum tempo. Tenho uma missão importante a cumprir na sua dimensão terrena. Na forma de espírito, como sou agora, não consigo fazer isso. Por isso, preciso de um corpo. Espero que depois você me perdoe, mas é necessário que eu o faça.

Dessa vez Simone se assustou. Tentou abrir os olhos e levantar-se da cama.

Em vão. Estava paralisada.

A última coisa da qual se lembrou foi daquela sensação de sua mente formigando intensamente e uma forte onda de calor invadi-la por inteiro.

Depois veio o silêncio e a escuridão.

Capítulo 8

Simone acordou e ergueu-se de um pulo, assustada. Pela claridade que entrava pelas janelas, atravessando as cortinas quase transparentes, percebeu que já havia amanhecido.

Que sonho impressionante tivera! Parecera tão real, que a deixara verdadeiramente assustada.

Lembrava que na noite anterior recostara-se na cabeceira da cama para ler um pouco o roteiro da minissérie, mas logo pegara num sono pesado. Nem se levantara para fazer uma refeição, como planejava.

Viu no seu relógio de pulso que já eram sete e meia da manhã! Lucinda e Hermínio já deviam estar na casa. Preocupava-a a possibilidade de perceberem que usara e, pior, dormira com o roupão da antiga patroa.

Tirou-o, passou várias vezes as mãos em sua extensão para evitar que ficasse qualquer vestígio de que fora usado e o recolocou cuidadosamente no guarda-roupa.

Vestiu-se, pegou sua mochila e seu equipamento e desceu.

Como previra, Lucinda já estava a sua espera, terminando de colocar a mesa para o desjejum.

O rosto da velha senhora abriu-se num largo sorriso quando viu Simone descendo a escada.

— Bom dia, minha filha. Passou bem a noite? Dormiu bem?

— Nossa! Desabei feito uma pedra. Comecei a ler para me distrair um pouco, mas não resisti. Aliás, com o silêncio que faz aqui, dormir é a coisa mais fácil do mundo. Dormi muito bem e só acordei agora — decidiu nada comentar sobre o estranho sonho com Mariana.

— Que bom! Esse repouso vai lhe fazer muito bem. Você, ontem, estava fraquinha. Venha tomar seu café.

— E o Hermínio?

— Está lá embaixo, cuidando das plantas. Ele adora mexer com a terra. Venha, sente-se aqui.

Sentou-se à mesa, pensando em toda aquela mordomia. Nunca tivera um tratamento assim — nem achava que merecia tanto.

— Preciso me apressar, Lucinda. Vou direto para a agência mostrar as fotos e os vídeos que fiz. Espero que eles gostem da casa tanto quanto eu gostei.

— Eu também, pois, assim, vamos nos ver outra vez. Já deve ter percebido que eu gostei muito de você.

— Obrigada, Lucinda. Eu também gostei muito de você. E só tenho a agradecê-la por sua gentileza e boa vontade em me deixar fazer as fotos e principalmente em dormir aqui.

— Eu não poderia ter te deixado dirigir ontem à noite naquele estado de fraqueza, não é, minha filha? Procure se alimentar bem, porque vai pegar estrada novamente.

Agora que conseguira seu objetivo, Simone estava ansiosa para voltar para São Paulo e para casa. Queria rever Laércio logo, mas também queria dizer ao pessoal da produtora que encontrara o lugar ideal para as gravações e, claro, mostrar-lhes as fotos e o vídeo. Finalmente conseguira fazer sozinha um trabalho do qual se orgulhava. Tinha certeza de que Laércio, Raul, Sérgio e os demais da equipe também passariam a vê-la com outros olhos. Ela agora era outra pessoa.

E Simone seria incapaz de imaginar o quanto isso se tornaria verdade.

— Não se preocupe, Lucinda. Estou ótima. Conforme prometi a vocês, tomarei um café rápido e irei embora. Vou deixá-los em paz. Já incomodei demais.

— Que incômodo que nada, minha filha. Foi ótimo tê-la conhecido. Fazia muito tempo que eu não conversava tanto. Meus vizinhos da cidade não são de muita prosa, pelo menos comigo. E, aqui, quase não aparece gente.

— Também gostei de conversar com você. Mas preciso trabalhar, senão meu chefe me manda embora. Aguardarei o posicionamento do senhor Rui sobre o aluguel da casa.

— Pode deixar. Assim que Hermínio falar com ele, ligaremos para você. E tome cuidado na estrada, viu? Vá devagar.

— Pode deixar, Lucinda. Terei cuidado.

Apressou-se no desjejum e levantou-se assim que tomou o último gole de café com leite.

Antes de sair, foi admirar novamente a enorme tela pintada por Mariana com a imagem da fazenda. Mentalmente, disse-lhe um "até logo", pois tinha certeza de que acertaria o aluguel e voltaria àquela casa.

Pegou a mochila e se encaminhou para a porta de saída.

Hermínio já estava no pé da escada. Parecia ansioso para se ver livre daquela visitante abusada. Onde já se viu? Chegar assim, sem ser convidada, e, no mesmo dia, pedir para dormir na casa? Só a "miolo mole" da sua mulher poderia ter concordado com uma coisa dessas! E, queira Deus, o senhor Rui não venha a saber disso.

Era capaz de mandar o casal embora. Era sobre isso que Hermínio pensava enquanto ajudava Simone a colocar o equipamento no carro.

Após novas despedidas e agradecimentos, Simone dirigiu o carro para fora da fazenda em direção à estrada de terra que a levaria até a rodovia.

Pelo retrovisor, viu Lucinda acenando e a casa se afastando e, sem saber por que, sentiu um estranho aperto no coração como se estivesse abandonando sua própria casa.

"Que coisa mais louca!", pensou.

Parou defronte ao hotel onde ficara ao chegar e fez os pagamentos devidos. O moço da recepção olhou-a com curiosidade, imaginando o que levaria uma pessoa a pagar uma diária de pernoite e não dormir no hotel. Simone guardou cuidadosamente os comprovantes para o caso de seu marido querer verificar se a esposa ficara num hotel.

Voltou para o carro e partiu. Depois de atravessar o centro da pequena cidade, adentrou na rodovia asfaltada em direção à capital.

Dirigia tranquila, contente.

Aquele trecho da rodovia era muito pouco movimentado, pelo menos àquela hora da manhã. Sabia que, mesmo assim, não deveria usar o celular enquanto estivesse dirigindo, mas a saudade venceu a prudência. Ligou para o marido.

A voz dele soou como um bálsamo:

— Oi, amor!

— Oi, querido. Já estou de volta. Estou na estrada e, daqui a pouco, estarei tomando um banho em casa.

Ao ouvir a palavra "banho", ele não perdeu a oportunidade:

— Precisa de ajuda?

Mais uma insinuação amorosa. Pelo visto, a noite deles prometia ser agitada. Por puro charme, ela se fez de desentendida:

— Para o banho?

— Claro! Sou especialista.

— Olha, a oferta é tentadora. Mas sou obrigada a recusar, porque sei que você iria demorar demais nessa tarefa.

Ele sorriu e respondeu malicioso:

— Não tenha a menor dúvida disso.

— Então é melhor deixar para a noite.

— Está bem, farei um sacrifício. Mas, antes, eu quero saber de uma coisa.

— Pergunte.

— Enquanto esteve aí nessa cidade, você andou comendo ou bebendo algum coisa diferente do habitual?

— Ué, que pergunta esquisita. Como o quê?

— Bem, tipo um elixir do amor, chá afrodisíaco, suco de catuaba, coisas do gênero.

Ela soltou uma risada bem sensual, como sabem fazer as mulheres quando percebem que são desejadas:

— Não, senhor. Nada disso, só comi e bebi o trivial. Apenas esta é a nova Simone. Prepare-se para ela!

Em resposta, ele parodiou uma conhecida música popular da antiga Jovem Guarda:

— "Pode vir quente que eu estou fervendo!"

Trocaram mais algumas frases românticas e insinuantes e desligaram.

Simone começou a cantarolar, feliz da vida. Parecia que, finalmente, sua relação com Laércio se acertava.

De repente, sentiu a mente esvaziar-se, e, por alguns segundos, a estrada dançou à sua frente. Apesar do susto, teve suficiente calma e habilidade para controlar o carro e colocá-lo de volta na faixa certa.

Que raios fora aquilo? Será que ela estava mesmo tão estressada assim? Por alguns segundos, sentira como se sua consciência desaparecesse e desse lugar a um vazio total. Ainda bem que fora rápida no controle do carro, senão poderia ter se acidentado.

Ligou o rádio numa estação de músicas clássicas, e pôs-se a prestar mais atenção na direção. Não gostaria de ser novamente pega de surpresa por aquele súbito e estranho mal-estar.

Simone soltou um longo suspiro de alívio quando estacionou o carro na garagem do pequeno prédio onde morava com Laércio. Seu plano era tomar um bom banho, descansar um pouco, trocar de roupa e correr para a produtora. Precisava chegar a tempo de participar da reunião que Raul agendara para o pequeno *staff* dele.

Capítulo 9

Retomando o início

Simone abriu os olhos e percebeu que estava deitada em algum lugar que não era sua casa. Acima, viu um teto branco e a luz forte de uma luminária. Levou algum tempo para perceber que estava numa estreita cama de ambulatório ou hospital.

— Bem-vinda de volta ao planeta Terra!

Reconheceu a voz brincalhona do Sérgio. Seu rosto simpático apareceu no foco de visão, um pouco embaçada. Ele continuava dando as boas-vindas, ao seu modo:

— Terra chamando! Terra chamando! Câmbio!

Ela fez uma força imensa para falar, percebendo que a voz saía arrastada, como se tivesse bebido:

— Para com isso, cara! Já acordei. Que lugar é esse? O que aconteceu comigo?

— Isso é o que eu gostaria que você me dissesse, amiga. Você está no ambulatório do nosso prédio, daquela firma que dá assistência médica ao pessoal da produtora. Foi para onde te trouxe quando você apagou — Simone lembrou que no térreo havia um pequeno ambulatório e um laboratório de análises clínicas básico com o qual a agência tinha convênio. — Agora, com relação ao que aconteceu com você, dou-lhe a palavra!

Com esforço, ela levou as mãos ao rosto e esfregou os olhos para clarear a visão. Tentou se lembrar do que ocorrera consigo:

— Eu apaguei? — franziu a testa, pesquisando a memória — Não me lembro de nada disso. Não faço a menor ideia do que aconteceu.

— Então vamos por partes: qual a última coisa da qual você se recorda?

Ela pensou um pouco antes de responder:

— Deixe-me ver. Lembro que eu estava na reunião. Nós chegamos juntos no estacionamento e fomos direto para a reunião com Raul.

— Até aí, tudo bem.

— Lembro que chegamos atrasados. Já estavam lá a Vânia e a Ivana. Lembro também que falei sobre a minissérie e mostrei o vídeo que fiz na casa da fazenda, em Piracaia.

— Certo. E depois?

— Depois... Deixe-me pensar um pouco — voltou a franzir a testa, olhando o teto. — Durante a reunião, depois de algum tempo, senti um formigamento na cabeça. Quero dizer, dentro da cabeça, e, a partir daí, passei a não entender mais nada do que vocês estavam falando. Para mim, era um assunto totalmente desconhecido. Você pode acreditar ou não, mas eu nem sabia quem eram aquelas pessoas. Por isso, estava me sentindo deslocada e percebi que não fazia o menor sentido a minha presença ali.

— E...?

— Lembro que essa sensação aumentou até me sentir muito desconfortável. Minha mente estava confusa, comecei a ouvir um zumbido na cabeça e achei melhor sair da sala — nova pausa, novo esforço. — A última coisa de que me recordo, e mesmo assim muito vagamente, é de que me levantei e fui embora. Lembro que tive dificuldade para encontrar a saída do prédio. Só isso.

— Mais nada?

— Mais nada. Não tenho a menor ideia do que fui fazer ou para onde fui. Só recobrei a consciência aqui, agora.

Sérgio levantou e serviu-se da água de uma das garrafas dispostas sobre uma mesinha em um canto da pequena sala do ambulatório. Aquelas instalações haviam sido adaptadas para atender apenas a casos de emergência. Com um gesto, perguntou-lhe se também queria. Simone recusou com um lento movimento de cabeça.

Sérgio voltou para perto dela e falou com voz grave, dessa vez muito sério:

— Amiga, você me deu um susto do caramba!

— O que foi que eu aprontei? Agora é sua vez de falar.

Ele puxou uma cadeira e sentou-se ao lado da cama:

— Bom, como você estava demorando em voltar para a sala, fui procurá-la. Estávamos todos preocupados com sua saída inesperada. Sabíamos do seu cansaço e achamos que você poderia ter sentido algum mal-estar. Fui até o estacionamento para verificar se você tinha saído. Quando vi seu carro lá, corri para a rua e a encontrei. Você estava na frente do prédio, parada, olhando o trânsito como que perdida ou hipnotizada.

— Eu estava na rua?

— Estava. Me aproximei, perguntei se estava tudo bem e quis trazê-la de volta para a reunião. Você me olhou como se nunca tivesse me visto antes, como se eu fosse um completo desconhecido.

Simone estava chocada com a revelação:

— Você está brincando! Eu fiz isso?

— Fez. E espero que não faça nunca mais. Me deu uma tremedeira! Como estava insistindo em trazê-la de volta, você quase me bateu.

Simone arregalou os olhos e abriu a boca, de tão espantada:

— Ah, não! Não acredito que fiz isso!

— Pois fez. Até ameaçou chamar a polícia.

— Gente! Que loucura foi essa?

— Loucura mesmo. Disse que não me conhecia e que não se chamava Simone.

Ela confiava inteiramente no amigo, mas aquilo ultrapassava todos os limites de credibilidade:

— Cara, fala a verdade: você está tirando onda com a minha cara.

— Não estou, amiga. Eu tremia dos pés à cabeça. No início pensei que você estivesse brincando, mas depois vi que era verdade. Você parecia outra pessoa.

Chocada, Simone apoiou-se num dos cotovelos, ergueu o corpo e se sentou na maca. Olhou para ele bem séria:

— Sérgio, fala pra mim que você está brincando, pelo amor de Deus!

— Você acha que eu iria brincar com uma coisa dessas?

Ela cobriu o rosto com as mãos:

— Deus, estou pirando! Preciso de umas férias!

— Acho que férias seriam uma boa pedida. Mas a primeira coisa que você precisa fazer, com urgência, é ir a um médico. Talvez um neurologista, um psiquiatra, sei lá.

— E como foi que conseguiu me trazer para cá?

— Quando você saiu da reunião, esqueceu sua mochila. Levei-a comigo porque você poderia precisar dela. Então, lá na rua, quando vi que não estava me reconhecendo e dizendo que não se chamava Simone, lembrei de lhe mostrar um documento seu com foto. Peguei seu RG na mochila e quase esfreguei na sua cara — ele imitou o gesto que fez na rua — "olha aqui, está vendo que você é a Simone?"

— E eu?

— Assim que você viu sua foto e seu nome, pimba! Caiu durinha. Ainda bem que percebi o que ia acontecer e a segurei a tempo de evitar que você se esborrachasse no chão.

— Gente, eu não acredito que aconteceu tudo isso comigo.

— Pois aconteceu, amiga. Fiquei muito preocupado. Já avisei ao Raul que você está aqui e também liguei para o Laércio. Mas para o Laércio eu não contei detalhes. Disse apenas que você não estava passando bem. Seu marido disse que viria correndo pra cá.

— Meu Deus! Vai ficar todo mundo preocupado.

— Mas tem que ficar mesmo. Isso não é brincadeira.

— Eu sei — estava pensativa.

— E como é que você está agora?

Ela voltou a se deitar:

— Agora estou bem. Não sinto nada de errado comigo, apenas ligeiramente zonza e a visão um pouco turva. Mas acho que é por causa do desmaio ou de algum remédio que me deram.

Raul entrou acompanhado de Vânia. Mostravam no semblante a preocupação com a funcionária:

— E aí, moça, como você está?

— Agora estou bem. — Percebendo que estavam preocupados, tentou descontrair a conversa: — Já posso voltar para a reunião.

Nenhum dos dois riu. Raul falou sério:

– Deixe de brincadeira, Simone. Esse negócio foi e continua sendo sério. Precisamos descobrir o que você teve.

Ela sorriu meio sem graça. No fundo, também estava muito encucada, mas não o queria demonstrar para não lhes aumentar a preocupação:

— Eu acho que foi fraqueza apenas. Deve ser o famoso e implacável estresse atacando a pobre Simone.

O chefe não estava para brincadeira:

— Mesmo que tenha sido uma crise de estresse, repito que isso é coisa séria. Sérgio me contou que você ficou fora do ar por um bom tempo.

— Que coisa, não? E o pior é que não lembro de nada.

Vânia acariciou seus cabelos, com muita delicadeza:

— O importante é que você está melhor, amiga. Agora vamos torcer para isso não se repetir.

— Não vai se repetir, tenho certeza. Foi o cansaço da viagem e a preocupação com todos os meus compromissos. Vocês sabem, o teatro, o curso e principalmente a minissérie.

Raul continuava sério. Ele cuidava de verdade para que sua equipe tivesse boas condições de trabalho:

— Veja, Simone, se for preciso, adiamos o início das gravações.

— De jeito nenhum, Raul! Logo agora que achei a bendita casa de Piracaia!

— Eu sei, Simone, mas a sua saúde vem em primeiro lugar.

Todos se voltaram para a porta quando ouviram uma leve batida. Era Laércio:

— Oi, gente, posso entrar?

Dando palmadinhas carinhosas no ombro do recém-chegado, os três abriram caminho para que o marido pudesse se aproximar da esposa:

— E aí, baixinha? Acabou o gás?

Simone sorriu desconcertada. Sabia que o marido se referia ao seu excesso de trabalho:

— Oi, amor — beijaram-se de leve nos lábios.

Vânia foi bem sutil:

— Gente, vamos deixar os pombinhos a sós, por favor. Lembrem-se que não se veem há três dias — e puxou Sérgio e o marido pelo braço em direção à porta de saída.

Os colegas acenaram para Simone enquanto se retiravam:

— Te cuida, moça!

— Te ligo depois, Si.

Vânia deu um beijo carinhoso na testa da amiga e saiu.

Laércio sentou-se ao lado da esposa e pegou-lhe uma mão entre as suas. Sua voz demonstrava muito carinho e cuidado:

— Como é que você está?

— Agora estou bem.

— Sérgio me disse que você teve um apagão, mas não me deu detalhes.

— Foi isso mesmo, um apagão. Uma coisa muita estranha. Estava na reunião, participando normalmente, quando desliguei de repente e saí, dizendo que ia no banheiro. É tudo do que me lembro. Daí para frente é um branco total. Acordei aqui, para onde Sérgio me trouxe. Coitado, ficou tão assustado!

— Assustado fiquei eu! Receber um telefonema dizendo que minha mulher não estava passando bem e que se encontrava no ambulatório! Imagine o que se passou pela minha cabeça.

— Imagino, amor, mas agora se acalme. Você já viu que estou bem.

— Você está bem agora. E depois? E se acontecer de novo?

— Não vai acontecer de novo!

— Como é que você pode saber? Não vamos brincar com isso. Saindo daqui vamos agendar um médico e pedir que te faça uma série de exames.

— Ai, como você é exagerado !

— Exagerado uma ova! Ninguém apaga assim, sem mais nem menos, sem ter uma causa. Vamos descobrir o que foi isso. E tem mais: peça licença do teatro, deixe sua substituta assumir e também adie a conclusão do curso. Depois você continua. E se puder adiar o começo das gravações da minissérie, melhor ainda.

— Amor, sei que você está preocupado comigo, mas não precisa entrar em pânico. Agora aprendi a me cuidar. Não lhe disse que mudei?

O modo como perguntou demonstrava que não acreditava muito nessa alegada mudança:

— Mudou mesmo?

— Sim e vou tomar as medidas necessárias. Deixar a peça, tudo bem. A temporada já está acabando e a Myriam pode me substituir. O curso também já está terminando. Posso trancar a matrícula e continuar em outra turma. Agora, a minissérie não dá para adiar. Não posso atrapalhar a programação da produtora. Já tem patrocinadores, técnicos e atores contratados, locações definidas... Isso não dá para mudar.

— Então, pelo menos combine com o Raul para adiarem o início das gravações por uma ou duas semanas.

— Bom, não vamos discutir isso agora. Neste momento, a única coisa que quero de verdade é ir para casa.

— Deixa eu chamar o médico para ver se já pode te dar alta.

Pelo interfone, Laércio pediu à recepcionista a presença do médico.

Depois voltou-se para sua mulher:

— Ele já vem. Enquanto isso, me fale um pouco da sua viagem.

— Correu tudo bem. Consegui visitar cinco cidades nestes três dias.

— Cinco cidades em três dias? Eu não acredito! E depois você não sabe porque teve o apagão!

Ela baixou o olhar, reconhecendo:

— É, acho que exagerei.

— Pelo menos valeu a pena?

Simone voltou a se animar:

— Valeu muito a pena. Conheci uma cidadezinha chamada Piracaia e descobri, numa fazenda, a casa perfeita para a minissérie.

O médico bateu de leve na porta e entrou:

— E então, moça? Está se sentindo melhor?

— Bem melhor, doutor. Parece até que não aconteceu nada comigo.

— Isso é bom, mas aconteceu algo com você, sim. E precisamos saber o que foi — enquanto falava, o médico fazia algumas verificações básicas, como medida da pressão arterial, pulsação e exame das pupilas.

— Aparentemente está tudo bem, mas não podemos nos descuidar. Recomendo que procure imediatamente um neurologista. Ele pedirá uma série de exames laboratoriais e de imagem. Em princípio, acredito que tenha sido um mal-estar passageiro por causa do estresse. Mas é apenas uma opinião.

Laércio aproveitou a deixa do médico para mandar um recado a Simone:

— Acho que o senhor está certo, doutor. De uns tempos para cá, essa mulher resolveu trabalhar feito um cão. E não adianta nada eu dizer que está se excedendo. Ela não me ouve.

— Já falamos sobre isso, amor. Vou reorganizar meu tempo. Talvez até pedir uma semana de férias ao Raul.

Laércio levantou os braços para o alto, num gesto bem exagerado e, com voz teatral, disse:

— Aleluia!

O médico insistiu:

— Isso seria muito bom, mas não exclui a necessidade de ir a um neurologista com urgência. Qualquer que tenha sido a causa, quanto antes soubermos do que se trata, mais fácil será combatê-la.

— Não se preocupe, doutor. É só nos dar a guia de solicitação de consulta. Saindo daqui, vamos ligar e agendar.

— Acho bom — o médico assinou a alta, entregou-lhes a guia, cumprimentou-os e se retirou.

Ficando a sós com o marido, Simone se sentiu mais à vontade para negociar:

— Calma, Laércio. Nada de agendar consulta agora. Me deixe chegar em casa primeiro. Quero terminar de repousar, certo? Aqui foi apenas um aperitivo e, mesmo assim, à custa de remédios.

— Bom, se você vai para casa para realmente repousar, tudo bem.

— E meu carro, que está no estacionamento? Que faço com ele?

— Deixa lá, está bem guardado. Depois que as coisas se acalmarem, eu peço a alguém para levá-lo para casa. Além do mais, você não pretende sair daqui dirigindo depois desse apagão, não é? E se acontecer de novo enquanto estiver dirigindo?

— Tudo bem, amor. Não vamos discutir agora. O carro fica aqui, e eu vou com você.

Simone sentiu um grande alívio quando entrou no seu pequeno, mas aconchegante apartamento. "Aquela história de 'lar, doce lar' é mesmo verdadeira", pensou, sentindo-se segura.

Assim que fechou a porta, Laércio depositou a mochila da esposa sobre uma poltrona e abraçou Simone carinhosa e demoradamente.

Ficaram um longo tempo assim, juntinhos, em silêncio. Depois, ele falou-lhe ao ouvido:

— Senti muito sua falta. E fiquei apavorado quando me disseram que você não estava passando bem. Sabe o que isso significa?

— Nem imagino — ela brincou.

— Isso quer dizer que eu ainda te amo.

— Eu também, seu bobo! — beijou-lhe suavemente os lábios.

Com delicadeza, ele puxou-a pelo braço, e levou-a até o quarto. Falou de modo travesso:

— Estão adiados todos os nossos projetos amorosos previstos para hoje. Não vou me aproveitar de uma doente.

— Ah, continua bobo! Não estou doente coisa nenhuma.

— Espero que não, mas é bom não facilitar. Eu estou com tanta vontade quanto você, mas teremos muito tempo pela frente até você se sentir melhor. Agora quero que se deite e descanse de verdade.

Simone fez expressão de amuada:

— Mas já descansei no ambulatório...

— Como você mesma disse lá, dormir sob efeito de sedativos não significa descansar. Agora está em sua casa e pode dormir o tempo que quiser, sem preocupações. Vou ficar aqui, tomando conta de você.

— Nossa, que maravilha! Acho que vou viajar mais vezes para deixá-lo romântico assim.

— Sabe quando você vai viajar outra vez sozinha? Nunca mais, sacou? Não vai mais sair de perto de mim. Vou voltar a tomar conta de você, é o jeito.

— Você sabe que preciso muito que faça isso. Eu me sinto mais segura.

Beijaram-se, dessa vez com mais intensidade. Ele se afastou delicadamente:

— Ei, nem vá se entusiasmando. Você ainda não pode fazer esforços.

Ela o provocou, mesmo sabendo que o marido estava certo:

— Acho que você está fugindo da raia...

— Fugindo nada. Estou é tomando conta de você.

— Está bem, estou brincando. Vou até o banheiro e depois me trocarei para deitar um pouco.

— Vou esperar na sala. Se você trocar de roupa na minha frente posso não resistir. É tentação demais!

Ela continuou com a provocação:

— Eu não acredito em todo esse autocontrole! O que aconteceu com você? Está com febre?

— Não, só estou apaixonado de novo.

— Meu Deus, não estou acreditando!

— Agora vai ser sempre assim.

Riram. Ele foi para a sala e ela se dirigiu ao banheiro.

Enquanto esperava, Laércio ligou baixinho a TV. Também estava esgotado, mas no seu caso, o motivo era de ordem puramente emocional. E mais: acabara de descobrir que ainda amava sua mulher com a mesma intensidade de quando se casaram. O susto pelo qual passara, achando que poderia até perdê-la, o fez cair em si e perceber o quanto precisava dela ao seu lado.

O programa exibido na emissora era entediante. Em poucos minutos, começou a sentir as pálpebras pesarem. Estava muito difícil resistir a uma soneca.

Laércio abriu os olhos assustado: devia ter cochilado um pouco, mas não saberia dizer por quanto tempo. Levantou-se rapidamente e foi até o quarto. Simone estava de camisola, dormindo profundamente. Na certa, ela percebeu seu cochilo e se deitou sem incomodá-lo.

Contemplou sua mulher com muito carinho durante algum tempo. Depois voltou a sentar-se na sala e ficou novamente assistindo a TV, mas sem prestar atenção no programa. Seu pensamento estava em Simone.

Após algum tempo, percebeu que ia adormecer outra vez, mas não fez nenhuma questão de resistir. Afinal, sua mulher estava segura, tranquila, dormindo profundamente ali perto, e ele também estava precisando relaxar.

Acordou outra vez sobressaltado, sem saber quanto tempo se passara depois que voltara a sentar-se ali. Instintivamente olhou para a porta do quarto onde deixara Simone repousando.

Surpreendeu-se ao vê-la já acordada, de pé, encostada na soleira da porta do quarto. Segurava um lençol em volta do corpo como para esconder que estava de camisola. Olhava para ele com o semblante bastante sério. Parecia intrigada com alguma coisa.

Laércio mostrou um largo sorriso de alegria e, mesmo sentado, estendeu-lhe os braços bem abertos, falando com voz sedutora:

— Venha cá, minha gatinha linda. Vamos fazer um pequeno teste de amor para ver se descansou bastante.

Ela não se mexeu um milímetro sequer. Seu rosto estava impassível, sério, quase carrancudo.

Ele estranhou, mas não baixou os braços:

— Ei, acordou de mau humor? Venha até aqui que resolvo isso.

Nada. Nenhuma reação ou resposta. Imóvel, parecia uma estátua brava:

O marido baixou os braços já meio impaciente:

— Amorzinho, isso já é excesso de charme. Ou está querendo que eu vá até aí, acertei? — levantou-se, e começou a caminhar na sua direção, com expressão marota.

Rapidamente, Simone deu um passo para trás, afastando-se da porta onde estivera encostada. Falou, quase gritando:

— Fique aí! Não se aproxime de mim!

Ele parou, assustado com aquela reação inesperada, sem saber se falava sério ou se apenas fazia um joguinho de sedução para tornar a relação mais estimulante.

Preferiu não levar a sério aquela atitude da esposa e voltou a se aproximar lentamente, com os braços posicionados para abraçá-la:

— Ah, não? Pois vai ver o que vou fazer com você, gatinha rebelde!

Agora ela gritou, recuando ainda mais:

— Pare com isso! Disse para não se aproximar de mim! Estou falando sério!

Ele parou de novo, desconcertado. Se aquilo era um jogo, não estava gostando nem um pouco:

— Que história é essa, amor? Teve sonhos ruins?

Ela o olhou furiosa, deu mais um passo para trás, entrou no quarto e fechou a porta, batendo-a com violência.

Laércio ficou paralisado, boquiaberto, com os braços ainda estendidos. Não entendeu nada do que estava acontecendo.

O que era aquilo? Qual a razão daquela mudança brusca? Antes de dormir, estava amorosa. Algumas horas depois, despertou daquele jeito agressivo! Como uma pessoa pode mudar assim, tão de repente? E com o próprio marido!

Não, isso não fazia nenhum sentido. Só podia ser brincadeira. Aproximou-se da porta e bateu de leve:

— Amor? O que está havendo? Você está falando sério? Está mesmo brava comigo?

101

Como não houve resposta, ele forçou a maçaneta. Parou quando ouviu sua voz, ainda muito raivosa:

— Não se atreva a entrar neste quarto!

Ele parou de forçar a maçaneta e ficou olhando para a porta, completamente incrédulo e aturdido.

— Simone, o que quer que esteja acontecendo, vamos conversar, está bem? Lembra-se dos nossos projetos para hoje à noite?

A resposta de dentro do quarto assustou-o e o fez se afastar bruscamente da porta.

— Eu não sou Simone!

Capítulo 10

Agora a confusão na cabeça de Laércio era total.

Deus do Céu, o que estava acontecendo com sua mulher? Seria alguma consequência do maldito estresse ou de algum dos remédios que tomara no ambulatório?

Lembrou-se do que Sérgio lhe contara, quando Simone sofrera um apagão. Será que aquela reação inesperada tinha algo a ver? Será que estava acontecendo outra vez? E por que disse que não era Simone? Tinha algo de muito errado naquilo.

Percebeu que moveu a chave e destravou a fechadura. A porta começou a se abrir lentamente.

Por instinto de defesa, ele recuou.

Simone apareceu com a mesma expressão séria e brava. Tinha trocado de roupa, e agora vestia coisas que absolutamente não combinavam entre si. Laércio estranhou porque ensinara à sua mulher, que não era nada vaidosa, a se vestir bem. Orientava-a para que combinasse todas as peças do vestuário — que, aliás, eram compradas sob a supervisão dele, porque ela se recusava a entender de moda.

Ele ficou olhando-a em silêncio. Pela primeira vez na vida não sabia o que fazer ou dizer para sua própria esposa. Nunca vira aquela expressão, em todos esses anos de casado. Era como se ela não o conhecesse. Simone nunca se zangava com ele. Pelo contrário, era até muito submissa e dócil, razões que, anos depois, levaram-no a questionar-lhe a autoestima e a cobrar-lhe mais autonomia, mais individualidade.

No entanto, naquele momento, era como se tivesse passado por uma radical transformação. Ou como se fosse outra pessoa.

Ela repetiu numa voz baixa e rouca:

— Eu não sou Simone.

— Mas o que você está dizendo, criatura? Que história é essa? Você é Simone, minha mulher! E se acha que não é, você está louca!

Agitado, ele foi até uma das paredes e pratica-mente arrancou três quadros em que apareciam fotos do casal em poses românticas. Numa delas estavam se beijando; noutra, mostrava uma pose carinhosa do dia em que se casaram.

— Veja se reconhece quem está nessas fotos, me beijando e se casando comigo!

Ela demorou a se movimentar. Com cautela, pegou as molduras e olhou as fotos com atenção. Depois colocou-as sobre o sofá, por cima do recosto.

Lentamente deu a volta na sala e se dirigiu para uma das poltronas. Antes, tornou a pegar as molduras, ficou olhando as fotos por um longo tempo, e colocou-as sobre o colo.

Laércio olhava-a em silêncio, ansioso para ver sua reação.

Quando a mulher finalmente falou, sua voz continuava baixa e rouca, de uma maneira não habitual:

— Precisamos conversar.

Ele fez uma expressão exagerada de alívio:

— Ah, finalmente! Parece que o bom senso voltou à Terra! É claro que precisamos conversar! — meio desaforadamente, sentou-se no sofá diante da poltrona onde ela estava. — Então, a senhora é ou não é minha mulher Simone?

Calmamente, mas sem baixar a guarda, ela respondeu:

— Já lhe disse, mas vou repetir de uma vez por todas: eu não sou Simone e, portanto, não sou sua mulher.

Irritado, Laércio bateu com força as palmas das mãos nos braços da poltrona:

— Legal! Então é irmã gêmea dela. Simone, isso está passando dos limites. Brincadeira tem hora!

Ela não alterou o tom de voz:

— Eu me chamo Mariana e não estou brincando.

— Chega! Para mim chega! — levantou-se e se dirigiu para a porta. — Vou sair e dar um giro para esfriar a cabeça. Se você queria me irritar por alguma razão que estou longe de imaginar qual seja, informo-lhe que já conseguiu! Parabéns! Mas para mim chega! — foi à porta de saída e pôs a mão na maçaneta.

Pela primeira vez ela falou mais alto, porém com mais delicadeza:

— Por favor, não saia! Precisamos conversar!

— Chega, Simone, chega! Se nessa viagem você conheceu alguém mais interessante do que eu e quer me deixar, assuma isso logo de uma vez por todas e pare com essa palhaçada! Caso não tenha percebido, esta sala não é um palco. Portanto, pare de representar!

Saiu, batendo a porta violentamente.

A mulher levantou-se pálida, assustada com aquela reação. Levou a mão ao peito, parecia ter dificuldade para respirar. Voltou a sentar-se e pegou sobre a mesinha de centro uma revista para se abanar.

Sim, faltava-lhe o ar. A cabeça rodopiava, sua mente estava confusa. Sentiu um enorme calor no rosto e então desfaleceu.

Havia um pequeno jardim no térreo do prédio. Quando saiu irritado do apartamento, Laércio foi para lá, procurando se acalmar.

Nervoso, andava de um lado para o outro por entre as flores e as plantas, com as mãos nos bolsos da calça. Pensou que, se fosse fumante, consumiria um maço inteiro.

Sentou-se num pequeno banco de cimento e ficou pensando no que deveria fazer. Ora passava as mãos nos cabelos, ora cobria o rosto com elas. Não lhe ocorria nenhuma ideia que parecesse adequada. Gostaria mesmo de subir ao apartamento e sacudir Simone, Mariana ou quem quer que fosse aquela mulher, até que ela recuperasse a memória ou parasse de brincar com ele.

Resolveu ligar para Sérgio. Pelo menos era amigo do casal, vira quando tudo começou, e talvez pudesse sugerir algo.

Felizmente, Sérgio ainda estava na produtora. Atendeu com uma voz que não escondia sua ansiedade:

— E aí, Laércio, como está nossa amiga?

— Cara, nem queira saber! Está mal, muito mal.

— Como assim, o que aconteceu?

— Não aconteceu: está acontecendo, e eu não consigo entender! — e contou todos os fatos, desde o momento em que trouxera Simone do ambulatório até a mudança repentina de seu comportamento, ocorrido alguns minutos antes.

— E eu a larguei lá. Saí possesso, batendo a porta!

Sérgio ficou alguns segundos em silêncio antes de se manifestar:

— Velho, eu só acredito nessa história porque é você quem está me contando. Isso tudo é muito absurdo!

— Eu sei que é. Por isso estou aqui no jardim do prédio, andando de um lado para o outro feito um palerma, sem saber o que fazer.

Sérgio pensou mais um pouco. Seu pensamento estava a mil por hora:

— Escuta, Laércio, darei um pulo aí. Fique onde está. Vou de táxi para chegar mais depressa.

— Não quero te atrapalhar, cara. Sei que está enrolado com as providências da viagem.

— Para que é que servem os amigos? Estou indo.

Sérgio chegou em menos de meia hora. A agência ficava relativamente perto do prédio e com os táxis andando pelo corredor exclusivo, o percurso foi fácil.

Os dois se abraçaram fraternalmente e sentaram-se no banco. Apesar da ansiedade, Laércio estava mais calmo:

— Velho, não sei o que é que deu na sua amiga. Quando ela se transformou, parecia outra pessoa. Falava de maneira totalmente diferente da Simone. No começo cheguei até a pensar que era fingimento; afinal, minha mulher é atriz.

— Não creio que esteja fingindo. Seria uma brincadeira de muito mau gosto. Deve ser alguma consequência daquele apagão, que foi o começo de tudo.

— Pois é, mas de onde vem isso? Reconheço que ela está muito estressada, mas não era para tanto.

— De fato. Nunca ouvi dizer que estresse provocasse esse tipo de reação, de comportamento.

— O pior é que não tenho a menor ideia do que devo fazer para ajudá-la a sair dessa.

As palavras seguintes de Sérgio tinham apenas a intenção de consolar o amigo, porque ele próprio não acreditava:

— Tenha calma, a gente vai tomar as providências necessárias e tudo acabará bem. Vamos dar um pulo lá em cima e ver como ela está.

Laércio olhou sério para o amigo:

— Você tem certeza de que quer mesmo fazer isso?

— Certeza não tenho, mas acho que seria bom. Talvez, vendo o quadro, eu possa ajudar de alguma maneira.

— Bom, você é quem sabe.

Levantaram-se e se encaminharam para o elevador. Subiram em silêncio.

Laércio empurrou a porta de entrada do apartamento sem bater. Continuava destrancada, do mesmo jeito que a deixara ao sair, aborrecido. Sérgio vinha logo atrás.

Os dois foram pegos de surpresa: Simone correu chorando para os braços do marido.

— Amor, onde você estava? Fiquei assustada quando acordei e não vi você aqui!

Estupefato, Laércio acolheu o abraço sem saber o que dizer e olhou para Sérgio, que se mantinha calado e impassível, observando a cena.

Simone percebeu a presença do amigo e foi abraçá-lo também:

— Sérgio! Você aqui! Que surpresa! Desculpe meus trajes e minha cara! Devo estar horrível.

Laércio arriscou uma pergunta, mesmo achando que não fazia sentido:

— Simone, é você mesmo?

Dessa vez, quem ficou surpresa foi ela:

— Amor, você bebeu? Que pergunta boba é essa? Claro que sou eu! Só não entendo porque me deixou deitada na cama para descansar e acordei aqui na sala, caída no chão.

Sérgio ficou intrigado:

— Você estava aqui na sala, caída no chão?

— Estava. Não sei se desmaiei ou se peguei no sono de novo. Mas acordei com uma sensação péssima, me sentindo muito mal. Acho que foi porque tive um sonho muito chato, em que discutia com você. Chamei-o e, quando vi que não estava aqui, entrei em pânico!

— Amor, vamos sentar um pouco. Precisamos conversar.

— Por quê? Aconteceu alguma coisa?

— Aconteceu — depois que se sentaram, Laércio pegou ambas as mãos de sua esposa. Sérgio permaneceu de pé, observando. — Simone, escute com atenção — fez uma pausa para ganhar coragem. — Você teve o apagão de novo.

Ao ouvir isso, Simone levou as mãos à boca para segurar um grito, o que não conseguiu:

— Não! De novo, não!

Sérgio achou que a amiga entraria em pânico e quis acalmá-la:

— Procure ficar calma, Simone. Nós vamos ter que dar um jeito nisso. Estou aqui para ajudar no que for preciso.

Os olhos dela se encheram de lágrimas. Olhou para Sérgio e depois para o marido:

— E novamente não os reconheci?

Laércio falou com calma:

— Sérgio não estava aqui. Desta vez você não reconheceu seu próprio marido.

— Oh, meu Deus! — ela se jogou outra vez nos seus braços, chorando convulsivamente. — Deus, o que é que está acontecendo comigo?

Laércio ficou acariciando os cabelos negros dela até que se acalmasse. "Não, isto não pode ser fingimento.", pensou.

Ela pôs as mãos no rosto dele, quase suplicou:

— Amanhã mesmo vamos ao médico. Por favor!

— Tudo bem, amor. Vou procurar um especialista.

Sérgio teve uma lembrança oportuna:

— Pessoal, sou muito amigo do psiquiatra do nosso convênio médico. Ligarei para ele e tentarei agendar uma consulta para amanhã mesmo. Tenho certeza de que ele vai esclarecer o que está acontecendo.

Laércio, sentindo gratidão pelo amigo, estendeu-lhe a mão e apertou-a vigorosamente. Voltou-se para Simone:

— Amor, você ouviu o Sérgio. Amanhã iremos ao médico e tudo vai ser resolvido. Agora procure relaxar. Deixe-me pegar um pouco de água para você.

Ela, que voltara a sentar-se, levantou-se rápida:

— Deixe comigo, amor. Aproveito e preparo um café para vocês.

Sérgio fez um gesto de protesto:

— Não se preocupe com isso, Simone, eu já estou de saída. Só vim aqui para ver se poderia ajudar. — Na verdade, ele estava lá porque esperava rever a "outra" mulher e constatar se se tratava da mesma que havia visto na frente do prédio da produtora.

Simone passou as mãos no rosto para enxugar as lágrimas:

— Que é isso, cara? Não estou inválida, não. Posso estar meio fora do ar, mas consigo me movimentar muito bem. Esperem aqui. Faço num instante.

Enquanto ela se dirigia à cozinha do pequeno apartamento, os dois homens ficaram se olhando em silêncio. Como Simone estava de costas para eles, Sérgio fez um gesto com as mãos e os ombros, como quem pergunta: "E aí, velho? Não estou vendo nada do que você falou!". Laércio respondeu também com gestos, que pareciam dizer: "Não estou entendendo nada do que está acontecendo aqui".

Por alguns instantes, Laércio teve a impressão de que seu amigo duvidava da veracidade do que lhe contara, mas não podia fazer nada para provar que falara a verdade.

Puxaram assuntos banais, apenas para preencher o tempo, enquanto não chegava o cafezinho. Laércio quis saber:

— E, então, está tudo pronto para a viagem?

— Que nada, meu! Ainda nem fui pegar o passaporte. E ainda tem um monte de papelada para preencher, um questionário enorme da escola que dará o treinamento. É muita burocracia!

— Mas você não tem do que se queixar. É uma oportunidade de ouro!

— Com certeza! Pena que esse convite chegou numa hora imprópria, mas o que se há de fazer? É pegar ou largar, e eu vou pegar com unhas e dentes! Vou aproveitar cada segundo! Ainda tenho muito a aprender nessa profissão.

Somente depois de cerca de vinte minutos, perceberam que o tal cafezinho estava demorando além da conta.

Laércio resolveu brincar com a esposa:

— E aí, benzinho? Esse café sai ou não sai? Está precisando da ajuda de um homem aí?

Simone não respondeu. Nem ao menos se dignou a voltar-se para eles. Continuou de costas.

Sérgio quis aumentar a provocação:

— Ei, minha amiga, pensei que você não ouviria isso sem dar o troco! Acho que não é mais a mesma.

— E ela é louca de enfrentar o homem da casa?

Sérgio soltou uma risada mais nervosa que espontânea:

— Agora seu marido pegou pesado, amiga!

Ela continuou imóvel, sem responder.

Foi, então, que os dois homens se olharam, percebendo que havia algo errado na conduta de Simone. Em circunstâncias normais, ela responderia às brincadeiras.

Laércio sentiu um calafrio percorrer-lhe a espinha. Acabara de ter um mau pressentimento. Sérgio agora não desgrudava os olhos da amiga, ainda de costas.

Lentamente ela voltou-se para eles.

Não era mais Simone quem estava ali.

Laércio sutilmente balançou a cabeça para o amigo, como quem diz: "Aconteceu de novo!". Sérgio estava de olhos arregalados.

Até as feições da mulher pareciam de outra pessoa, uma Simone entre séria e rancorosa.

Laércio perguntou com cautela:

— Simone, tudo bem?

Ela respondeu numa voz baixa e rouca. Sem irritação, mas com autoridade:

— Quantas vezes preciso repetir que não me chamo Simone?

Laércio lutou para controlar um sentimento que agora se aproximava do medo:

— E como é mesmo que devemos chamá-la?

— Também já lhe disse que meu nome é Mariana.

Sérgio resolveu entrar no que acreditava ser um jogo teatral, mas sua voz não demonstrava muita segurança:

— Mariana, acho que já nos vimos essa manhã.

Como um robô, ela se virou para ele:

— Acho que sim. O senhor queria me levar para uma reunião.

— Isso mesmo. Podemos ajudar você em alguma coisa?

A mulher respondeu com certa rispidez:

— Creio que este assunto só diz respeito a mim, ao Laércio e à esposa dele, a Simone.

Sérgio retraiu-se:

— Desculpe, não quis ser intrometido.

— Eu sei. Mas este é um assunto particular.

Laércio interveio:

— Bom, seja lá quem você for ou o que você queira, terá que dizer tudo amanhã ao médico.

A resposta dela foi incisiva:

— Eu não vou a médico nenhum. Minha saúde está ótima.

Laércio deu mostras de que voltara a se irritar:

— Mariana, pode ser que sua saúde esteja muito boa, mas a da minha mulher não está. Ela precisa ir ao médico amanhã.

Ela não pareceu se sensibilizar com esse argumento:

— Laércio, preste atenção no que vou lhe dizer: a partir de agora e durante algum tempo, infelizmente, certas coisas não acontecerão como você gostaria que acontecessem.

Ele se irritou de vez com o que considerou petulância dela, em sua própria casa:

— Quem você pensa que é para falar comigo desse jeito? Você é minha mulher, sim, ainda que não o admita sei lá por quê!

Sérgio percebeu que o amigo se exaltara e achava que essa não era a melhor atitude para enfrentar a situação. Falou-lhe em voz baixa:

— Laércio, não adianta discutir com Simone nesse estado. Não vai adiantar nada. Neste momento não há a menor possibilidade de um diálogo racional entre vocês.

— Mas eu não posso permitir...

A mulher continuou provocando Laércio:

— Aconselho-o a seguir as recomendações do seu amigo. Parece que ele tem mais bom senso.

Laércio ficou agressivo e fez menção de se encaminhar para a mulher:

— Ah, não vou tolerar isso!

Rapidamente, Sérgio segurou-o pelos dois braços:

— Calma, Laércio, venha comigo. Vamos esfriar a cabeça.

Delicadamente, mas com vigor, Sérgio tirou Laércio do apartamento e voltaram para o *hall* do elevador. Enquanto esperavam, ele comentou admirado:

— Velho, nunca vi uma coisa dessas em minha vida! Que loucura!

— Eu não disse? Que diabos será isso? Você acha que ela está representando?

Sérgio franziu os lábios e balançou a cabeça:

— Sei não, amigo, acho difícil. Recuso-me a acreditar nessa hipótese. Se estiver, vou dar minhas mãos à palmatória e reconhecer que sua mulher é uma excelente atriz. Vamos falar amanhã com o doutor Alexandre. Ele é um excelente psiquiatra.

— Mas iremos sem ela?

— Que jeito? Você conta para ele tudo em detalhes. Talvez ele possa fazer alguma avaliação, mesmo à distância. E quer saber? Acho melhor você dormir hoje em minha casa. Essa mudança de personalidade da Simone está muito esquisita, e não sabemos se oferece algum perigo.

Laércio ficou preocupado:

— Caramba! Eu não havia pensado nisso! Você está certo, cara! Me arruma um cantinho lá que eu me ajeito.

— Quanto a isso, não haverá problema.

Desceram o elevador da mesma forma que subiram: com a preocupação estampada no rosto.

Capítulo 11

A manhã começou cinza, nublada, com uma leve neblina, aumentando o sentimento de ansiedade e tristeza de Laércio e Sérgio.

Por ser muito amigo de Sérgio, o psiquiatra concordara em abrir um horário especial para atender Laércio, uma hora antes do início do seu expediente habitual. Assim, teria bastante tempo para ouvi-lo, sem prejudicar os demais clientes.

O doutor Alexandre os recebeu como se fosse um velho amigo de ambos. Era alto, calvo, usava óculos sem aro e ostentava um farto bigode branco, emoldurando seu constante sorriso. Devia ter por volta de cinquenta e cinco anos de idade.

Sérgio fez as apresentações:

— Alexandre, este é o Laércio, grande amigo meu, de quem lhe falei ontem à noite, por telefone. Conforme lhe descrevi de forma resumida, a esposa dele, minha amiga e colega Simone, está apresentando um certo problema comportamental. Aliás, justamente por causa desse problema ela não pôde vir também. Você ouvirá apenas a versão do marido.

Ele respondeu brincando:

— Se eu fosse advogado, questionaria essa versão unilateral da história, que sempre tende à parcialidade.

Os dois riram da brincadeira:

— Com certeza, mas não é esse o caso. Simone e Laércio se dão muito bem e sempre foram muito felizes, até que... Bom, já estou me adiantando — voltou-se para o angustiado amigo: — Laércio, lamento não poder ficar com vocês. Tenho que providenciar meu passaporte e outras coisas para a viagem.

O psiquiatra continuou brincando:

— Não se preocupe, Sérgio. Eu tomo conta dele. Se ele sair da linha, usarei uma das camisas de força que guardo no armário.

Novas risadas:

— Não será preciso, Alexandre, meu amigo é gente boa. E eu saio tranquilo porque sei que ele está em ótimas mãos.

Sérgio deu um abraço bem apertado em Laércio:

— Coragem, velho, vai dar tudo certo. Depois você me telefona e me conta as novidades.

— Combinado, amigo. E, por enquanto, muito obrigado.

Sérgio cumprimentou o doutor Alexandre, que se levantara, e saiu. O médico tornou a sentar-se e se dirigiu a Laércio:

— Bem, agora vamos nós. E então, meu caro... Como é mesmo seu nome?

— Laércio.

— Desculpe, Laércio. O que é mesmo que está acontecendo com dona...

– Simone.

O médico balançou a cabeça se desculpando:

— Sei que o Sérgio havia citado o nome dos amigos, mas tenho muitos nomes para memorizar, e, às vezes, me atrapalho.

— Entendo, doutor. Não se preocupe com isso.

— Vamos lá: o que é mesmo que está acontecendo com a Simone?

Laércio fez um relato tão completo quanto possível do que estava acontecendo. Começou desde o primeiro apagão até os fatos da noite anterior.

O doutor Alexandre ouviu tudo em silêncio, alisando as extremidades do seu vasto bigode branco. Era um antigo hábito seu quando refletia. De vez em quando, parava com o gesto e fazia algumas anotações num enorme bloco.

Depois que Laércio encerrou a narrativa, o psiquiatra guardou um longo silêncio, olhando para as anotações que fizera e coçou a ponta do queixo. Por fim, soltou um profundo suspiro e falou:

— É uma história e tanto, caro Laércio, um caso muito interessante. Pelo que você narrou e sem um exame apurado, acredito que sua esposa está sofrendo daquilo que chamamos de TDI, ou transtorno dissociativo de identidade.

— Certo. E o que vem a ser isso, doutor?

— Trata-se de uma disfunção psicológica ou neurológica também conhecida como transtorno de múltiplas personalidades, ou apenas, no caso dela, dupla personalidade.

Laércio sorriu timidamente e balançou a cabeça de um lado para o outro:

— Essas palavras são complicadas para um leigo, doutor. Espero que o senhor consiga me explicar de uma maneira mais simples.

O médico também sorriu:

— Desculpe, a força do hábito nos leva a usar jargões em "medicinês". Vou simplificar. A pessoa que está sofrendo desse distúrbio manifesta características comportamentais de outra. Em casos mais complicados, o paciente pode manifestar duas ou até mais personalidades ou identidades diferentes. Cada uma delas demonstra maneiras de pensar e de agir próprias.

— Nossa! Se, como no caso da minha mulher, apenas outra personalidade já faz uma confusão danada, imagino quando é mais de uma.

— É terrível, com certeza — mudou o tom de voz.

— Acredito que você tenha menos de quarenta anos de idade, acertei?

— Graças a Deus, acertou! — depois que falou isso, Laércio surpreendeu-se de ainda ter energia para pilheriar.

O médico sorriu, antes de continuar:

— Então ainda não havia nascido quando, em 1970, foi exibida uma novela que fez grande sucesso, *Irmãos Coragem*.

— Tem razão. Já ouvi falar, mas não assisti. O que tem ela?

— Nela, a conhecida atriz Glória Menezes interpretava uma personagem chamada Lara, que tinha múltipla personalidade. Ela, que era uma mulher reprimida e tímida, de repente, passava a agir como Diana, de temperamento extrovertido e sensual. Logo depois, se manifestava como Márcia, uma mulher bastante equilibrada, completamente diferente outras das duas. Mesmo se tratando de uma história de ficção, mostrava muito bem como funciona esse distúrbio de que lhe falei.

— Minha mulher tem problema semelhante a esse?

— No caso de sua mulher, felizmente se trata de apenas uma outra personalidade. Como já deve ter percebido, o aparecimento dessa "segunda pessoa" varia tanto de periodicidade quanto de intensidade.

Aquela que é, vamos chamar assim, "visitante", pode aparecer a qualquer momento e ficar no corpo do "hospedeiro" durante minutos, horas ou até dias.

— Dias?

— Em casos mais raros, até semanas ou meses.

— Que coisa incrível! Mas por que isso acontece, doutor? Qual é a causa?

— Por mais incrível que pareça, ainda não se tem uma explicação definitiva para isso. Apesar de todo o avanço da psiquiatria e da psicologia, este tema continua sendo muito controverso. Os meus colegas psiquiatras ainda não chegaram a um denominador comum sobre causas, diagnóstico e tratamento do transtorno dissociativo de identidade ou múltiplas personalidades.

Laércio começou a sentir um certo desânimo pelas palavras do médico:

— Mas não há, pelo menos, algumas teorias, algumas hipóteses sobre esse distúrbio?

— Sim, há algumas, mas, como disse, nenhuma conclusiva. Alguns colegas acham que se trata de uma perda temporária de memória associada a antigas lembranças que, por alguma razão, vêm à tona. Outros falam de Amnésia Dissociativa Aguda.

— E o que vem a ser essa... Amnésia dissociativa?

— Vamos ver se consigo explicar de uma maneira bem clara. Há fortes indícios de que a causa está na infância, nos casos em que a criança sofre uma agressão traumática ou muito dolorosa, capaz de lhe provocar um estresse biológico. Quando isso acontece, para se defender, a mente da criança aciona um mecanismo que a leva a fingir que é outra pessoa, como se aquele problema não fosse com ela. Ou seja, é criada uma outra consciência que permite à criança fugir daquela situação traumática ou dolorosa. Isso lhe traz um grande alívio emocional, mas, em compensação, causa a desintegração do seu ego. É nesse momento que surge o transtorno da dupla personalidade ou personalidade múltipla.

— Acho que entendi. E como é que os médicos ficam sabendo que uma pessoa está com esse problema?

— Como já lhe disse, o diagnóstico desse transtorno continua controverso, com muitos colegas argumentando que não há evidências empíricas, concretas, que lhe deem suporte. Mas há relatos de outros psiquiatras que descrevem casos que confirmam a existência do referido transtorno.

— Isso tudo, na prática, quer dizer que...?

— Na prática, esse diagnóstico é dado quando alguém passa a agir, falar, sentir e lembrar de fatos como se fosse outra pessoa. Ela apresenta nova personalidade que, inclusive, pode ser do outro sexo, outra raça, cultura e mesmo idade, variando desde uma criança pequena até um idoso. A pessoa também pode apresentar outros sintomas disfuncionais, como, por exemplo, não reconhecer seus familiares e amigos, sentir-se confusa como se não fosse ela mesma e não lembrar de acontecimentos recentes.

Laércio jamais admitiria isso para o médico, mas achava essa história muito absurda, coisa de filmes de ficção ou mistério. Mas tentou suavizar sua opinião:

— Pelo que o senhor está descrevendo, acho um processo meio fantasioso, mas que, pelo menos na teoria, faz algum sentido. O que ainda não entendi é: se já se sabe tudo isso, por que ainda há tanta indefinição e controvérsia, conforme o senhor disse?

— Por um motivo fácil de explicar e de compreender: tanto para o médico quanto para os parentes, amigos e até para o próprio paciente, e eu creio que você há de concordar comigo, essa dissociação tem uma natureza muito subjetiva. Tão subjetiva que há quem não acredite na hipótese de múltiplas personalidades. Esses céticos defendem que os comportamentos "dissociados" são treinados, ensaiados ou fingidos pela pessoa, como se estivesse representando uma peça de teatro.

Laércio não pôde deixar de lembrar que Simone era atriz, mas nada comentou sobre isso:

— Mas, doutor, por que uma pessoa se daria ao trabalho de fingir tudo isso?

— Bom, isso depende. Pode ser com o objetivo de agredir o meio, geralmente os familiares, fugir de responsabilidades ou mesmo para chamar a atenção.

— Bom, isso também faz sentido. Mas não existe um meio de se comprovar cientificamente se tais mudanças são reais ou fingidas?

— Infelizmente, não. Como disse, é tudo muito subjetivo. Como afirmar ou provar que uma pessoa está fingindo um comportamento? Isso é tão complicado que, na verdade, são poucos os casos efetivamente documentados, o que dificulta o estudo, a compreensão e a explicação desse transtorno. Um dos casos mais famosos de múltiplas personalidades que, inclusive, é sempre citado quando se discute esse assunto, é o de Sybil.

— Sybil? Nunca ouvi falar.

— Esse caso foi tão comentado e destacado pela imprensa americana, que resultou em um livro, que se tornou bestseller, e teve duas versões adaptadas para o cinema, uma delas com a famosa atriz Sally Field.

— Se ainda tivermos tempo, gostaria de saber um pouco a respeito desse caso. Preciso entender o máximo possível deste assunto para ver se consigo ajudar minha mulher a voltar ao normal.

— Claro, temos tempo, sim. Quanto ao caso de Sybil, estou muito familiarizado com ele porque se trata de um tema que sempre me fascinou. Assisti aos filmes, li o livro e fiz inúmeras pesquisas a respeito. Tentarei não ser prolixo, para não me tornar cansativo. — O doutor Alexandre deixou a caneta sobre o bloco de anotações e recostou-se na poltrona: — Sybil Isabel Dorsett foi o nome fictício dado à paciente pela sua psiquiatra doutora Cornelia B. Wilbur para proteger sua identidade. Seu nome verdadeiro era Shirley Ardell Mason, nascida em 1923. Ao longo do tratamento, a psicoterapeuta descobriu que Sybil tinha dezesseis personalidades distintas.

— Dezesseis?!

— Isso mesmo. Dessas, catorze eram femininas e duas masculinas. Iam desde crianças com três e nove anos de idade, passando por uma sofisticada francesa, uma alegre pianista, uma mulher depressiva e outras. Após onze anos de tratamento...

— Onze anos? — o choque fez Laércio interromper o médico. Seu desânimo aumentava e se transformava em quase desespero. Não poderia esperar onze anos para ter sua mulher de volta!

O doutor Alexandre sorriu com a reação de Laércio e continuou:

— Onze anos! A doutora Wilbur concluiu que as múltiplas personalidades de Shirley Mason tinham sua origem nas torturas, repressões e abusos, inclusive sexuais, que ela havia sofrido por parte da mãe, que era muito severa, repressora e cruel, provavelmente esquizo-frênica. Além disso, é preciso considerar as consequências de um pai ausente, um avô fanaticamente religioso e a morte prematura da avó, que foi a única personagem de afeto e de aceitação na vida daquela infeliz criança

— Então, doutor, até onde posso entender, esse caso de Sybil comprova a existência do transtorno de personalidades múltiplas.

— Não necessariamente. Há diversos questionamentos a respeito da sua história. Inúmeros colegas acham que há muito de teatral e artificial nas manifestações das diferentes personalidades. Inclusive, o psiquiatra Herbert Spiegel, falecido em 2009, chegou a afirmar que a garota tinha manifestado múltiplas personalidades por influência involuntária da própria doutora Wilbur. De qualquer modo, os arquivos com as anotações do tratamento nunca foram abertos e seu caso foi arquivado em 2004. Agora, nada mais se pode pesquisar a respeito.

— E, no final, o que aconteceu com Sybil?

— Depois que recebeu alta, mudou-se para Lexington, no Kentucky, onde ensinou arte e administrou uma galeria por muitos anos. Morreu de câncer de mama em 1998 aos 75 anos.

— É mesmo uma história incrível. São conhecidos outros casos tão famosos quanto este?

— Sim. Outro caso muito conhecido foi o ocorrido na década de 50 com a americana Chris Costner Sizemore, nascida em 1927 e ainda viva. Ela expressava três identidades distintas: uma esposa tímida e recatada, uma solteira extrovertida, quase libertina, e uma terceira mulher muito equilibrada. Da mesma forma que Sybil, sua história também resultou em livros e em um filme, muito famoso: *As três máscaras de Eva*, estrelado por Joanne Woodward.

— Bem, doutor, supondo que Simone esteja sofrendo desse transtorno, que caminho devo seguir para seu tratamento?

— Veja, Laércio, esses casos não são muito comuns, o que faz com que haja poucos profissionais com experiência nesse tipo de distúrbio. Modéstia à parte, sou um desses poucos. E posso lhe assegurar que, independentemente do tratamento adotado, o objetivo deve ser o de reconectar sua mulher, levando-a a manter apenas sua própria identidade. Havendo melhora, deverá começar uma psicoterapia.

— Em resumo, o primeiro passo é...?

— ... Um completo exame físico, que inclui uma análise do seu histórico médico. Se você a trouxer aqui, farei uma entrevista minuciosa e uma análise dos exames laboratoriais e de imagem.

— E se esses exames não apontarem nada de errado?

— Bom, não vamos nos precipitar, caminhemos por partes. Primeiro aguardaremos o resultado desses exames que vou pedir. Mas, se acontecer isso que você está dizendo, pedirei a ajuda de um psicólogo que, através de entrevistas e testes específicos, poderá confirmar ou não a presença do distúrbio.

— Entendi. Eu tenho mais um problema. Esses exames só poderão ser realizados se minha mulher estiver de posse da mente e do corpo e, assim, se dispuser a vir aqui. Caso contrário, se for a "outra" que estiver atuando, nem pensar. E aí?

O médico balançou a cabeça afirmativamente:

— Bem, isso será realmente um problema. A solução é aproveitar um período em que sua mulher esteja, digamos, "presente".

A ansiedade de Laércio era tanta, que ele voltou a interromper o psiquiatra:

— Desculpe, doutor, mas acontece que não há hora nem motivo para as mudanças acontecerem. São imprevisíveis. Eu posso trazer Simone aqui e, na porta de entrada, ela se transformar e... Pimba, dar meia-volta.

— Como disse, isso será mesmo um problema. Talvez você possa convencer a "outra" a fazer os exames e trazê-la aqui.

— Posso até tentar, mas não me animaria muito com essa possibilidade.

— Tentemos, então.

— Gostaria de lhe perguntar apenas mais uma coisa, doutor. Desculpe se estou tomando muito do seu tempo, mas é que não tenho onde buscar orientações.

— Fique tranquilo, Laércio. Pode perguntar. Ainda faltam alguns minutos para o início do meu expediente.

— Enquanto tento convencer a "outra" a vir fazer os exames com o senhor, como é que devo me comportar para não piorar a situação?

— Simples: entre no jogo dela.

— Como assim?

— Faça de conta que você acredita que ela é outra pessoa e mantenha a conversa em um nível civilizado. Não há vantagem nenhuma em mostrar que não acredita nela, e, muito menos, em discutir ou ofendê-la. Entenda que, para ela, tudo aquilo é real e nada do que você disser irá fazê-la pensar diferente...

— Bom, sei que vai ser difícil me controlar, mas se é assim que o senhor acha que deve ser...

— Vá por mim, asseguro que deve ser assim. Faça o que eu digo. E veja se consegue trazê-la aqui.

Capítulo 12

Saindo do consultório do doutor Alexandre, Laércio decidiu voltar ao apartamento; afinal, era sua casa, e ele não tinha outro lugar para ir. Estava desanimado, achava que o médico não fora muito otimista. E suas teorias pareciam muito absurdas, tanto que nem mesmo os próprios psiquiatras se entendiam.

A porta do seu apartamento continuava destravada. Entrou sem bater, com cautela, fechando-a com cuidado, para não fazer barulho.

A mulher estava sentada no sofá, aparentando tranquilidade. Sem saber qual das duas era, parou receoso. Ficou olhando-a, esperando que ela tomasse a iniciativa de falar.

Com alívio, ouviu a voz chorosa de sua mulher:

— Pode entrar, amor. Sou eu, Simone. Estou sem forças para me levantar.

Ele jogou-se a seus pés, abraçou sua cintura e ambos se puseram a chorar emocionados. Depois que se refez, Simone ficou alisando os cabelos do marido.

Laércio olhou para ela, com os olhos molhados:

— Amor, estive agora com um psiquiatra, o doutor Alexandre, amigo do Sérgio. Ele me disse que é um processo psicológico ou neurológico. Mas precisa lhe examinar, para ter certeza.

— Pode agendar o quanto antes, querido. Faço qualquer coisa para sairmos desta situação. Sei que estou te magoando.

— Você não está me magoando. Na verdade, está me assustando. Sei que a culpa não é sua. Não sei explicar o que está acontecendo, mas sei que você não tem culpa de nada.

— Mesmo assim, quero ir logo ao médico.

— O problema de agendar uma consulta com o médico é que você precisa estar aqui para que possa fazer os exames. A "outra" já me disse que não vai a médico nenhum.

— Eu estive pensando numas coisas, mas não tenho certeza se são ou não bobagens.

— Fale tudo o que lhe vier a cabeça, querida. De repente, descobrimos uma pista.

— É meio louco, mas, andei lembrando de certas coisas que podem ter a ver com o que está acontecendo comigo.

— Diga.

— Na reunião da produtora, quando mostrei o vídeo sobre a casa da fazenda de Piracaia, a Ivana não gostou.

— Bom, foi a opinião dela. Para isso é feita a reunião. Os outros gostaram?

— Adoraram. Mas Ivana achou que a casa lhe transmitia más sensações, que havia nela muita energia negativa, coisas assim. Chegou a dizer que era como se ali tivesse ocorrido um crime ou algo parecido.

Laércio franziu a testa, intrigado:

— Sério?

— Foi. Na hora, até fiquei um pouco chateada com Ivana, porque foi a única do grupo que não havia gostado da casa. Mas, depois, percebi que essas minhas crises começaram justamente após ter dormido naquela casa, na fazenda, conforme te contaram quando desmaiei.

— E eu lhe desculpei, mas nunca engoli essa loucura.

— Loucura mesmo. Hoje reconheço que foi, no mínimo, uma imprudência, uma irresponsabilidade.

— Não tenha dúvida! Não gosto nem de lembrar.

— Bom, isso já passou e não vai mais se repetir. Agora é que vem a parte que preciso da sua ajuda. Você sabe que numa firma todo mundo faz fofoca e fala de todo mundo.

— Sei bem como é isso. Em toda empresa é assim.

— Já ouvi algumas pessoas comentando que Ivana mexe com assuntos esotéricos, místicos, espiritismo, coisas assim.

— A Ivana?

— É o que dizem.

— E daí?

— Eu estava pensando, esse meu distúrbio é muito estranho! Quem sabe poderia ser resultado de alguma influência espiritual? Acho que você poderia conversar com a Ivana.

— Que é isso, meu amor, está brincando? Influências espirituais? Fantasmas, coisas assim?

— Não sei, Laércio, não sei. Eu só quero me livrar dessa mulher que está dentro de mim, na minha cabeça. E tem mais uma coisa que só lembrei agora.

— O que é?

— É um sonho que tive quando dormi na fazenda. Sonhei que a antiga moradora, acho que chamava Mariana, aparecia do meu lado e, pedindo desculpas, dizia que iria tomar meu corpo emprestado por algum tempo. E, depois, deitou-se sobre mim.

— Amor, não está inventando isso agora para justificar suas mudanças de personalidade, está?

Simone não gostou da sua desconfiança:

— Laércio, se continuar reagindo dessa maneira, achando que estou mentindo, vou parar por aqui e não falarei mais nada. Caramba, só estou tentando encontrar uma explicação e você não me ajuda em nada com essa postura negativa.

— Desculpe, querida, mas é que tudo isso é tão... Tão fantástico!

— Eu sei. Foi só uma ideia que tive. Se achar que não vale a pena procurar a Ivana, esqueça o assunto. Mas veja se consegue marcar uma consulta o quanto antes com o psiquiatra.

— Desta vez você falou uma coisa legal. Vou ligar agora mesmo — Laércio procurou nos bolsos o cartão do doutor Alexandre e pegou o celular que deixara sobre a mesinha de centro.

Quando começou a teclar os números, uma mão cobriu a sua e retirou dela o aparelho. Ele tomou um susto e olhou para trás.

A "outra" voltara.

De chorosa, a fisionomia de Simone se transformara num rosto sério, quase zangado:

Agora, era Mariana quem estava ali e lhe falava com severidade:

— Não perca tempo em agendar uma consulta com o médico. Eu já disse que não vou — e jogou o celular sobre o sofá.

Ao perceber que ocorrera a transformação, Laércio ia reagir com firmeza, mas lembrou-se da recomendação do doutor Alexandre e resolveu entrar no jogo da "outra":

— A consulta não era para você. Era para minha mulher.

Ela cruzou os braços, desafiadora:

— Dá no mesmo. Vamos combinar o seguinte: ela também não vai.

Era desaforo demais! Laércio só não explodiu porque voltou a se lembrar das palavras do médico para se controlar e manter diálogos calmos:

— Ok, Mariana. Então, vamos conversar — recostou-se no sofá e ficou a sua espera.

Ela pareceu acalmar-se com a falta de reação do outro. Sentou-se na poltrona à sua frente e tornou a cruzar os braços sobre o peito. Sua voz agora estava mais suave:

— Você gostaria de ouvir a minha história?

— Por que você acha que sua história me interessaria? — depois de já ter falado, Laércio percebeu que deveria ter dado uma resposta mais polida. Mas ela não pareceu perturbada.

— Eu tenho coisas muito sérias para lhe contar e que dizem respeito à sua mulher.

Laércio ficou indeciso. Se levantasse e saísse, continuaria sem entender nada do que estava acontecendo. Se ficasse, poderia tentar descobrir uma brecha que lhe permitisse acabar com aquela loucura. Entrelaçou os dedos das mãos sobre o peito e ficou olhando-a em silêncio, como quem diz: "estou ouvindo".

— Devo preveni-lo de que relatarei algumas coisas que achará muito estranhas.

Novamente, graças à sua irritação disfarçada, ele foi outra vez irônico:

— Não se preocupe. A julgar pelos últimos acontecimentos, já estou me acostumando com coisas estranhas.

Ela estava impassível, sem nenhuma emoção na voz:

— Me chamo Mariana.

— Eu sei, você já disse.

— Eu morava numa pequena cidade do interior de São Paulo, chamada Piracaia. Morei lá com meus pais até os dezenove anos. Tive uma infância e adolescência muito felizes e um padrão de vida bastante confortável. Estudei nas melhores escolas de lá, aprendi a tocar piano e a falar inglês com professores particulares. Aprendi também a dirigir com meu pai. Também sei pintar.

— Pintar quadros?

— Isso mesmo. Paisagens, rostos, natureza morta, tudo isso. Com meus pais, aprendi a cuidar de animais, aves, plantas e flores. Enfim, tive uma vida muito feliz em Piracaia, sem nunca ter saído de lá. Passei toda minha vida na casa da fazenda até os vinte anos de idade.

— E aí se mudou.

— Não. Aí eu morri.

Capítulo 13

Laércio quase engasgou-se com a própria saliva. Com o susto, parou todos os movimentos do corpo. A boca ficou aberta, os olhos arregalados fixos na mulher. Por alguns segundos, deu-lhe um branco até poder assimilar aquela informação absurda:

— Você o quê?!

Ela repetiu com a mesma tranquilidade:

— Morri.

Pela primeira vez, Laércio sentiu medo. Sentiu um frio na espinha. Logicamente, não podia ser verdade, mas havia algo de muito sinistro naquela outra pessoa que se apossara da mente e do corpo de Simone.

Sua voz saiu baixinho, quase num sussurro:

— Morreu?

— Isso mesmo.

Sem saber o que fazer, perguntou, apegando-se a um desesperado fio de esperança:

— Simone, isso é um ensaio para a sua minissérie, isso que vocês artistas chamam de "laboratório"?

A mulher mostrou alguma impaciência:

— Estou lhe dizendo a verdade, embora perceba que você não esteja acreditando.

Era demais para uma mente lógica e pragmática como a de Laércio. Sua paciência chegou ao limite e ele não percebeu que tinha levantado a voz, quase gritava:

— Como é que posso acreditar? Você me diz que morreu e está aqui falando comigo! Onde já se viu? Você pensa que sou criança para acreditar numa baboseira dessas? Pois para mim chega! Não aguento mais! Até tentei manter uma conversa civilizada com você. Até conversei com um médico para lhe ajudar! Mas não dá. Você é muito louca! E sabe do que mais? Para mim, você é a Simone e pronto! Deve ter conhecido alguém mais interessante do que eu na viagem, quer me deixar e está usando essa fantasia toda como justificativa. Não precisa, ok? Paramos por aqui!

Muito irritado, foi até o quarto do casal, recolheu algumas roupas e colocou-as numa mochila, juntamente com seus objetos de higiene. Voltou com visível irritação, encaminhando-se para a porta de saída:

— Assim que alugar outro apartamento, volto para pegar o restante das minhas coisas!

Mariana ainda tentou impedi-lo:

— Por favor, Laércio, não vá! Precisamos conversar!

Ele nem olhou para trás. Saiu mais uma vez, batendo a porta com força.

Teve vontade de socar as paredes do elevador enquanto descia.

No jardim do prédio, sentou-se num dos bancos de cimento para acalmar-se. Não se conformava, por que raios Simone estava lhe armando uma coisa dessas? Loucura pura!

Quando sentiu que estava um pouco mais calmo, ligou para Sérgio e contou-lhe o que tinha acontecido, desde a conversa com o doutor Alexandre até sua saída do apartamento. Sérgio ouviu tudo muito atento e, depois de um curto silêncio, perguntou:

— E o que pretende fazer agora?

— A primeira coisa é sair de casa. Para isso, preciso da sua ajuda outra vez. Vou começar a procurar uma quitinete até esse assunto ficar resolvido de uma vez por todas. Mas, enquanto isso, preciso tomar um banho e trocar de roupa. Posso ir, novamente, até seu apartamento?

— Mas é claro, Laércio! Pode ir quantas vezes precisar e quiser. O zelador tem cópia da chave. Vou lhe telefonar e autorizar sua entrada. Mas esqueça esse assunto de alugar uma quitinete. Pode se instalar no meu apartamento pelo tempo que precisar. Lembra que vou viajar e passar meses fora? Então, fique lá. Assim, até me ajuda a mantê-lo limpo. É um favor que me faz.

— Velho, eu não vou ficar falando "obrigado" a toda hora. Você já sabe da minha gratidão por tudo que tem feito por mim e pela Simone.

— Esqueça isso, amigo. Eu só quero ajudá-los a resolver esse problema logo. Você e Simone merecem ser felizes.

Depois de tomar um longo banho, se barbear, e vestir roupas limpas, Laércio voltou à produtora onde sua mulher trabalhava. Pediu na recepção para falar com Ivana.

Ele não conseguia esquecer o que Simone lhe falara sobre a reação da colega quando vira o vídeo da casa da fazenda. E se Ivana fosse mesmo entendida nessas coisas misteriosas, deveria ter algum parecer sobre o que estava acontecendo. E, então, poderia comparar sua opinião com a do psiquiatra.

Assim que soube da sua chegada, Ivana foi buscá-lo na recepção. Era visível no seu olhar um ponto de interrogação, não conseguia imaginar o que o marido de Simone queria, até porque ele quase nunca aparecia por ali.

Laércio levantou-se e estendeu-lhe a mão:

— Olá, Ivana, não nos vemos muito, mas já nos falamos algumas vezes.

Ela brincou:

— Pelo menos nas festas de fim de ano, com certeza!

Ele sorriu, mesmo sem saber ao certo se era apenas brincadeira ou uma pequena ironia:

— Pois é, todos nós andamos sempre muito ocupados, não é verdade? Eu gostaria de conversar um pouco com você, se não for lhe atrapalhar — olhou à sua volta — E, se fosse possível, em particular.

— Não vai atrapalhar em nada. Vamos para nossa sala de reuniões. Lá teremos mais privacidade.

Por sorte, a sala era um local bem reservado; ali, com certeza, não seriam ouvidos.

Quando entrou, Laércio teve um sentimento estranho, sua mulher estivera ali mesmo, havia muito pouco tempo. E naquela sala surgira a primeira manifestação da "outra".

Ivana sentou-se à sua frente, do outro lado da larga e comprida mesa. Cruzou as mãos sobre o tampo protegido por uma grossa cobertura de vidro, e ficou esperando que ele começasse a falar.

Laércio se sentia meio constrangido. Continuava achando que aquele assunto era muito fantasioso, e receava que Ivana o considerasse ingênuo ou ignorante. Ou até louco.

— Bem, confesso que não sei por onde começar.

— Que tal começar pelo começo? — estava claro que, vendo-o tão indeciso, ela queria deixá-lo à vontade.

Ele sorriu meio sem graça:

— Vim falar com você, porque me disseram que é estudiosa de... De assuntos, digamos, misteriosos.

Ela deu uma risada divertida. Ivana era uma morena bastante atraente, com cabelos negros cortados bem curtinhos, olhos vivos e lábios grossos como o de Angelina Jolie:

— Assuntos misteriosos? Gostei. Mas continue. Não estou entendendo porque isso lhe interessa.

— Acho que comecei mal a introdução do assunto.

— Então, que tal começar de novo?

— Acho uma boa ideia — pigarreou. — Na reunião que fizeram, Simone mostrou um vídeo da casa da fazenda de Piracaia e você foi a única do grupo que não gostou da sugestão.

— Ah, então é isso? A Simone ficou aborrecida e lhe pediu para vir falar comigo?

— Não, não é isso. Simone não se aborreceu. Ela sabe que essas reuniões são mesmo para avaliação de trabalhos e há quem goste e quem não goste do que é apresentado.

— Ainda bem que ela pensa assim. Mas continuo não entendendo o objetivo desta conversa.

— Eu lhe peço um pouco de paciência. Preciso lhe contar o que está acontecendo com a minha mulher. Você deve estar lembrada que, naquela ocasião, ela deixou a reunião no meio.

— Lembro bem disso. Nós até achamos estranha essa atitude porque, da forma que ela saiu, parecia estar aborrecida com alguma coisa. E ali se tratava de uma reunião de equipe, onde a presença dela era importante. Até porque ela está assumindo um cargo novo, devido à viagem do Sérgio, como deve saber.

— Eu sei, mas o que vou lhe contar começou justamente com essa saída dela.

E narrou o problema com todos os detalhes. Em alguns momentos, apesar de tentar se manter calmo, ele se emocionou e precisou interromper a narrativa para se recuperar. Ivana ouvia tudo em silêncio, apenas franzindo a testa de vez em quando, mostrando sinais de preocupação.

Quando Laércio terminou, ela ficou um longo tempo apenas olhando as próprias mãos, ainda entrecruzadas sobre a mesa. Depois, levantou-se, foi até uma larga janela de vidro que dava vista para a avenida Faria Lima.

Ficou olhando o trânsito caótico lá embaixo, com as mãos cruzadas nas costas, sem nada dizer. Laércio observava-a ansioso, esperando alguma manifestação.

Ivana retornou ao seu lugar na mesa. Suas feições e sua voz estavam mais brandas, mas mostrava certa preocupação:

— Agora entendo porque me procurou. Porque sou "estudiosa de assuntos misteriosos".

— Numa das vezes em que estava de posse de sua mente, Simone me falou de você, pois começava a achar que havia algo de misterioso nessa história. Chegou a falar de influência espiritual.

— Ela falou isso?

— Falou. E me pediu que lhe procurasse.

Ivana voltou a olhar para as próprias mãos antes de responder:

— Olha, Laércio, vou ser bem sincera com você. Quando a Simone nos mostrou o vídeo da casa da fazenda, no mesmo instante, tive a sensação de que naquele lugar havia uma forte energia negativa.

— Como você consegue perceber isso?

— Não saberia lhe explicar. A gente apenas sente ou intui, sei lá. Acho que é um dom que Deus me deu. Na linguagem espírita, eu sou uma médium sensitiva. Sei que muita gente não acredita e até zomba disso, mas vejo, ouço e sinto coisas que a maioria das pessoas não consegue.

— Essas coisas se referem a... A pessoas mortas?

— É, pessoas desencarnadas, como nós dizemos. Minha percepção diz que aquela casa encobre algum segredo nada agradável. As casas têm memória. Emoções negativas, muito fortes, desencadeadas numa casa, mantêm lá suas energias que podem ser captadas ou percebidas por pessoas sensitivas, mesmo que não sejam espíritas. Na verdade, esse é um dom natural de todos, embora nem sempre desenvolvido e usado. Há várias formas de aprender a lidar com ele e eu sempre busquei me manter atenta e cuidadosa. É por essas coisas que o pessoal comenta que mexo com "assuntos misteriosos".

— Pois eu nunca me interessei por esses assuntos de vida após a morte, reencarnação, coisas assim. Não entendo nada disso.

— E, justamente por não entender, é que você não acredita e não sabe lidar com eles.

— Confesso que sim.

— Isso não acontece só com você. Muita gente também não acredita. E até acha que se trata de sacrilégio, bruxaria e evita ou até proíbe o seu estudo e divulgação.

— É por isso que aqui na agência pouca gente sabe que você estuda esses assuntos?

— Olha, eu não escondo isso de ninguém, mas também não faço propaganda. Preferências religiosas e doutrinárias, assim como as sexuais, são assuntos de foro íntimo. Da mesma forma que alguns medicamentos são para uso interno.

— Concordo inteiramente com seu ponto de vista, Ivana. Mas me diga, pois agora me sinto mais à vontade para perguntar: você acha que Simone está possuída por algum espírito?

Ela sorriu levemente:

— As palavras não são bem essas, mas, de certa maneira, a julgar pelas suas informações, acho que é isso mesmo que, em princípio, está acontecendo com ela, que, aliás, se referiu ao problema como sendo de "influência espiritual", não foi?

— Foi isso mesmo. Mas por que está acontecendo logo com ela, que também, assim como eu, não se interessa por assuntos e práticas espirituais?

— Acho que tem a ver com aquela casa. Tenho quase certeza de que o problema começou ali. Mais exatamente na noite em que ela dormiu lá, o que foi uma total imprudência. Junte-se a isso seu jeitinho meio tímido e inseguro, que demonstra alguma fragilidade emocional.

Laércio sorriu, admirado da sua percepção aguda sobre o perfil de Simone:

— Nem todo mundo percebe, mas Simone tem mesmo uma baita insegurança, não sei por quê. Deve ser problema de infância. É daí que vem a timidez, que, no momento, ela está tentando vencer.

— Pois acredite: um perfil assim é um prato cheio para essas ocorrências.

— Se você estiver certa, como é que a gente resolve isso?

Ivana refletiu um pouco antes de responder:

— Olha, se eu estiver certa, pelo que você me contou, o problema já está num estágio muito avançado. Tudo indica que a "mente invasora", vamos chamar assim, já se instalou na nossa amiga e a está dominando, pelo menos em alguns momentos, que ainda são poucos, mas tendem a aumentar a cada dia.

Laércio ficou apavorado com essa perspectiva:

— Meu Deus! E o que posso fazer para ajudar?

— É preciso recorrer a pessoas experientes — pensou um pouco, coçando o queixo. — Veja, eu coordeno um grupo de estudos metafísicos formado por mais quatro pessoas de crenças diferentes, apesar de todas cristãs. Algumas dessas crenças, o povo até as acha antagônicas. Eles são muito sérios e competentes nesses assuntos. Como sugestão, sugiro que você e Simone lhes façam uma visita o quanto antes.

— Como é que esse pessoal consegue se entender, tendo cada um uma crença diferente?

— O Brasil é um país de ampla diversidade de crenças. Pessoas maduras e evoluídas não têm preconceito, porque entendem que o objetivo de todos é fazer o Bem. Até porque estão todos vinculados a Deus, ainda que adotem nomes diferentes para Ele.

— Muito legal isso!

— Também acho. Meu grupo é formado por pessoas de espírito aberto, dedicadas, muito inteligentes, bem intencionadas e que estão sempre pesquisando esses e outros assuntos. Já ajudamos muitas pessoas.

— Legal, mesmo. Vocês têm alguma sede, algum nome?

— Não. Nossas reuniões são feitas em minha casa. Não é nada formal, nem oficial, por isso não têm um nome, um título — sorriu divertida, antecipando o que ia dizer. — As pessoas que já foram ajudadas ou que, de alguma maneira, conhecem nosso trabalho, chamam o grupo de "Os Quatro Cavaleiros do Zodíaco", em alusão a um desenho de aventuras que passa na televisão.

— Ué, mas vocês são em cinco! Por que "Os Quatro Cavaleiros"?

— E qual é o problema? *Os Três Mosqueteiros*, de Alexandre Dumas, são quatro e nem por isso deixam de ser adorados!

Laércio não pôde deixar de sorrir, porque nunca tinha pensado nisso:

— É verdade. E o que vocês fazem exatamente para ajudar?

— Primeiro, procuramos nos certificar se o assunto não é da alçada da medicina ou da psicologia. Se for, pedimos que procure um profissional daquela área. Se não for, estudamos o caso com cuidado e depois definimos quais os meios e recursos necessários para uma solução. Claro que cada membro do grupo avalia a situação sob a ótica de sua crença. Nas discussões, nem sempre há consenso, mas prevalece o bom senso e a vontade de ajudar. Às vezes, as propostas coincidem. Outras vezes, cada um usa isoladamente o recurso que considera o recomendado. Como o objetivo é sempre o mesmo, nunca há choque, mas sim uma soma de meios eficazes.

— Neste caso, se entendi bem, é como se, para tratar de uma mesma doença, fossem usados quatro remédios de princípios ativos diferentes, mas com a mesma ação de cura.

Pelo sorriso, percebia-se que gostara daquela comparação:

— Exatamente. Você captou a essência do nosso trabalho "misterioso"...

Ele também sorriu, satisfeito com a reação de Ivana:

— Agradeço muito a sua ajuda, Ivana. Irei conversar com o seu grupo no dia e hora que os membros puderem me receber. Mas há um detalhe, não posso garantir que Simone vá, porque com a "outra" não tem acordo. Ela se recusa fazer qualquer tratamento.

— Laércio, vamos lutar com as armas que temos. Falarei com meu grupo e lhe darei uma resposta pelo celular, o quanto antes. Você estaria disponível hoje à noite, por exemplo? Temos que agir com urgência e não há tempo a perder.

— Com certeza, Ivana, a qualquer momento. Se for possível, pode marcar com eles hoje mesmo.

— Combinado. Se conseguir, confirmo com você.

— Ivana, te agradeço muito.

— Não precisa agradecer. Faz bem fazer o bem. O importante será ter nossa amiga boa o quanto antes. Há muitos amigos e uma minissérie lhe esperando.

Dali, Laércio foi à sua agencia de marketing. Pretendia pedir uns dias de férias ou até de licença não remunerada. Queria ter todo o tempo disponível para cuidar de Simone.

Quando falou com seu chefe, não fez referência aos distúrbios da sua Simone. Disse apenas que se tratava de um delicado problema de saúde. Seu chefe foi muito compreensivo e, simplesmente, dispensou-o do trabalho pelo tempo que precisasse. Pediu-lhe que, quando se ausentasse, não deixasse de passar todos os seus projetos para a equipe.

Laércio reorganizou toda sua agenda e separou os projetos por escala de prioridade, a fim de facilitar o trabalho do grupo. Essa atividade veio bem a calhar, pois serviu para distraí-lo durante toda a tarde.

Quando já se preparava para sair, seu celular tocou. Era Ivana confirmando que o grupo iria recebê-lo às oito horas da noite na sua casa. Passou-lhe o endereço de forma bem detalhada.

Desligou, sentindo-se mais confortado e esperançoso. Ligou para Sérgio, e contou-lhe do encontro que teria logo mais.

A casa de Ivana ficava no bairro do Campo Belo, uma região muito populosa, arborizada, e bem valorizada pelos padrões imobiliários.

No número indicado, um pequeno sobrado branco de janelas azuis, ficava o "quartel-general" dos Quatro Cavaleiros do Zodíaco.

Provavelmente, devido ao horário, Laércio não teve dificuldades para estacionar. Estava esperançoso por conhecer mais uma possibilidade de trazer seu amor de volta.

Capítulo 14

Tão logo apertou a campainha da porta, Ivana veio atendê-lo pessoalmente,

— Olá, estávamos à sua espera. Entre e conheça meus amigos.

— Com licença.

Talvez, por influência de filmes de mistério, esperava que a "sede" do grupo estudioso de metafísica ficasse na penumbra e tivesse muitas escrivaninhas, enorme estante recheada com grossos livros, grandes sofás de couro negro, candelabros antigos, castiçais e coisas do gênero. Estava enganado, o local não podia ser mais moderno e leve.

Na ampla, iluminada e bem mobiliada sala de estar, quatro homens vestidos esportivamente conversavam com descontração e o olharam de forma simpática. Eram todos da faixa dos trina e cinco a quarenta anos de idade. Levantaram-se e o cumprimentaram com cortesia.

Ivana se manifestou:

— Fiquem à vontade enquanto vou buscar suco para todos.

Um deles falou:

— Você é o Laércio, marido da Simone, o casal amigo da Ivana, acertei? — fez um gesto indicando uma poltrona para que ele também se sentasse.

— Isso mesmo.

Um outro completou:

— A Ivana é uma grande amiga e nossa "chefe" desde que o grupo se formou, aliás, por iniciativa dela. É uma médium sensitiva fantástica. Ela já nos falou um pouco da situação por que você e sua mulher estão passando, mas preferimos ouvi-lo outra vez.

— Nenhum problema. Devo ser breve ou posso entrar nos detalhes?

Um terceiro homem falou:

— Use o tempo necessário para que fiquemos a par dos acontecimentos. Quanto mais informações tivermos, mais condições teremos de ajudá-los.

— Não deveríamos nos apresentar primeiro?

O quarto homem, que até então nada dissera, explicou:

— Desculpe, Laércio. Nós trabalhamos anonimamente. Por uma série de razões, convém não divulgarmos nossos nomes, nem nossas crenças. Nem todo mundo vê isso com bons olhos. Acredite, também há políticas, discriminações e preconceitos entre os praticantes de doutrinas e religiões. Assim, para evitarmos desgastes e polêmicas inúteis, preferimos o anonimato. Aqui você não saberá quem segue tal doutrina ou religião. Basta saber que são quatro correntes distintas — na verdade, cinco, se incluirmos a Ivana — com práticas e rituais diferentes, mas todas com base cristã, se isso lhe é relevante.

— Para mim, tudo bem. Posso perguntar como o grupo funciona?

— Depois de nos familiarizarmos com o caso, nós cinco nos reunimos, discutimos o problema, pesquisamos o assunto e então lhe daremos a orientação recomendada com base em nossos debates internos. Se necessário, também faremos algumas intervenções.

— Interessante. Para mim está bem — bebeu uma boa quantidade de suco que Ivana trouxera da cozinha e depositara sobre a mesa redonda de centro.
— Tudo começou quando...

E, pacientemente, narrou em detalhes o problema vivido por Simone. Falou da sua viagem a Piracaia, do pernoite na casa da fazenda, da reunião na produtora, do primeiro apagão e dos vários conflitos que tivera com a "invasora".

O grupo ouviu tudo em completo silêncio e praticamente sem se mexer. Quando perceberam que Laércio tinha concluído sua narrativa, recostaram-se nas poltronas e fizeram algumas perguntas sobre Simone: idade, origem familiar, escolaridade, trabalho, saúde, religiosidade e situação conjugal de ambos — se estavam em paz ou em conflito.

Laércio respondeu a tudo com franqueza, sem nada omitir. Titubeou apenas na parte relativa à vida conjugal:
— Na verdade, estávamos em fase de recomeço.
— Como assim? Poderia ser um pouco mais claro, sem ferir sua privacidade?
— É que... Bem, quando nos conhecemos, Simone já era uma pessoa passiva, muito insegura. Achei que seria legal tomar conta dela, me dava um sentimento de força e proteção. Coisa de apaixonado. Por isso, esse seu jeitinho nunca foi problema para mim. Mas, depois de casarmos e precisarmos lutar em busca de uma situação financeira melhor, percebi que aquele seu jeito não nos ajudaria. Ela era muito dependente, nunca tomava a iniciativa. Não me sinto bem dizendo isso agora, mas era como se tivesse se tornado um peso, em vez de parceira, aliada.

Um dos homens falou com voz firme, embora com educação:

— Desculpe-me dizer isso, mas você teve culpa na formação desse perfil.

— Hoje eu sei disso e me arrependo muito. Simone é uma mulher muito inteligente e valorosa; eu é que não dei espaço para ela crescer como devia e precisava.

— Ainda bem que reconhece isso. Continue, por favor.

— Bem, justamente na sua ausência por causa dessa viagem a Piracaia, minha ficha caiu e percebi o quanto a amava e o quanto a reprimi, aumentando sua insegurança e dependência. Foram três dias de muita saudade e angústia. Simone me telefonou de lá e, pelo teor das nossas conversas, percebi que o mesmo ocorrera com ela. Fiquei muito feliz. Estávamos namorando de novo, como no começo. Chegamos a fazer planos maravilhosos para a noite do seu retorno, mas aí... — e, nesse ponto, Laércio não se conteve e pôs-se a chorar.

Ivana levantou-se e, carinhosamente, colocou as mãos no seu ombro, para confortá-lo.

Os homens respeitaram aquele momento de emoção, permanecendo em silêncio. Depois, um deles falou devagar:

— Bom, meu caro Laércio, certamente o que vou lhe dizer será diferente das explicações que você já ouviu dos psiquiatras e psicólogos. Respeitamos muito a opinião deles, mas temos a nossa própria interpretação desse distúrbio que sua mulher está apresentando.

Laércio enxugou os olhos com um lenço que tirou do bolso traseiro da calça:

— Entendo. Também respeito muito o que me explicou o doutor Alexandre, um competente psiquiatra com quem conversei. Ele me transmitiu claramente sua visão médica sobre o problema. Mas ele só poderia ajudar se minha esposa fosse até seu consultório para fazer alguns exames, o que não seria possível, porque a "outra" não aceita ir a médico algum.

Agora um outro se pronunciou. Até parecia que as cinco pessoas faziam rodízio das manifestações:

— Nós entendemos, Laércio. Provavelmente o psiquiatra diagnosticou o caso de sua esposa como transtorno dissociativo de identidade, também conhecido como transtorno de múltiplas personalidades ou apenas dupla personalidade. Deve ter citado também a hipótese de amnésia dissociativa aguda.

Laércio não teve como esconder sua admiração pelos conhecimentos demonstrados pelo interlocutor:

— Foi exatamente isso que o doutor Alexandre disse!

— Respeitamos profundamente a opinião médica, mas, às vezes, somos levados a discordar. Como neste caso, por exemplo.

— Vocês acham que é outra coisa?

— Já atendemos casos semelhantes e, portanto, o assunto não é tão estranho para nós. Mesmo sem termos feito uma reunião prévia para discutir o assunto, sei que meus colegas concordarão que, tomando como base o que você nos contou, esse distúrbio se deve a uma influência espiritual muito forte.

Laércio notou que as outras quatro pessoas do grupo movimentaram a cabeça em sinal de concordância.

— Influência espiritual? Bom, peço que me desculpem, mas eu preciso entender bem a situação, já que nada sei sobre essas coisas. Posso fazer perguntas?

— Fique à vontade para perguntar o que quiser, quando quiser, Laércio.

Ele se sentiu mais tranquilo com o comentário:

— Ótimo! Então vou começar: o que vem a ser essa influência espiritual?

— No nosso linguajar, essa influência poderá ser um processo obsessivo por possessão.

— Desculpem, de novo, mas o que vem a ser isso?

— A possessão é a invasão da mente de uma pessoa viva por outra de uma desencarnada.

— Desencarnada? Você quer dizer...

— Morta. Isso mesmo. Essa invasão espiritual tira a autonomia e a vontade daquele que a sofre, fazendo com que a pessoa aja diferentemente da sua normalidade. Como o próprio nome já diz, o indivíduo foi possuído, não o seu corpo, mas sua mente. Dois espíritos não podem habitar o mesmo corpo ao mesmo tempo, mas a mente pode sofrer uma espécie de "rodízio" no qual o controle dela se alterna. E como é a mente que controla o corpo, as atitudes passam a ser diferentes de antes.

— Estou pasmo, mas entendi.

— Em resumo, a possessão permite à mente de um desencarnado assumir o controle sobre uma pessoa viva. Assumindo sua mente, ele passa a atuar sobre o seu sistema nervoso e sobre o que os espíritas chamam de perispírito.

— Perispírito?

— Perispírito é uma espécie de segundo corpo das pessoas. É igual ao primeiro corpo, este que a gente usa e mostra, chamado corpo físico. O perispírito também é constituído de matéria, só que de uma matéria muito mais sutil, fluídica e cujos átomos estão em outro nível vibratório, distinto do nosso. Quando uma pessoa desencarna em nossa dimensão, o espírito perde o primeiro corpo, o físico, mas mantém o segundo, que é justamente o perispírito.

— Entendi — Laércio sentiu vontade de acrescentar: "mas não sei se acredito". Por educação, nada disse.

— Na possessão, a mente ou perispírito da pessoa morta ganha um corpo que lhe permitirá executar algumas ações que ele não conseguiria fazer aqui na Terra na forma espiritual. Desta forma, a pessoa "invadida" passa a agir de acordo com o desejo do "invasor". Para quem a conhece e observa, julga tratar-se de outra pessoa. O que, de certa forma, não deixa de ser verdade.

— É justamente o que vem acontecendo com a minha mulher. Em certos momentos parece mesmo outra pessoa. Mas por que um desencarnado teria interesse em fazer isso, invadir outro corpo?

— Quem pode saber? Se não for por pura e maldosa diversão, geralmente é para cumprir ou concluir alguma tarefa que ele, o desencarnado, não teve tempo de fazê-lo em vida.

— Então, em resumo, minha mulher pode ter tido seu corpo invadido pelo espírito de uma pessoa que já morreu.

— Uma correção, a possessão é um processo puramente mental. Um espírito não pode invadir o corpo de uma pessoa viva. Pode se apossar de sua mente e, mesmo assim, temporariamente. Mas, em palavras populares, podemos dizer que há uma influência espiritual atuando sobre sua mulher.

Laércio coçou a cabeça, desconcertado:

— Desculpem novamente, mas isso é mesmo possível?

— Sim. E casos assim constam em vários livros e documentos de diversas religiões e doutrinas.

— Gente, mas que coisa doentia...

— Você usou a palavra certa. Em casos como esses, tanto o "invasor" como a pessoa "invadida" não se encontram bem, ambos estão física e mentalmente doentes. O perfil que você descreveu como sendo o da sua esposa, uma pessoa fragilizada pela insegurança e tendência depressiva, é tipicamente o de um indivíduo vulnerável a esse tipo de "invasão". Toda pessoa muito insegura, com baixa autoestima, que não tem posse de si, não dirige a própria vida, está vulnerável a este tipo de influência. Ele não ocorre com pessoas saudáveis, do ponto de vista físico, mental, espiritual e emocional. Suas portas estão fechadas para qualquer forma de "invasão" espiritual.

— E então, o que fazemos?

— Não adianta tratarmos de Simone, sem também tratarmos do invasor. Os afins se atraem. O invasor também se sente como Simone.

— E como se faz isso?

— Admitimos que não é tão simples. Nós precisamos conversar com ambas as personalidades envolvidas.

— Com a morta, também?

— Eu diria principalmente. Mas você, como marido, terá um papel fundamental nesse processo.

— Eu?

— Exatamente. Para Simone, suas palavras de marido apaixonado serão tão ou mais importantes e eficazes que as nossas invocações. Ela precisa readquirir a vontade de viver, de voltar para você e isso só conseguirá se for estimulada a se libertar. A maneira mais fácil e forte de isso acontecer será se sentir amada por você, a quem Simone também ama. Por isso, suas palavras serão decisivas.

— E quanto à outra?

— Com Mariana, a conversa será diferente. Uma vez que é o agente causador dessa obsessão, teremos que fazer uma verdadeira doutrinação para que siga seu caminho determinado para todo espírito e deixe sua mulher em paz. É aqui que entra nosso trabalho, por intermédio de preces específicas.

— Vocês acham que ela se sensibilizará com isso?

— Esse será o nosso desafio. O espírito de Mariana precisa de paz, precisa saber que há uma outra vida à sua espera. Precisamos fazê-lo ter melhores sentimentos, esquecer o que o motivou a fazer essa invasão.

Laércio estava descrente sobre essa parte:

— Desculpem, não quero desanimá-los. Mas conversar com minha mulher será fácil. Agora, com a falecida...

— Deixe isso conosco. Confiamos em nossa experiência e nas forças espirituais com as quais contaremos.

— Está bem. Enquanto isso, como devo agir sempre que a "outra" aparecer?

— Com tranquilidade. Mantenha a calma e tente dialogar. Não adianta discutir, porque, pelo que você me contou, ela já está se sentindo dona da situação. Nada do que você lhe disser irá mudar suas atitudes. Pelo contrário, talvez até piore a situação, porque ela poderá ficar irritada e voltar-se contra você. Se isso acontecer, tudo ficará mais difícil. Portanto, faça-se de amigo, converse calmamente sobre os motivos que a levaram a fazer essa invasão.

— Entendi. Podem estar certos de que farei a minha parte. Agora me digam: não há nenhum medicamento que possamos usar para pelo menos ajudar minha mulher a ter mais força para reagir?

Desta vez foi Ivana quem tomou a palavra:

— Claro que há, Laércio. Existe um remédio muito eficaz e poderoso.

Laércio ficou animado:

— Ainda bem. Vou anotar o nome e comprarei agora mesmo, assim que sair daqui.

Ivana balançou a cabeça:

— Esqueça. Você não vai achá-lo em nenhuma farmácia. Esse remédio se chama amor e já foi falado aqui. Sempre que Simone "aparecer", declare seu amor incondicional por ela. Repito o que meus colegas já disseram, isso a fará sentir-se cada vez mais segura e ansiosa para voltar para você.

Ele baixou a cabeça:

— Eu fazia muito isso. Depois que a crise começou, talvez eu não tenha feito com a frequência e intensidade que deveria. Nós, de fato, não estávamos numa boa fase.

— Eu sei como são essas coisas, mas talvez seja este o momento de vocês voltarem a se entender e a se amar como antes.

— Com certeza, Ivana. Eu amo muito a Simone e sei que ela também me ama.

— Então, mais do que nunca, diga isso todas as vezes que ela estiver de posse da sua mente. E se você souber rezar, algumas preces também ajudarão muito.

Ele voltou a se mostrar constrangido:

— Vou ficar lhe devendo essa parte, amiga.

— Na verdade, você não fica me devendo nada, mas a você mesmo e à Simone. Talvez não imagine o poder da oração.

— É, já ouvi falar, mas confesso-lhe que...

Ela o interrompeu para cessar o mal-estar:

— Não precisa se justificar, Laércio, nem tome isso como uma repreensão. É que gostaríamos que você soubesse que o desenvolvimento da parte espiritual é muito importante para todos nós, principalmente nestes dias de correria, materialismo, egoísmo e competição desenfreada. Corremos o risco de ficar muito descrentes de tudo.

— Você está certa, Ivana. Depois que tudo isso passar, prometo que pensarei nessas palavras. Eu e Simone.

— Ótimo. Por hoje é só, amigo. Nós cinco ficaremos aqui mais um pouco para discutir e refletir sobre a situação da Simone. Veremos qual a melhor maneira de ajudá-la — fez um gesto divertido —, além das suas declarações de amor. Ah, talvez precisemos ir até seu apartamento, já que a personalidade invasora se recusa a sair de casa.

— Nenhum problema. É só me dizer o dia e a hora que ficarei esperando vocês.

— Na verdade, será mais fácil você nos avisar sempre que a situação ficar complicada demais. Moramos todos pertos um do outro e conseguiremos nos reunir rapidamente.

— Combinado. Quero agradecer muito a todos pela força e pela ajuda — levou a mão direita ao bolso traseiro onde guardava a carteira. — A quem eu faço o pagamento?

Com cara de espanto, os cinco perguntaram quase ao mesmo tempo:

— Que pagamento?

— Dessa consulta.

Um dos "cavaleiros" esclareceu, sorrindo:

— Nós não fazemos essas coisas por dinheiro, Laércio. Gostamos de ajudar, só isso. Não há nenhum pagamento a ser feito.

Laércio estava admirado com aquela atitude:

— Caramba! Eu não sabia que ainda existiam pessoas assim!

— Existem e muitas. É que a maioria prefere trabalhar sem alardes.

Ivana estendeu-lhe um cartão de visitas:

— Aqui tem os números do meu celular e o daqui de casa. A qualquer momento, sempre que surgir uma emergência, fato novo ou, caso queira me perguntar algo, pode ligar.

— Valeu, Ivana! — beijou-a carinhosamente na face. Depois, cumprimentou todos e saiu pensando: "É... Foi muito bem dado esse apelido de "os quatro cavaleiros do zodíaco". Esse pessoal parece mesmo de ficção."

Já era tarde da noite.

Depois de tudo o que ouvira, não conseguia colocar em ordem seus pensamentos e emoções. Era-lhe tudo muito novo.

Quando chegou ao apartamento de Sérgio, ele já estava lá, revisando alguns documentos para a viagem. Levantou-se e veio receber o amigo na porta.

— E aí, velho, como vão as coisas?

— Tenho várias novidades pra lhe contar, amigo.

Enquanto Sérgio preparava alguma coisa para comerem, Laércio contava as notícias.

A vida de solteirão dera a Sérgio muitas habilidades "domésticas", tais como cozinhar, lavar e passar roupa. Pagava uma faxineira, que semanalmente se encarregava da limpeza e conservação do apartamento.

Ele ouviu tudo com atenção e em silêncio. Depois, enquanto lavava os pratos, fez alguns comentários:

— Rapaz, é uma história e tanto! Parece coisa de romance ou de cinema. O velho Shakespeare estava certo: "há mais coisas entre o céu e a terra do que pode imaginar nossa vã filosofia".

— Pois é, amigo. E, amanhã cedo, vou lá no apartamento enfrentar a fera. Preciso descobrir um jeito de resolver isso logo e trazer Simone de volta para mim.

— Veja lá o que você vai fazer, hein? Lembre-se do que lhe disseram o psiquiatra e os amigos da Ivana: nada de bater boca com a outra. Procure dialogar e obter todas as informações que puder.

— Pode deixar. Quando ela aparecer, dessa vez estarei preparado.

Assistiram a um pouco de televisão e depois foram dormir, mas nenhum dos dois conseguiu adormecer com a rapidez a que estavam acostumados.

Capítulo 15

Na manhã seguinte, enquanto se encaminhava para seu apartamento, Laércio reconhecia que, depois da conversa com Ivana e seu grupo, na noite anterior, sentia-se mais fortalecido para enfrentar a situação.

Acreditava nos méritos da psiquiatria, em tudo aquilo que o doutor Alexandre lhe dissera. Mas achava que cada caso era um caso. E especificamente sobre a situação da Simone, considerava que as hipóteses levantadas pelo grupo da Ivana faziam mais sentido, embora continuassem lhe parecendo sobrenaturais. Além disso, eles se prontificaram a ir até seu apartamento, já que Mariana se recusava a colaborar com qualquer forma de tratamento, o que impossibilitava a realização de todos aqueles exames que o médico julgava necessários.

Dessa vez, entrou em seu apartamento com mais segurança e firmeza, sem bater, pois a porta continuava destrancada — uma displicência imperdoável para quem morasse na cidade grande.

Ela — Mariana ou Simone — olhava a avenida pela janela, com os braços cruzados.

Virou-se e mostrou um sinal de alívio quando viu Laércio chegar. Pela expressão contida, sem nenhuma manifestação de alegria, ele não teve dúvidas de que aquela não era sua mulher. As palavras frias com que ela o recebeu confirmavam isso:

— Não posso negar que sinto um certo alívio em vê-lo chegar.

— Por quê?

Ela parecia tranquila:

— Porque insisto em conversarmos. Precisamos esclarecer algumas coisas. E depois, tenho pressa.

Laércio não resistia a oportunidade de ser irônico:

— Pensei que os mortos não tivessem pressa.

Ela pareceu não perceber ou não se incomodar com aquela observação:

— Não têm mesmo. Mas lembre-se que, no momento, não estou morta. Ou não estaria conversando com você.

— Desculpe discordar. Você continua morta, apenas consegue se manifestar porque está usando a mente e o corpo de Simone.

Ela respondeu com frieza:

— Que seja.

Laércio foi à cozinha, serviu-se de água e, com o copo na mão, voltou para a sala e sentou-se no sofá:

— Muito bem. Estou ouvindo o que tem a me dizer.

Mariana se afastou da janela e sentou-se numa das poltronas, à sua frente.

— Já o havia prevenido de que o que vou lhe falar serão coisas estranhas, alheias ao seu cotidiano e ao seu mundo. E, embora não acredite, saiba que é a pura verdade. De qualquer maneira, preciso que me escute até o final porque temos que descobrir uma maneira de conviver com esta situação.

— Defina o que você chama de "situação".

A mulher ficou olhando para ele por algum tempo, em silêncio. Depois, levantou-se, deu a volta e postou-se atrás da poltrona onde estivera sentada, apoiando ambas as mãos sobre seu recosto:

— Você tem razão. Tomei emprestado a mente e, consequentemente, o corpo da sua mulher.

Laércio lembrou-se do que Simone lhe dissera e ele não acreditara! Também lembrou-se do parecer dos amigos de Ivana: eles estavam certos!

Como Laércio nada comentou sobre daquela revelação, ela perguntou intrigada:

— Posso continuar?

— Por favor.

Ela se mostrou aliviada com a concordância dele. Saiu de trás da poltrona e voltou a sentar-se:

— Parece que, desta vez, conseguiremos conversar — fez uma pausa. — Não sei se você é espiritualista, se acredita em vida após a morte e coisas assim.

— Não sei nada sobre isso e não tenho nenhuma posição nem contra nem a favor.

— É uma pena. Se acreditasse, iria me compreender mais rapidamente. Mas não importa. Depois que conversarmos, acreditará.

— É você quem está dizendo.

— Tomei emprestado o corpo da sua mulher porque eu preciso concluir uma tarefa que está inacabada desde 2000, o ano em que morri.

— Desculpe-me interrompê-la, mas tenho uma pergunta: por que decidiu tomar emprestado justo o corpo da minha mulher, com tantas milhares de outras no mundo?

— Você pode chamar de coincidência ou acaso. Mas, na verdade, as circunstâncias favoreceram para que assim fosse. Em Piracaia, ela dormiu na casa que era minha. Sem saber, ficou exposta, vulnerável, até porque é uma pessoa muito fragilizada física, emocional e espiritualmente. Desde quando ela se aproximou da casa, lá na fazenda, percebi que era uma grande oportunidade, porque ela adorou tudo lá, criando assim uma espécie de empatia comigo, o que me facilitou.

Usei todos os meus recursos fluídicos para fazê-la se aproximar e ficar ali o maior tempo possível. Por causa disso, ela se sentiu atraída pela casa e pelas minhas coisas, principalmente as roupas. Isso fez com que ela captasse rapidamente minha energia e a "mensagem" de pernoitar lá. E foi exatamente o que ela fez, achando que se tratava de uma ideia própria. Vocês, vivos, muitas vezes têm pensamentos e intuições que julgam seus e, na verdade, são "sugeridos" por espíritos, às vezes, bem intencionados, mas nem sempre.

— Em que categoria você se classifica?

Ela entendeu, mas não aceitou a provocação:

— Isso não vem ao caso. Deixe-me continuar. Antes de se deitar na cama que foi minha, sua mulher recebeu a ideia de vestir um roupão que usei durante anos e que estava impregnado com meus fluidos. Mesmo tendo sido lavado diversas vezes, não se desprendeu dessa energia, que não é liberada com água e sabão. Para isso, é necessário outro tipo de "limpeza". Então, não tive nenhuma dificuldade para entrar na mente dela enquanto dormia. Na verdade, ainda estou me adaptando a este corpo.

— Simone tem consciência disso?

— Muito pouco. Para ela são como períodos de ausência. Mas tenho percebido que, em alguns momentos, usando uma força cuja origem ainda não identifiquei, sua mulher, às vezes, reage, readquire a personalidade e volta ao seu convívio. Mas estou tratando de impedir que isso continue acontecendo.

Laércio só pensou: "Essa energia se chama amor e vem da vontade de estar novamente comigo, sua boba!".

Mariana continuou:

— Eu também reajo, quando me convém, e logo recupero o controle da situação. Desculpe lhe dizer isso, mas se sua mulher não fosse tão... Tão emocionalmente frágil e insegura, eu não teria conseguido dominá-la. Antes, ao longo desses anos, eu já havia tentado com outras pessoas e não havia conseguido, porque eram bem estruturadas espiritual, mental e psicologicamente. Com Simone, foi diferente, foi fácil, não tive dificuldades e continuo me fortalecendo. Ela, ao contrário, aos poucos ficará cada vez mais passiva e mais frágil.

Laércio estava lutando para conter sua indignação, pois, pela primeira vez, tinha a confirmação da própria fonte de que sua mulher estava realmente sob influência espiritual. Procurou medir suas palavras para não desencadear uma discussão:

— Supondo que toda essa história seja verdadeira, quero que me responda uma coisa: você tinha o direito de fazer o que fez?

Ela olhou para baixo, talvez pensando se admitiria ou não a verdade. Depois, disse com voz firme:

— Não, não tinha. Sei que infringi leis espirituais e imagino que depois serei punida de alguma forma por ter feito isso. Só vou saber quando terminar minha missão.

— Faz de conta que acredito em você. Por isso quero lhe fazer mais algumas perguntas. Quem vai puni-la? Que missão é essa? E se você morreu de verdade, não deveria ter ido para o Céu ou para o Inferno, sei lá mais para onde?

Ela não conseguiu evitar um leve sorriso:

— Eu sei que há muito de ironia nas suas perguntas, mas elas até que fazem algum sentido. Vou tentar responder cada dúvida sua. Sim, quando morremos, nosso espírito sobrevive e vai para a dimensão espiritual até chegar o momento de voltar para a Terra.

— Ah, então é assim que funciona depois que a gente morre, um vaivém permanente?

— Sim, é a chamada reencarnação. Pelo que li na adolescência, quando uma pessoa morre, o espírito vai para outra dimensão, recebe lições para se aperfeiçoar e depois retorna à Terra, para ter a oportunidade de continuar evoluindo através de condutas mais adequadas.

— E por que você não seguiu essa regra? Se tivesse seguido, talvez não tivesse feito tantas coisas, desculpe, inadequadas.

— Por imaturidade, por deixar que um desejo de vingança fosse mais forte do que a disciplina e o respeito às leis espirituais. Mas, entenda: eu tinha apenas vinte anos quando morri. Em vez do meu espírito seguir seu trajeto natural, decidiu ficar. Essa decisão demonstra a imaturidade do meu espírito na época e prova que ainda preciso crescer muito.

— Pronto! Eis aí um bom motivo para ir logo!

— Não posso ir enquanto não cumprir a minha missão.

— Que missão é essa para a qual você precisou tomar emprestado a mente e o corpo da minha mulher? Do que se trata?

Ela fez uma pausa, baixou a cabeça e depois olhou-o fixamente:

— Eu fui assassinada.

Sem se controlar, ele fez uma expressão de quase deboche:

— Isto aqui está ficando cada vez melhor!

— Por favor, não brinque com isso. Eu fui assassinada pelo meu próprio marido, pelo homem que eu amava e que acreditava ser correspondida.

— Ah, então você casou?

— Sim, quando tinha apenas dezenove anos — fez uma pausa para continuar. — Durante uma aula de piano, conheci um homem que morava no Rio de Janeiro.

Era alguns anos mais velho do que eu. Parece que gostou imediatamente de mim. Eu nunca tivera um namorado, nem pensava nisso. Por isso, por inexperiência, quando recebi elogios e galanteios, fiquei fascinada e me apaixonei logo. Em pouco tempo, mesmo contra a vontade dos meus pais, ficamos noivos e casamos. Fui feliz apenas por pouco tempo. Após alguns meses, ele revelou outra face: egoísta, agressiva, infiel e cruel. E, principalmente, interesseira. Essa foi sua principal motivação para matar-me: ficar com a fortuna da família.

— Não deve ter sido fácil para você e entendo que queira se vingar. Mas, em que a mente e o corpo da minha mulher vão ajudá-la?

— Meu ex-marido ainda está vivo. Quero justiça. Quero que ele pague pelos seus crimes. Como espírito, não tenho condições de fazer isso. Não consigo interagir no mundo material. Eu preciso de um corpo para me expressar e me locomover neste plano.

— E escolheu justo o da minha mulher!

Ela não deu atenção a mais essa ironia:

— Permaneci em espírito na casa da fazenda onde tudo isso aconteceu e esperei todos esses anos por uma oportunidade para me vingar. Eu não podia simplesmente sair por aí procurando corpos disponíveis. Meu espírito estava preso àquela casa onde nasci e morei tantos anos com meus pais. Para minha sorte, sua mulher apareceu lá e o resto você já sabe.

— Você fez a invasão enquanto ela dormia.

— Reconheço que foi uma invasão, mas eu não podia perder aquela oportunidade. Não sabia quando teria outra igual.

Por um momento, a indignação de Laércio mudou de alvo: percebera que tudo aquilo estava acontecendo porque sua mulher facilitara e dera plenas condições de ação à "inimiga":

— Quer dizer que minha mulher, além de dormir sozinha na casa da fazenda, na cama que foi sua, ainda vestiu suas roupas? Eu não posso acreditar que Simone fez isso!

Mariana, percebendo a raiva de Laércio contra a esposa, teve a dignidade de defender Simone:

— Sua mulher tem muito valor. É muito inteligente e sensível e parece que está tentando ser ainda melhor. Ela não podia prever o que aconteceria.

— É, mas é muito desmiolada também! Onde já se viu fazer uma coisa dessas, numa cidade desconhecida, numa casa que nunca vira na vida? E agora está numa enrascada sem tamanho!

Não interessava à Mariana um descontrole de Laércio, por isso continuou tentando colocar "panos quentes" na situação de Simone:

— Não se preocupe tanto. Como lhe disse, isso é apenas um empréstimo. Minha estada aqui é provisória. Depois que eu cumprir minha missão, você terá sua mulher de volta.

— Ainda bem. E quando pretende começar a cumprir essa missão?

— Este é o ponto. Depende de você. Vou precisar da sua ajuda.

Laércio deixou escapar sua revolta:

— Não acredito que você disse isso! Depois de tudo, ainda espera que eu a ajude?

Inversamente, ela mantinha a calma:

— Você precisa entender que nada conheço fora de Piracaia. Tudo o que sei da vida se resume à cidade onde passei toda a minha vida e de onde nunca saí, excetuando duas ou três visitas que fiz à capital, quando jovem, trazida pelo meu pai.

— Que tipo de ajuda você quer?

— Preciso descobrir onde meu ex-marido está.

— E o que pretende fazer depois que encontrá-lo?

— Ainda não sei. De algum modo, tenho que fazê-lo pagar pelos seus crimes.

— Por que "crimes"? Foi mais de um?

— Ele também matou meus pais. O plano dele era ficar com todos os nossos bens, que eram muitos e valiosos. E conseguiu, à custa de crimes. Hoje, onde quer que esteja, deve ser um sujeito muito rico. Ele teve dez anos para usar e empregar o dinheiro.

— E o que exatamente você quer que eu faça?

— Quero que me ajude a localizar meu ex-marido. Apenas isso. Eu me encarrego do resto.

Laércio foi até a janela e refletiu sobre o pedido. Sabia que não tinha alternativa. Quanto antes essa mulher se vingasse do marido, mais cedo iria embora. Ela aguardava em silêncio.

Ele se voltou e encarou-a:

— Você promete que, depois que encontrar seu ex-marido, devolve à minha mulher a mente e vai embora?

— Claro, não pertenço mais a este mundo. Como lhe disse, o que fiz é só um empréstimo.

— Está bem, eu não tenho opção. Por onde começamos?

Ela mostrou-se contente por tê-lo convencido a ajudá-la:

— Em primeiro lugar, vamos à minha antiga casa em Piracaia. Os caseiros devem saber onde meu ex-marido está, porque eles mantêm contato. Disseram à Simone que ele estaria no Rio de Janeiro, mas só isso não ajuda muito. Pelo que eu lia a respeito, deve ser uma cidade muito grande.

Laércio pensou em tudo que deveria providenciar para se afastar de São Paulo por alguns dias:

— Bem, eu já havia conversado com meu chefe sobre uns dias de licença e deixei quase tudo encaminhado para minha equipe. Só preciso tomar algumas providências. Nada de mais.

— Eu entendo. Só lhe peço que não demore com essas providências. Não sei por quanto tempo mais poderei permanecer nesta situação que, no momento, me é favorável. Como não fiz o caminho correto ao desencarnar, não sei exatamente como funcionam as leis espirituais. A qualquer momento, poderei ter uma surpresa e desaparecer. Além disso, quanto mais rápido resolvermos esta situação, mais depressa terá a sua mulher de volta.

— Vou ao escritório agora mesmo. Será tudo rápido.

Quando ele já saía, surpreendeu-se ao ouvir uma pergunta, feita num tom que tentava parecer normal:

— Você vai voltar para dormir aqui?

Ele olhou-a e não pôde deixar de pensar nas noites de amor que tivera ali com Simone. Ela deve ter lido esse pensamento em sua expressão, pois enrubesceu em seguida.

Por alguns segundos, ele se sentiu tentado a voltar e dormir ali, mas logo se recompôs e achou melhor evitar novas complicações:

— Acho melhor não.

Nova surpresa, ela insistiu:

— Este apartamento é seu.

Ele sentiu que precisava fazer muita força para resistir — afinal, aquele era o corpo da sua mulher:

— Eu sei. Mas, de certa forma, você também é minha. E eu não vou poder... — não teve coragem de completar a frase. — Você me entende.

Ela se aproximou e baixou a voz:

— Eu posso dormir aqui na sala, no sofá.

Laércio riu da tentativa:

— Mariana, sou um cavalheiro, jamais permitiria isso.

— Então, dorme você.

Ele achou que isso seria um desaforo:

— De jeito nenhum! Como você disse, este é meu apartamento.

Ela pareceu ter caído em si, percebendo que estava brincando com fogo. Deu-lhe as costas e se afastou:

— Desculpe, eu não quero incomodá-lo mais do que já estou.

Ele arriscou uma cartada perigosa:

— Ok, então dormimos os dois na cama do casal.

Ela parou e se voltou. Agora foi sua vez de contemplá-lo, surpreendida pela ousadia da proposta. Ficou em silêncio algum tempo, olhando-o nos olhos. Era evidente que estava em conflito. Por fim, preferiu evitar uma situação muito delicada:

— Acho melhor não.

Ele sorriu triunfante:

— Viu só? Eu estava certo — e saiu. Mas desta vez não bateu a porta.

Já no elevador, não pôde ver o enigmático sorriso que apareceu nos lábios da outra.

Capítulo 16

Do jardim do prédio, Laércio ligou para o celular de Ivana. Felizmente, ela estava disponível e pôde ouvir todo o relato dos últimos acontecimentos.

— Você e seus amigos estavam certos, Ivana. Há uma mente invasora controlando Simone.

— É, a gente já desconfiava disso. Me diga uma coisa, Laércio. Durante todo esse tempo, em nenhum momento, sua mulher não reassumiu a consciência?

— Uma ou duas vezes e por muito pouco tempo. Mariana está no comando o tempo todo.

— Isso não é bom. Significa que o domínio da outra já está bastante forte, a ponto de impedir uma reação de Simone. Temos que agir logo. Uma vez que Mariana se recusa a colaborar, não temos muitas alternativas por enquanto. Acho que você deve ir à Piracaia com ela o quanto antes, e ajudá-la a localizar o ex-marido para ver se assim resolvemos a situação mais depressa. Apenas tome cuidado com seu envolvimento nas ações desse espírito desorientado. Não imagino de que forma ele pretende levar a cabo sua vingança, mas esperemos que não seja nada trágico. Mantenha-se atento.

Diante da recomendação, Laércio ligou para o telefone do seu apartamento.

Mariana atendeu com alguma hesitação:

— Sim?

— Sou eu, Laércio.

— Ah!

— Pensei melhor e decidi voltar para dormir aí.

Ela ficou em silêncio por alguns segundos:

— Tudo bem, mas eu pensei que...

Ele achou que devia tranquilizá-la antes que ela fizesse planos indevidos:

— Não se preocupe. Dormirei no sofá da sala. Já que temos que ir à Piracaia e ambos temos pressa em resolver essa situação, podemos ir amanhã mesmo. Então, é melhor que eu durma aí para sairmos cedo.

— Está bem — quando desligou, reapareceu no seu rosto aquele sorriso enigmático de antes.

Em seguida, Laércio ligou para Sérgio e contou-lhe a conversa que tivera com os amigos de Ivana e depois com Mariana. Comunicou-lhe os planos de vingança de Mariana e a ida à Piracaia, na manhã seguinte.

Sérgio mostrou preocupação, mas, pelo rumo que as coisas estavam tomando, admitiu que, na falta de outro plano, era melhor mesmo seguir em frente com o combinado.

Antes de desligar, insistiu apenas para que Laércio tivesse muito cuidado, não só ao dirigir na estrada, mas com as ações da outra:

— Tenha sempre em mente que, apesar do corpo, ela não é a Simone. Se não estiver atento a isso, poderá ficar confuso em alguns momentos e estragar tudo.

Assim que desligou, Laércio rumou para seu escritório. Precisava repassar as pendências que deixaria para os colegas resolverem.

Cansado, Laércio dirigia de volta para o apartamento. Eram quase dez horas da noite. Tivera de trabalhar dobrado para deixar o serviço em ordem durante sua licença, sem grandes problemas.

    Ao chegar, notou que a porta estava apenas encostada. Enquanto a outra estivesse por ali, precisava alertá-la de que São Paulo não era Piracaia. A cautela e a segurança eram itens indispensáveis.

    Pela penumbra da sala, deduziu que Mariana já fora se deitar. Ela deixara travesseiro e lençóis sobre o sofá.

    Evitando fazer barulho para não acordá-la, tomou um rápido banho, colocou o pijama, forrou o sofá e se preparou para deitar. Antes, ficou sentado algum tempo, pensando na situação.

    Veio-lhe a curiosidade de saber se Mariana já dormia ou não. E se fosse Simone que estivesse na cama? Carente como estava, bem que viria a calhar uma noite de amor com a amada.

    Cautelosamente, levantou-se e se aproximou da porta do quarto do casal. Notou que estava entreaberta.

    Por alguns instantes, teve escrúpulos em empurrá-la para conferir. Se fosse Simone, tudo bem, mas... E se não fosse? Droga, era seu apartamento, sua mulher! Não estava infringindo nenhuma lei.

    Devagar, empurrou a porta e a viu.

    Ela não se cobrira com o lençol — talvez por causa do calor da noite. Ou...?

    A camisola estava levantada até acima dos joelhos, deixando à vista as coxas alvas e roliças da mulher. Isto é, da sua mulher. O decote era acentuado e, pela posição dos braços, um dos seios permanecia inteiramente à mostra.

Seduzido por aquela excitante visão, Laércio empurrou a porta e entrou no quarto.

Devagar, aproximou-se da cama e ficou longo tempo admirando aquele belo corpo que conhecia tão bem, nos mínimos detalhes. Quantos prazeres ele já lhe proporcionara! Quantas vezes já o beijara e acariciara intimamente!

Mas quem estava ali? Seria Simone ou Mariana?

Ora bolas, mesmo que fosse Mariana, aquele corpo era da sua mulher! Qual o problema de deitar-se ao seu lado e acariciá-lo?

Uma dúvida o atacou: seria capaz de fazer amor com o corpo de sua mulher, sabendo que estava possuído pelo espírito causador de tantos transtornos?

Mas era um corpo tão sensual, naquela posição, parcialmente desnudo...

Lentamente, com cuidado, sentou-se na borda da cama. Podia ouvir e sentir a suave respiração da mulher.

Bem devagar, estendeu a mão, tocou seu ombro macio e passou a acariciá-lo.

Ela levou algum tempo para despertar. Primeiro, abriu os olhos, sem direção. Depois, percebeu a presença dele ali, ao seu lado, tocando-a.

Para surpresa dele, ela não se assustou, nem se mostrou aborrecida. Não esboçou nenhuma resistência.

Pela falta de reação, ele teve a esperança de que fosse sua Simone.

Devagar e sem nada dizer, ela sentou-se calmamente na cama, recostou-se na cabeceira, puxou o lençol até os ombros para cobrir-se e ficou olhando para ele. Devagar, levantou os braços e ajeitou os cabelos.

Com esse movimento, o lençol escorregou. Uma das alças da camisola havia deslizado pelo ombro deixando à mostra o seio.

Não era a sua Simone. Se fosse, ela teria se jogado em seus braços, chorando, beijando-o, acariciando-o.

A frustração provavelmente estava estampada nas feições de Laércio, pois sua excitação desapareceu, de repente. No lugar, instalou-se um grande constrangimento. Levantou-se rapidamente.

Ela apenas o acompanhou com o olhar, em silêncio.

Devagar, andando de costas, ele se dirigiu para a porta.

Ela continuava muda.

Ele, então, saiu e desabou no sofá.

Inesperadamente, Laércio, que não era dado a esses rompantes, desatou a chorar de maneira convulsiva, ação que decerto iria lhe fazer bem, pois precisava descarregar toda tensão e estresse dos últimos dias.

Desabafou assim por muito tempo. Por instinto, olhou mais uma vez para a porta do quarto e assustou-se.

Mariana estava ali, de pé, de camisola, olhando-o calada. Parecia pensar em algo muito importante. Ia falar alguma coisa, mostrou-se indecisa e depois entrou no quarto, fechando a porta.

Laércio fez de tudo para dormir logo, mas não conseguiu.

Na manhã seguinte, acordaram e saíram cedo, conforme haviam combinado.

Em absoluto silêncio, fizeram todo o percurso que ia do perímetro urbano da capital até o início da rodovia.

Curiosamente, Mariana demonstrava enorme interesse em acompanhar o trajeto. Observava as placas indicativas, perguntava e ia fazendo anotações em um mapa rodoviário e em um caderno. Laércio não sabia com que intenção, mas não se interessou em perguntar.

Havia um pouco de constrangimento no ar, de ambas as partes. Certamente pelo que poderia ter acontecido entre eles na noite anterior.

Laércio achava que fizera muito bem em ter resistido aos seus sutis convites. Afinal, Mariana tinha o corpo da sua mulher, mas não a mente, a consciência. No lugar de Simone, o espírito de Mariana sentiria as sensações e o prazer envolvidos numa relação sexual. O que, para Laércio — por mais louco que parecesse — seria uma traição.

Tudo aquilo, de fato, era muito louco!

Depois de percorrerem alguns quilômetros, ele resolveu parar em um restaurante de estrada, que tivesse posto de abastecimento.

Na verdade, Laércio queria ganhar tempo para pensar mais um pouco no que estava fazendo.

Diante do olhar indagativo, ele achou que devia esclarecer por que parara:

— Preciso abastecer o carro. Deseja alguma coisa da lanchonete?

— Não, obrigada.

— Nem quer ir ao toalete?

— Também não, estou bem. Eu o espero aqui no carro.

Entrou na lanchonete, pediu um café com leite e pôs-se a pensar na situação.

O que fariam quando chegassem à casa da fazenda? Como explicar aos caseiros que aquela mulher se parecia com a Simone que conheceram, mas não eram a mesma pessoa? Ou será que Mariana revelaria a verdadeira identidade? Se o fizesse, certamente os velhinhos iriam pirar.

E ele? Teria de fingir ser seu marido, teria de tratá-la com carinho diante dos empregados. Que enrascada! Confortou-se ao pensar que tudo aquilo era pela melhora da sua verdadeira mulher. Então, retornou ao carro.

No restante do trajeto, o silêncio voltou a reinar entre os dois. Era como se, de repente, nada mais havia a ser dito.

Em pouco tempo, atravessaram o centro de Piracaia e tomaram a estrada de terra que levava à casa da fazenda, conforme indicações de Mariana. Ela parecia conhecer muito bem aquela região, apesar das mudanças ocorridas desde a adolescência, quando percorria aquelas terras na companhia do pai.

O silêncio foi quebrado somente quando avistaram a fazenda. Mariana soltou uma exclamação de empolgação e segurou forte o braço de Laércio:

— Por favor, pare um pouco!

Laércio pisou bruscamente no freio com seu quase grito. Viu que Mariana sondava a casa com um misto de deslumbramento e espanto.

A razão era simples: em muitos anos, pela primeira vez, ela via o lugar onde nascera, vivera, casara e morrera, pelos olhos de um ser encarnado. Podia, agora, rever o lugar usando todos os sentidos comuns aos vivos.

Pela memória, passaram-se rapidamente cenas de sua infância e adolescência feliz. A emoção era forte demais, mesmo para um espírito. Mariana estava ofegante e chorava discretamente.

Laércio ficou intrigado:

— Você está bem?

Calada, ela continuou contemplando a casa e os arredores. Só depois de algum tempo, enxugou os olhos e respondeu, já mais calma:

— Estou bem. Desculpe minha emoção. Pode continuar.

Quando o carro parou diante do portão, Laércio achou prudente alertá-la:

— Lembre-se de que os caseiros já a conhecem por Simone. Ela esteve aqui, conversou com eles e dormiu na casa. Portanto, procure se comportar de forma adequada ou não entenderão nada. Eles nunca poderão imaginar que você é a ex-patroa e ex-mulher do tal Rui.

Ela não respondeu, apenas balançou a cabeça, mas sabia que Laércio estava coberto de razão.

Saltaram do carro e pararam em frente a cancela onde a placa avisava: Proibida a entrada.

Como não descobriu nenhuma campainha à vista, Laércio bateu palmas para chamar a atenção de alguém que estivesse por lá.

O velho Hermínio apareceu no alto da escada, na varanda, e os encarou.

Mariana não pôde evitar um sussurro emocionado:

— Hermínio! Meu dedicado e ranzinza Hermínio!

Com cuidado, ele desceu os degraus e devagar se encaminhou para o portão.

Antes de Hermínio chegar, Lucinda já havia aparecido na varanda, enxugando as mãos no avental de cozinha.

Novo sussurro emocionado de Mariana:

— Lucinda! Minha boa amiga e confidente Lucinda! Quanta saudade de nossas conversas na varanda!

Quando estava a uma distância que lhe permitia ver melhor as pessoas recém-chegadas, o velho caseiro falou, sem muito entusiasmo:

— Então a senhora resolveu voltar. Esqueceu alguma coisa, dona Simone? — enquanto falava, Hermínio destravava o cadeado e abria o portão.

Mariana foi surpreendentemente natural:

— Olá, Hermínio, como vai? Não esqueci nada, mas precisei voltar. Daqui a pouco lhe explicarei por quê.

Com o portão inteiramente aberto, ele se aproximou do casal e Mariana fez o que se esperava nessa ocasião:

— Este aqui é meu marido Laércio — os dois se cumprimentaram com um gesto de cabeça, em silêncio. — Podemos entrar?

Ele apenas fez um largo gesto com o braço esquerdo indicando o caminho de pedras e, portanto, autorizando a entrada.

Mariana e Laércio voltaram para o carro e conduziram-se para a frente da casa.

Mariana continuava visivelmente emocionada e tensa. Ali estava a fiel e bondosa Lucinda, com quem tantas vezes compartilhara suas angústias, alegrias e tristezas! Como espírito, já via o casal. Mas assim, com a sensação de estar encarnada, era tudo muito diferente, porque podia tocá-los e sentir sua pele, podia sentir seu cheiro e mesmo as cores eram mais vivas, mais fortes.

Lucinda já descera os degraus e os aguardava. Provavelmente reconhecera o carro. Quando viu "Simone", correu para abraçá-la com carinho:

— Minha filha! Que bom vê-la de novo!

Mariana abraçou-a com força e deixou sua mente passear no passado. De tão emocionada, não conseguiu dizer nada. Mas, à custa de muito esforço, manteve o controle.

— Esqueceu alguma coisa aqui, minha filha?

Mariana se esforçava para manter a naturalidade ao retribuir aquela genuína alegria da velha senhora. Na realidade, sua vontade era de continuar a abraçá-la com força e beijar várias vezes seu rosto, agora enrugado, e chorar bastante no seu ombro:

— Minha boa Lucinda! Também estou contente em vê-la!

— Nossa mãe! Você me chamou agora da mesma forma como fazia minha antiga patroa, a menina Mariana! Ela me tratava de: "minha boa Lucinda"!

Capítulo 17

Mariana desconversou:

— Que coincidência! Deixe-me apresentar-lhe meu marido, Laércio.

Lucinda abriu o rosto num largo sorriso:

— Que moço bonito! Vocês formam um belo casal! Muito prazer, moço — estendeu-lhe a mão enrugada.

Laércio retribuiu o elogio:

— Desde que esteve aqui, Simone não para de falar da sua gentileza, da sua bondade. Como marido, eu lhe agradeço muito pela atenção à minha mulher.

— Que é isso, moço, não tem nada que agradecer. Sua esposa é uma moça muito educada e simpática, além de muito bonita.

Com essas trocas de gentilezas, subiram os degraus conversando, passaram pela varanda e adentraram a casa. Temeroso que algo pudesse dar errado, Laércio olhou para Mariana, torcendo para que ela continuasse se controlando, pois seu rosto estava muito ruborizado pela emoção, o que poderia chamar a atenção dos caseiros.

Quando entrou na sala, Mariana parou para observar o ambiente e seus detalhes.

Lucinda percebeu sua expressão maravilhada:

— Até parece que você não esteve aqui antes! Está olhando a casa como se nunca a tivesse visto! E pensar que até já dormiu aqui...

Mariana notou seu descuido ao ser flagrada sua expressão de deslumbramento:

— O quê? Ah, é que... É que eu gostei tanto daqui que não me canso de admirar, exatamente como na visita anterior. Há sempre novos detalhes a descobrir.

Hermínio ficou parado na entrada, encostado à soleira da porta, observando os recém-chegados e a conversa entre eles e sua mulher.

Percebendo uma certa tensão no ar, Laércio decidiu explicar a presença deles, para tranquilizar o casal:

— Não vamos demorar, nossa visita é muito rápida. Minha mulher precisa apenas de algumas informações.

Quando ele pronunciou "minha mulher", Mariana se aproximou e passou um dos braços à volta de sua cintura. Tudo indicava que, o que deveria ser simulação, para ela tinha sabor de realidade.

— Nossa, mas para que tanta pressa? Sentem-se que servirei um refresco. Pelo menos, descansem um pouco da viagem. Depois conversamos e vocês podem ir.

Surpreendentemente ousada, "Simone" perguntou:

— Lucinda, enquanto você prepara o refresco, posso mostrar a casa para o meu marido? Eu falei tão bem dela... Quero ver se gostará tanto quanto eu!

— Mas claro, minha filha, a casa é sua.

Mariana estremeceu.

A expressão usada por Lucinda — "a casa é sua" — correspondia, simplesmente, a uma forma usual e gentil de dizer a um visitante: "fique à vontade, sinta-se como se estivesse na sua própria casa." Mas, na atual circunstância, soou como uma bomba no coração de Mariana. Sim, aquela casa era mesmo "sua"! Sem saber, a boa Lucinda dissera uma grande verdade.

Notando a perturbação de Mariana, Laércio puxou-a pela mão:

— Vamos, querida, venha me mostrar a casa.

Para Laércio, aquele "tour" serviu-lhe como um pretexto para se familiarizar com o lugar onde Mariana nascera e talvez tirar dali mais alguma informação útil para a solução do problema.

Mas, para Mariana, foi um mergulho intenso e emocionado no passado. Tudo aquilo que, em espírito, ela apenas podia ver, agora podia tocar, pegar, segurar, cheirar, mover de lugar.

Os móveis, o piano, as fotos nas paredes, os candelabros, os castiçais, os enfeites — a visão de todas as coisas, por um lado, machucava-a profundamente, mas, por outro, permitia-lhe reviver bons momentos passados ali com seus pais. Cada sala, cada cômodo, cada espaço era uma invasão dolorosa de lembranças na sua alma — algumas muito boas, mas as más, aquelas que se referiam à sua fase de casada, eram mais marcantes e doídas.

Ela parou, antes de subir a escada. Ficou contemplando sua pintura, colocada ali para esconder a porta da adega. Ah, aquela adega! Ali sofrera e ali morrera.

Sentiu uma raiva crescente, quase incontrolável. Naquele instante, não teve a menor dúvida de que deveria fazer o impossível para levar a cabo sua vingança.

Laércio, delicadamente, indicou-lhe os degraus com a mão, convidando-a a subir.

Já no andar superior, quase não teve forças para entrar no quarto onde tantas vezes fizera amor com o homem que jurara amá-la e que acabaria por assassiná-la de forma premeditada e cruel. Olhando para a enorme cama, lembrou-se com exatidão, mas sem nenhum remorso, da noite em que se apossara da mente de Simone.

Laércio nada sentiu de especial, pois, para ele, era apenas uma visita a um imóvel.

Quando terminaram de ver os outros quartos e demais dependências, Mariana desceu a escada esgotada, com as pernas trêmulas, sentindo que suas energias se esvaíam. Laércio percebia apenas que algo não ia bem, mas o atribuía a razões sentimentais. Por isso, nada falou a respeito.

Quando retornaram à sala principal, Lucinda já colocara dois enormes copos e uma jarra com refresco sobre a mesa de centro. Ofegante e pálida, Mariana desabou sobre uma das poltronas.

Lucinda fitou-a preocupada:

— Estou vendo que você ainda não se recuperou inteiramente do seu cansaço, não é, minha filha? Você está pálida! Quando chegou estava vermelha que nem um pimentão e agora parece uma folha de papel.

Laércio apressou-se em defendê-la:

— Simone trabalha demais, Lucinda. E é muito teimosa. Por mais que eu diga que precisa cuidar mais da saúde, ela não me ouve. E fica assim, fraquinha. Não aguenta nem subir uma escadinha como essa, que já fica com a língua de fora.

Mariana mirou Laércio, agradecida pela desculpa esfarrapada. Sabia que ele entendia o verdadeiro motivo.

Da porta, Hermínio a encarava, de forma inquisidora.

"Alguma coisa não está certa com essa moça", pensou.

Percebeu que, desde quando chegara, Simone estava bastante diferente. Ele não saberia explicar por que, mas tinha certeza de que havia algo de estranho com ela. Não pela aparência, mas pelos modos, pelo jeito de olhar e falar. Nem parecia a mesma pessoa.

Lucinda serviu refresco para os dois e depois sentou--se no sofá, ao lado de Laércio:

— Você disse que precisavam de algumas informações sobre a casa, não foi?

Ele olhou para Mariana que lhe devolveu o olhar, como que dizendo: "responda você". Laércio entendeu e se explicou:

— É o seguinte, Lucinda. Quando esteve aqui da primeira vez, Simone gostou muito da casa e convenceu a produtora a fazer de tudo para conseguirmos alugá-la. E, agora que também conheci a casa, concordo que é ideal para fazermos nosso filme — ajuntou ele, como se fizesse parte da equipe da produtora, somente para justificar sua visita.

Hermínio interveio de onde estava:

— Moço, eu já disse à sua mulher que o senhor Rui não vai alugar. Eu sei bem como funciona a cabeça do meu patrão. Mas, como sua esposa insistiu, fiquei de ligar para ele. Vou fazer isso amanhã, porque nosso patrão está viajando. Mas já sei qual vai ser a resposta.

— Pois exatamente por sabermos que será difícil a autorização do aluguel e por estarmos muito interessados em fazer aqui o nosso filme, estamos dispostos a falar pessoalmente com o senhor Rui e fazer-lhe uma proposta irrecusável. Vocês disseram à minha mulher que ele morava no Rio de Janeiro. Pois bem, iremos ao Rio amanhã exclusivamente para tentar convencê-lo a nos alugar a casa e sei que iremos conseguir.

Por essa Lucinda não esperava. Perplexa, olhou para o marido que, por sua vez, também surpreendido, encarou Laércio fixamente. Depois de algum tempo, perguntou:

— E como vão encontrá-lo?

— É por isso que estamos aqui. Viemos pedir-lhes a gentileza de nos fornecer seu endereço, no Rio.

Agora, tanto Lucinda quanto Hermínio olhavam alternadamente para Laércio e Mariana, em silêncio.

Por fim, o caseiro falou:

— Não vai adiantar. Ele não aluga a casa.

Mariana percebeu que precisava reforçar o esforço de Laércio para convencer os caseiros:

— Desculpe, Hermínio, sabemos que você está certo em representar seu patrão, mas gostaríamos de tentar. Temos muita confiança nos argumentos que usaremos.

Um pedido de "Simone" sempre amolecia o coração de Lucinda. Ela olhou para o marido já com outra expressão, mais condescendente. Hermínio levantou-se do batente e, com um gesto de cabeça, pediu à mulher para acompanhá-lo. Lucinda desculpou-se com o casal e saiu atrás do marido.

Juntos, atravessaram a varanda, desceram devagar os degraus da escada da entrada e foram conversar no jardim da casa, próximo à imponente mangueira. Não poderiam ter escolhido lugar melhor, embora de forma inconsciente.

Certo de que não seria ouvido por eles, Laércio falou para Mariana:

— Bom, fizemos o que podíamos. Agora, só nos resta esperar pela decisão.

Ela falou-lhe de forma enigmática:

— Quem disse que não há nada mais a fazer? Não se preocupe, vai dar tudo certo — disse as palavras com uma segurança tão grande que o deixou espantado.

Mariana levantou-se e, pela larga janela da sala, espreitou o casal de idosos. Os dois caseiros pareciam discutir como se tivessem posições divergentes.

De onde estava, Laércio e Mariana não conseguiam ouvir o que falavam. Se pudessem, ficariam preocupados com, pelo menos, parte do diálogo que travavam.

Hermínio dizia para a esposa:

— Já lhe falei que não sei explicar, mas continuo achando que há alguma coisa de muito estranho com essa moça. Não parece aquela que esteve aqui. E não estou gostando nada disso.

— Deixe de bobagem, meu velho. Você implicou com Simone desde a primeira vez que a viu. Claro que é a mesma. Talvez não esteja passando bem. Ou, quem sabe, talvez tenha brigado com o marido e esteja triste ou aborrecida. Você está cansado de saber que essas coisas acontecem até com a gente.

— Sei não. Anote o que eu estou lhe dizendo: para mim, há algo muito errado com ela.

— Pare com isso, homem, procure ser um pouco mais agradável. Afinal, são visitas.

Enquanto os caseiros discutiam, Mariana os observava bastante concentrada. Quase não piscava, apesar dos olhos bem abertos.

Intrigado, Laércio percebeu que ela começara a suar e a adquirir um acentuado rubor na face.

Jamais poderia imaginar que Mariana estivesse empregando fortes energias fluídicas para influenciar a decisão de Hermínio e Lucinda. Mariana usava todo poder mental para manipular a mente do casal. A jovem tinha uma força mental superior à maioria das pessoas. Contudo, Laércio, sem saber o que ocorria de fato, preferiu não interromper, nem perguntar-lhe nada. Talvez ela estivesse fazendo algum tipo de prece para que as coisas dessem certo.

Para sua surpresa, Lucinda voltou à sala tão alegre quanto daquela vez em que anunciara à Simone que Hermínio concordara com que ela dormisse na casa:

— Meus queridos, não foi fácil convencer o teimoso do meu velho a lhes dar o endereço do senhor Rui. Mas consegui. Usei palavras muito convincentes. Insisti, de verdade, porque quero muito que vocês voltem aqui.

Laércio respirou aliviado. Da janela de onde acompanhara a conversa dos caseiros, Mariana virou o rosto na sua direção com uma expressão em que se podia ler: "eu não disse?". Notou que sua face readquiria a cor natural. Com discrição e elegância, Mariana enxugou o suor do rosto com um lencinho azul claro que pertencia a Simone.

Laércio apressou-se em abraçar Lucinda:

— Bem que minha mulher havia me dito que você era uma pessoa muito generosa! Mais uma vez só temos a agradecer-lhe, Lucinda.

— Que agradecer que nada, moço. Sei que vocês são gente do bem e eu gosto muito da sua mulher. Foi amizade à primeira vista.

Mariana se aproximou e passou um braço em volta dos ombros de Lucinda.

— Minha boa Lucinda, você tem um pequeno grande coração de ouro!

Lucinda empalideceu, seu coração disparou e ela voltou a estremecer. Fez uma força enorme para que ninguém notasse seu súbito nervosismo. "Simone" continuava falando exatamente como sua finada patroa o fazia, inclusive com a expressão incomum "pequeno grande coração de ouro". Muitas vezes, Mariana tratou-a assim, durante os desabafos e as conversas íntimas que mantinham na varanda, ao cair da tarde, quando o sentimento de solidão a atacava.

Procurou acalmar-se, dizendo para si mesma que aquilo não passava de uma grande coincidência.

Laércio tirara da mochila uma caneta e um bloco de anotações:

— Lucinda, me diga o endereço, que vou anotá-lo aqui.

— Não precisa, moço. Acho que tenho um cartão do senhor Rui na minha bolsa. Espere aí, volto já — e saiu na direção da cozinha.

Laércio e Simone não se falaram até Lucinda voltar com um cartão de visitas na mão.

— Achei. Aqui tem o nome e o endereço da firma dele, completos. Podem ficar com este, porque tenho outros em casa.

Laércio levantou-se e pegou o cartão. Ali estava: "Rui Garcia Porcinelli" e logo abaixo os dados da empresa — na verdade, uma fábrica de móveis

— Ótimo! Vamos entrar em contato. Tenho certeza de que o senhor Rui aceitará nossa proposta.

— Vou ficar torcendo para que sim. Gostaria de vê-los novamente por aqui. Vocês formam um casal muito simpático! — e voltando-se para Mariana, completou: — Apesar de hoje a minha amiga ter ficado muito quietinha. Estou sentindo falta daquele seu jeito alegre e conversador.

Mariana tentou dar uma explicação convincente:

— Desculpe-me, Lucinda, é que hoje acordei com uma terrível dor de cabeça. Isso me tira o humor. Mas, da próxima vez que vier, prometo que estarei melhor.

— Ah, com certeza. Quero voltar a ver aquele seu sorriso bonito.

Hermínio reaparecera na soleira da porta. Sem nada dizer, continuava olhando Mariana com a permanente desconfiança estampada no rosto enrugado. Parecia que ele tinha um sexto sentido.

Trocaram mais algumas palavras de cortesia e se despediram. Laércio teve o cuidado de antecipar-se para abrir a porta do carro para Mariana.

Manobrou e pegou a direção da saída, pelo caminho de pedras. Quando passavam pela mangueira, Laércio teve a impressão de que Mariana sussurrava algo para si mesma. Mas talvez fosse apenas impressão.

Ao ver o carro passar pela cancela e sair do terreno da fazenda, Lucinda se aproximou do marido e, sem tirar os olhos do veículo que aos poucos sumia de vista, falou com voz baixa e trêmula:

— É, meu velho, você estava certo. Tem mesmo alguma coisa esquisita nessa moça. Todo o tempo agiu de modo muito diferente daquele que a gente conheceu. Continuo gostando dela, mas nem parece a mesma pessoa. E quer saber? Pode até rir de mim, mas, por várias vezes, quando estava muito perto, senti uma onda de calafrios.

Ele movimentou o indicador na direção da esposa, como se estivesse ralhando:

— Eu te disse: ela não parecia a mesma pessoa que esteve aqui antes.

Nenhum dos dois poderia imaginar que estavam certos.

Não era a mesma pessoa.

Capítulo 18

Quando já estavam na estrada, Mariana perguntou a Laércio, mas sem olhar para ele:

— Consegue imaginar o quanto foi desgastante para mim voltar a essa casa?

— Posso imaginar. Mas, pensando bem, ainda que em espírito, você estava aí todos esses anos. Qual a novidade?

— Você não poderia entender, mas é diferente quando se tem um corpo e os cinco sentidos funcionando.

— Mas foi você mesma que quis vir.

— Eu sei. Não o estou culpando de nada, nem estou arrependida de ter vindo. Eu precisava vir para conseguir o endereço do meu ex-marido. — E finalmente olhando para ele: — Muito obrigada pelo empenho.

— Não precisa agradecer. Eu também precisava. — Depois de uma pausa, lembrando-se da atitude de Mariana na janela da casa, olhando fixamente os caseiros, ele falou: — Posso lhe fazer uma pergunta? — ela apenas balançou a cabeça afirmativamente e continuou olhando-o. — Foi impressão minha ou é verdade que você, de alguma maneira, influenciou-os em nos dar o endereço do Rui?

Ela sorriu misteriosamente, voltou a olhar para a estrada e nada respondeu. E não mais se falaram. O ruído natural e repetitivo do motor do carro em movimento passou a ser o único som presente.

Em certo momento, Simone quase recuperou seu posto.

Por precaução, Laércio dirigia com uma velocidade constante. Isso criava certa monotonia hipnótica, principalmente porque a estrada quase não tinha curvas.

Como não conversavam, Mariana recostou-se no banco e acabou por cochilar. De repente, começou a balbuciar algumas palavras, a princípio, incompreensíveis. Sem desviar os olhos da estrada, Laércio prestou atenção no que ela tentava dizer. Provavelmente, sonhava.

Para sua surpresa, conseguiu entender as palavras. Mariana falava com voz fraca e suplicante, sem abrir os olhos.

Só ao ouvir a frase completa, ele percebeu que não era Mariana quem falava:

— Amor, me ajude! Por favor, me ajude!

Sempre atento à direção, Laércio, assustado, lançou rápidos olhares para a outra, que continuou:

— Amor, não estou conseguindo retornar! Me ajude! Por favor, quero voltar para você!

Era sua mulher, sua querida Simone:

— Simone, é você? Fale comigo, amor!

Para seu azar, ao fitá-la melhor, quase perdeu o controle do carro, que, com um movimento brusco, pegou um trecho do acostamento cheio de pedras e buracos. Isso fez com que Mariana acordasse.

Ela abriu os olhos, assustada:

— O que aconteceu? — perguntou, olhando para a estrada.

Ele respondeu irritado e frustrado por ter perdido o contato com Simone:

— Nada, nada! Eu apenas me distraí um pouco e quase saí da estrada. Agora está tudo bem. Me desculpe se a acordei.

Ela pareceu se tranquilizar com a explicação:

— Sem problema, estava apenas relaxando.

Laércio não conseguia controlar sua raiva:

— De qualquer modo, não precisa ter medo de um possível acidente. De nós dois, só eu tenho uma vida a perder, certo? Você já está morta mesmo...

Ela o olhou, surpresa e, ao mesmo tempo, magoada, mas não retrucou. Ele percebeu que havia sido grosseiro. Apesar da situação, que tornava o espírito de Mariana seu antagonista, arrependeu-se intimamente daquela ironia.

O resto do trajeto foi feito em silêncio.

Laércio continuava se punindo por ter interrompido o contato que Simone conseguira fazer com ele, sabe-se lá com que esforço. Tudo por causa de uma distração sua! Para acalmar-se, preferiu acreditar que aquilo era um bom sinal, uma prova de que ela estava reagindo.

Ao chegar à capital, deixou Mariana na frente do prédio onde morava. Ela se mostrou frustrada por descer do carro desacompanhada. Com a porta do veículo ainda aberta, perguntou:

— Não vai subir?

Pela resposta, Laércio não disfarçou que ainda não havia se acalmado:

— Não gosto de ficar te lembrando, mas aqui nesta dimensão a gente precisa tomar algumas providências práticas. Senão, como vou conseguir comprar as passagens de avião para o Rio de Janeiro?

Dessa vez, a nova provocação deixou Mariana irritada. Sem retrucar, bateu com força a porta do carro e entrou no prédio.

Laércio foi direto para a produtora Mundo Novo. Precisava contar a Ivana as ocorrências mais recentes. As hipóteses levantadas por ela e seus amigos poderiam não ser as únicas verdadeiras nem as melhores, mas, até aqui, se mostravam adequadas e coerentes — por mais fantásticas que parecessem.

Ivana recebeu-o com mais descontração do que da vez anterior. Conduziu-o à sala de reuniões e perguntou ansiosa, depois de se sentarem:

— E então, como foi a ida a Piracaia?

Laércio narrou todos os acontecimentos, procurando não omitir nem esquecer nenhum detalhe.

Ivana estava pasma:

— Gente, como é que pode uma coisa dessas? Coitada da minha amiga! Imagino o desespero dela tentando recuperar a consciência!

— Agora mesmo, no trajeto de volta, conseguiu se manifestar por alguns segundos, o suficiente para me pedir ajuda. Fiquei tão surpreso que quase perdi a direção do carro.

— Mesmo que tenha sido por poucos segundos, mostra que está tentando reagir e isso é bom sinal. Precisamos fazer alguma coisa para ajudá-la, e com urgência!

— Estou fazendo a minha parte. Hoje à tarde, iremos ao Rio localizar o ex-marido. Também preciso ir, porque Mariana não conhece a cidade. Aliás, ela só conhece Piracaia e agora um pouco de São Paulo.

— O que imagina que ela pretende fazer se e quando encontrar o ex-marido?

— Não faço a menor ideia. Ela diz apenas que quer que ele pague pelos crimes que cometeu.

— Não tenho certeza se ela sabe no que está se metendo. Só acho que você deve tomar muito cuidado para não se envolver em problemas que não são seus.

— Eu? Já tenho problemas demais! Inclusive, assim que ela estiver acomodada em um hotel e localizarmos o sujeito, pretendo deixá-la lá e voltar em seguida para São Paulo. Deixo-lhe algum dinheiro para comprar a passagem de volta e me mando.

— Faz muito bem. Acho prudente. Ela já é adulta e vai saber se virar muito bem sem você por perto.

— Não tenha dúvidas de que, depois da conversa com seus amigos, estou muito mais esperto.

Pela Internet, Laércio comprou as passagens para o Rio. Ele e Mariana viajariam naquele mesmo dia, no final da tarde.

Antes de sair da produtora, procurou por Sérgio para lhe contar as novidades, mas o amigo tinha ido visitar um cliente.

Ligou para Mariana, avisando-a do horário do voo e prevenindo-a de que, logo após o almoço, ele passaria no prédio para pegá-la. Em seguida, foi para o apartamento de Sérgio trocar de roupa, colocar algumas numa mochila e descansar um pouco.

No saguão do aeroporto de Congonhas, Mariana não escondia seu deslumbramento por tudo que via, principalmente as decolagens e aterrissagens das imensas aeronaves.

As lojas pareciam exercer enorme fascínio sobre ela. Por diversas vezes, Laércio precisou apressá-la e tirá-la da frente das vitrines para que não perdessem o horário do voo.

Era evidente que ela ainda estava presa ao plano material, uma vez que sua energia voltava-se inteiramente para interesses da matéria e a sentimentos nada adequados a um espírito.

A viagem transcorreu sem novidades, exceto pelo fato de ela que nunca ter viajado de avião. Inclusive, quando a aeronave atravessou uma zona de forte turbulência, Mariana pareceu realmente assustada e segurou fortemente o braço de Laércio com as duas mãos.

Ele lutou interiormente para controlar o sarcasmo, pois tinha vontade de perguntar: "O que foi? Está com medo de morrer?", mas conteve-se, para não causar nenhum desconforto.

De qualquer modo, ele não entendia a aparente contradição: como uma pessoa já morta tem medo de morrer? Será que a mente de Mariana teria tomado posse de Simone de tal forma que já sentia as emoções da outra? Sim, porque sua mulher sempre tivera um medo pavoroso de viajar de avião e quando o fazia, por força do trabalho, tomava um monte de relaxantes.

Enfim, ele não entendia, tampouco queria entender do assunto. Apenas olhou para ela e sorriu para tranquilizá-la.

Em pouco mais de uma hora, já estavam em um táxi em direção a um hotel.

Rui, o ex-marido de Mariana, era hoje um próspero comerciante. Possuía uma conceituada fábrica de móveis de luxo chamada Malaviggio Indústria e Comércio de Móveis, instalada numa cidade industrial próxima à capital carioca.

Conforme indicava o cartão de visitas, ele despachava de um escritório na conhecida avenida Rio Branco, uma das principais da Cidade Maravilhosa.

Conhecendo bem o Rio, Laércio orientou o taxista para que os levasse a um hotel no bairro do Flamengo, perto do aeroporto e da avenida Rio Branco. Um hotel duplamente conveniente, pois beneficiava Laércio, que voltaria antes, e Mariana, que não teria dificuldade para se deslocar, sempre que precisasse visitar o ex-marido.

Na recepção do hotel, quando preencheu a ficha de entrada, Laércio ficou indeciso: escolheria um quarto de casal ou dois de solteiro? Pensou um pouco, com a caneta na mão, olhando para o formulário sobre o balcão.

Ao seu lado, Mariana o observava em silêncio, com uma expressão ligeiramente travessa.

Por fim, ele decidiu pedir dois quartos de solteiro, embora tivesse preenchido a ficha da outra com os dados de Simone — portanto, sua esposa. A recepcionista estranhou que marido e mulher ficassem em quartos separados, mas nada comentou. Talvez tivessem brigado e não queria fazer perguntas indiscretas.

Laércio ajudou Mariana, inexperiente em viagens, a instalar-se no apartamento. De lá mesmo, ligou para o escritório de Rui. Depois, repassou para Mariana a informação obtida:

— O Rui saiu e não volta mais hoje. Estará lá amanhã, a partir das nove horas.

Ela mostrou-se desolada, porque tinha pressa, mas entendeu que nada poderia fazer. Ao mesmo tempo, estava ansiosa para ver seu ex-marido, claro, por razões nada românticas.

Ambos aproveitaram para descansar — cada um no seu respectivo aposento — e só voltaram a se ver no jantar.

Laércio procurou ser gentil todo o tempo. "Enquanto não pode vencer o inimigo, una-se a ele", lembrou-se do ditado.

Pensando em Simone, Laércio imaginou que, em outras circunstâncias, esse jantar poderia ser muito agradável.

Enquanto consultava o cardápio, comentou:

— Espero que esteja tudo bem para você.

Apesar de gentil, Laércio não parecia muito à vontade:

— Para mim, está tudo ótimo. Mas para você parece não estar. Será tão desagradável assim exibir-se aqui comigo?

— Desculpe, eu apenas quis saber se...

Ela o interrompeu delicadamente:

— Laércio, não precisa se desculpar nem explicar nada, entendo como deve estar se sentindo. A situação não é mesmo agradável.

Depois de um instante de silêncio, ele deixou escapar um desabafo:

— Não consigo me acostumar com esta situação. Algum tempo atrás, estive com minha mulher em um restaurante, almoçando ou jantando, em momentos muito especiais. O clima era outro, completamente diferente deste.

— Era muito romântico, você quer dizer.

— Isso mesmo, o clima era muito romântico, como costuma ser entre duas pessoas que se amam. E agora, aqui estou com você, uma desconhecida. No entanto, olho-a e vejo Simone na minha frente e me lembro daqueles momentos. Mas logo percebo que você não é Simone. Não é fácil para mim.

Com os cotovelos apoiados sobre a mesa e o queixo, sobre as mãos entrelaçadas, ela respondeu insinuante:

— De certa forma, eu sou a Simone.

— É, mas só de certa forma. Não é a Simone completa.

Ela insistiu, ainda sedutora:

— Por que não sou completa? Em que aspecto a situação é diferente? O que muda?

Sem notar que aquela conversa poderia tornar-se perigosa, respondeu:

— Se você fosse a minha Simone, depois deste jantar, iríamos para o nosso quarto e faríamos amor até amanhecer — ela baixou o olhar e ficou em silêncio.

Segundos depois, Mariana parecia chorar. Laércio sentiu uma pontinha de culpa. Talvez não devesse ter dito aquilo.

— Desculpe, eu não quis magoá-la.

Ela ergueu o rosto e, de fato, estava com os olhos molhados:

— Você não me magoou. Apenas me fez lembrar do meu casamento fracassado. Senti saudade do tempo de namoro. Foi um período curto, mas bom. Tive momentos românticos, como esses aos quais você se referiu, mas depois descobri que estava sendo enganada. Enquanto durou a ilusão, foi muito bom, me senti amada. Assim como penso que Simone deve se sentir.

Só então Laércio percebeu que aquela conversa poderia levá-los a caminhos pouco recomendáveis para a situação. Decidiu mudar de assunto:

— Acho que é melhor falarmos um pouco sobre o dia de amanhã.

Ela ajeitou-se na cadeira, procurando recuperar a serenidade:

— Desculpe, eu é que desviei o objetivo deste jantar.

Agora Laércio sentiu que a situação estava sob controle:

— Faremos assim: iremos até o escritório do Rui e deixo-a a sós com ele. Afinal, o assunto só diz respeito a vocês.

— E o que pretende fazer depois?

— Depois passarei em um banco para sacar algum dinheiro. Deixarei na recepção de hotel, aos seus cuidados, um envelope com uma quantia suficiente para várias diárias e para a compra da sua passagem aérea de volta a São Paulo. Você pegará um táxi daqui para o aeroporto e, com o endereço do meu apartamento em mãos, pega outro quando chegar a São Paulo. Não tem como errar.

Ela voltou a se mostrar frustrada:

— Pensei que ficaria comigo até o final da missão.

— Não posso, não sabemos quanto tempo sua missão vai demorar e eu tenho coisas urgentes para fazer — ele esperava que ela não percebesse que era uma pequena mentira. Como fora aconselhado, ele não deveria ficar perto dela para não se envolver ainda mais. Afinal, não tinha a menor ideia do que aquela mulher pretendia fazer quando encontrasse o Rui. Poderia haver muita confusão e ele não deveria ser envolvido. — Você também encontrará dentro do envelope um folheto contendo várias informações úteis, como endereços e telefones de companhias aéreas, rodoviária, pontos de táxi, farmácias, hospitais, polícia...

Ela se mostrou surpresa:

— Polícia?

Ele se esforçou para dar um tom natural à voz:

— Nunca se sabe. O Rio, como qualquer outra metrópole, pode ser perigoso, sobretudo à noite.

— Entendo e agradeço sua preocupação, mas não pretendo sair à noite. Não conheço a cidade, nem vim passear.

— Eu sei, desculpe, não quis dizer isso. Deixarei também vários números de telefone para você entrar em contato comigo em São Paulo, se precisar.

Mariana estava um pouco amuada. Contava com a presença de Laércio por mais tempo:

— Está bem, mas espero não precisar incomodá-lo.

Havia algum tempo, Laércio tinha uma dúvida e aproveitou aquele momento relativamente tranquilo para inquiri-la:

— Posso lhe perguntar uma coisa?

— Claro.

— Mas gostaria que não se aborrecesse com a pergunta. Não quero estragar este momento tão pacífico.

Ela sorriu, curiosa:

— Pode perguntar, não vou me aborrecer. Do que se trata?

Ele procurou ser cauteloso, pois sabia que o assunto era delicado:

– Acompanhe meu raciocínio. Olhando-a, você é a Simone. Essa coisa de dizer que é Mariana ou qualquer outra personalidade poderia muito bem ser uma encenação.

Ela franziu a testa, mostrando-se surpresa:

— Uma encenação? Como no teatro?

— É, algo do tipo. Simone esteve em Piracaia e lá, com os caseiros, tomou conhecimento da história de Mariana e Rui. E, então, se comoveu com o drama, tomou suas dores, comprou a briga e quer punir o ex-marido assassino. Mas, para conseguir meu consentimento, você preparou toda essa encenação, que nos trouxe para cá. Afinal, você é uma atriz. Faz sentido?

Capítulo 19

Ela o encarou bastante séria. Depois perguntou num tom de voz baixo, que escondia um misto de decepção e tristeza:

— Você realmente pensa nessa hipótese?

Ele coçou a cabeça:

— Sinceramente? — fez uma pausa. — Não sei em que pensar. Para mim, isso tudo é absurdo. Nunca ouvi falar de outro caso desses.

Ele julgou que Mariana se aborreceria com a desconfiança, mas, estranhamente, ela manteve a calma:

— Talvez porque o assunto nunca lhe interessou. Eu, pelo contrário, talvez para aplacar minha solidão, lia muito e esse era um dos meus assuntos prediletos. Por isso, sei que a maioria dos psiquiatras conhece os casos de Sybil ou o de Chris Sizemore. Por mais que insistam com explicações científicas, na verdade, as pacientes foram possuídas por muitos espíritos, por muito tempo.

— Não quero discutir, mas não é isso o que a medicina diz.

— Eu sei. Como lhe disse, os médicos têm muitos nomes para diagnosticar casos como aqueles e como o meu: transtorno dissociativo de identidade, transtorno de múltiplas personalidades, dupla personalidade. É só escolher o nome preferido.

Ele ficou um pouco em silêncio, deslizando um dos dedos sobre a borda da taça de vinho, em lentos movimentos circulares. Depois perguntou:

— E então?

— E então, o quê? Não vou discutir suas dúvidas e a de seus amigos que, provavelmente, pensam como você. Acho que ninguém deveria discuti-las. Cada pessoa tem o direito de ter uma crença, uma opinião. Você tem que decidir em que acredita para encontrar o que chama de solução.

Apesar das palavras, ele ainda continuava com muitos questionamentos:

— Continuo sem entender como é que você sabe de tantas coisas. Para uma garota de vinte anos que nunca saiu de Piracaia, está muito bem informada. — "O que só reforça as minhas dúvidas", ele pensou, mas não teve coragem de dizer para não esquentar o clima.

Ela tomou um gole de vinho antes de responder:

— Para começo de conversa, naquele tempo, quem tinha vinte anos não era mais uma garota. Desde os catorze anos, eu lia e estudava muito. Fiz cursos de piano, literatura, pintura e inglês, além dos estudos normais da escola e do colégio. Muito do que sei, aprendi com a minha solidão. Depois da chamada lua de mel, meu marido mudou tanto, que parecia outra pessoa. Por isso, eu pedia ao Hermínio para me levar regularmente às bibliotecas da região. Para tentar entender a mudança de comportamento do Rui, eu devorava livros de psicologia e psiquiatria. Buscava uma explicação, pois achava que tinha algo de errado com a mente dele. Tentei conversar a respeito, mas Rui não parava em casa. Saía de manhã e só voltava à noite. E, mesmo que estivesse, não me dava atenção, a não ser para fazer sexo.

— Vai ver, ele trabalhava muito.

— Você sabe que não. Só descobri muito tempo depois que ele saía para jogar, beber e se divertir com outras mulheres. Para não enlouquecer, eu passava os dias lendo. Os livros e a pintura foram meus grandes companheiros — ela tomou outro gole de vinho. — Foi assim que aprendi essas coisas. E, se você quer mesmo saber, foi por ter lido a história daquelas duas mulheres, Sybil e Chris, que, depois de morta, eu tive a ideia de fazer o que estou fazendo.

— Então, você acha mesmo que o que aconteceu com elas também foram invasões espirituais ou, como dizem os espíritas, casos de possessão?

— Acho, não: tenho absoluta certeza! Mas, de que adianta dizer isso a você? Não vai mudar nada do que já foi escrito e falado a respeito. Se você, que está convivendo com um caso desses, não acredita, por que motivo aqueles que conhecem apenas a teoria haveriam de acreditar?

— Não posso negar que você me surpreende.

Agora foi a vez de ela ser irônica:

— Eu, quem? Mariana ou Simone? Eu, pelos meus conhecimentos ou Simone, pelo talento de atriz?

Ele percebeu a desforra, mas não se perturbou, preferindo levar na brincadeira:

— Quer saber? Não me faça perguntas difíceis. Vamos pegar a sobremesa.

Ela o olhou fixamente e falou com voz bem suave:

— Vou lhe dizer apenas mais uma coisa: você é um sujeito muito... Muito interessante, mas sua descrença e teimosia são insuportáveis.

Ele achou graça. Agora estava decidido a não se aborrecer:

— Então, teimosamente volto a convidá-la para pegarmos a sobremesa.

Ela sorriu também, mas não gostou que ele tivesse percebido.

Terminado o jantar, encaminharam-se para o elevador. Os quartos eram vizinhos e ficavam no final de um longo corredor, coberto por um carpete bem florido, nada discreto.

Antes de entrarem nos respectivos aposentos, pararam diante da porta, com a mão na maçaneta. Quase ao mesmo tempo, voltaram-se e se fitaram em silêncio.

Havia um clima de tentação, um convite implícito.

Laércio estava prestes a se entregar a Mariana. Chegou a movimentar o corpo, quando o telefone do seu quarto tocou. O toque do aparelho funcionou como um balde de água fria, desfazendo a atmosfera de sedução. Rapidamente, "despertou", introduziu o cartão magnético na fechadura e se apressou para atender a chamada.

Com a frustração estampada no rosto, Mariana também abriu a porta e entrou.

Atendeu ansioso. Era Sérgio ao telefone. Soubera por Ivana que Laércio estivera na produtora a sua procura. Queria notícias.

Em voz baixa, Laércio fez uma descrição resumida da situação, informando que retornaria a São Paulo no dia seguinte, deixando Mariana no Rio.

Para surpresa de Laércio, Sérgio não concordou com o regresso do amigo.

— Amigo, não faça isso. Você sabe que tenho pela Simone uma grande estima e uma enorme admiração por você, principalmente agora que acompanho sua luta para recuperá-la. Então, ouça o que vou lhe dizer e depois tome a decisão que achar melhor.

Laércio ficou preocupado com o tom grave.

— Pode dizer.

— Se fosse você, não voltaria para São Paulo agora. Não deixaria Simone sozinha de jeito nenhum.

— Mas, velho, a questão é que não é a Simone que está aqui.

— Olha, pode ser Mariana, Gabriela ou Joana, mas o corpo é de sua mulher, não importa que nome tenha. E, segundo os entendidos, a mente dela ainda está lá. Então, caramba, estamos falando da sua mulher que temporariamente está tendo uma alucinação ou qualquer que seja o nome desse distúrbio.

Não levou mais de um segundo para Laércio perceber que o que seu amigo dizia fazia todo o sentido:

— Cara, como é que eu não pensei nisso antes? Você está certo, amigo!

— Pois é, velho. Com essa história de vingança, sabe-se lá o que pode acontecer com Simone. Se alguma coisa física ocorrer, vai ser com o corpo da sua mulher. Dependendo do que essa outra vai aprontar, Simone pode até morrer. E aí você não terá mais nem o corpo e nem a mente da sua esposa.

— Sérgio, que bom que você me ligou! No estado de confusão em que estou, isso nem tinha me passado pela cabeça. Eu ia abandonar minha mulher, cara! Que tonto, que louco eu sou!

— Não se trata de loucura, amigo. Não é fácil passar pelo que você está passando. Qualquer homem ficaria pirado, confuso. O importante agora é proteger Simone das ações dessa outra. Claro que você não poderá grudar na tal Mariana, mas procure ficar por perto, sem ser visto. Banque o detetive.

— Vou fazer isso, amigo. Ainda não sei como, mas vou fazer. Muito obrigado pela luz que me deu!

— Vai firme, cara! Tome cuidado e boa sorte!

Depois que desligou, Laércio esperou cerca de mais uma hora. Guardou seus pertences na mochila e desceu.

No saguão do hotel havia um caixa eletrônico, o que facilitou a retirada do dinheiro.

Conforme prometera a Mariana, deixou na recepção, aos seus cuidados, um envelope lacrado contendo uma importância que julgava suficiente para alguns dias, além de informações básicas sobre a cidade e alguns telefones úteis para casos de emergências.

Como conhecia bem o Rio e, sobretudo, aquela região do Flamengo onde sempre ficava hospedado quando visitava a cidade, sabia que havia outro hotel defronte daquele onde estava. Atravessou a rua, naquele horário, quase sem movimento de carros.

Na recepção do novo hotel, pediu um quarto cuja janela tivesse vista para a avenida, no que foi atendido. Como não era período de férias, os hotéis tinham bastantes vagas.

Já no novo apartamento, confirmou que, da janela, poderia acompanhar as entradas e saídas de Mariana. Programou o despertador do seu celular para tocar às sete horas da manhã. Provavelmente, Mariana sairia por volta das nove da manhã, mas Laércio não queria se arriscar a perdê-la de vista.

Teve, compreensivelmente, um sono bem agitado.

Quando a manhã iluminou o quarto, Laércio levantou-se e se preparou. Depois, pôs-se de vigia na janela.

Exatamente às 9h15, ele a viu sair e, em seguida, parar na frente do hotel, provavelmente a espera de um táxi.

Rapidamente, desceu pelo elevador. Com muito cuidado para não ser visto, também pegou um táxi e pediu ao motorista que seguisse o carro que transportava Mariana.

Começava, assim, sua nova carreira de "detetive", por amor à sua mulher.

Quando Mariana se apresentou à recepcionista do escritório de Rui, ele ainda não havia chegado.

Por recomendação da moça, Mariana o aguardou numa das confortáveis poltronas do ambiente.

Apresentara-se como Mariana de Piracaia. Tinha certeza de que, com esse nome, o ex-marido a receberia sem hesitar. Talvez assustado e desconfiado, mas receberia seduzido pela curiosidade.

O escritório de Rui ficava num dos mais altos andares daquele edifício, o vigésimo quinto. As instalações eram modernas e funcionais, de muito boa qualidade, indicando que os negócios tinham prosperado. E pensar que aquilo tudo fora construído graças ao dinheiro dos seus pais, ou melhor, da sua herança.

Sabia que, quando estivessem frente a frente, precisaria se controlar para não avançar no seu pescoço ou chamar a polícia. Teria de ser fria e calculista, até conseguir as provas que o incriminassem. De qualquer forma, já tinha uma ideia do que deveria fazer.

Meia hora depois, Rui chegou. Elegante, empertigado, com roupas sofisticadas e um perfume forte.

A recepcionista chamou-o e falou-lhe algo em voz baixa, indicando a presença de Mariana.

Ela estava certa: ele ficou impactado com o nome. Apertou os olhos, franzindo a testas, e olhou para ela — inicialmente com expressão pouco amigável. No entanto, quando a viu melhor, deixou-se dominar pelo instinto galanteador. O olhar assumiu outra expressão e o rosto exibiu um largo sorriso.

Com um caminhar lento e estudado, aproximou-se e beijou-lhe delicadamente a mão. Disse em tom malicioso:

— Já vi que meu dia está começando às mil maravilhas. Soube que a senhorita deseja falar comigo.

202

Por lhe ser conveniente, ela entrou naquele jogo vulgar de sedução e respondeu sorrindo, provocante:

— Se o senhor dispuser de alguns minutos para mim...

Ele não perdeu a oportunidade:

— Desde já coloco a minha manhã inteira à sua disposição.

Ela sorriu como se aceitasse a insinuação:

— Não precisa de tanto. Apenas alguns minutos serão suficientes.

— Permita-me discordar. Tenho certeza de que apenas alguns minutos não serão suficientes. Peço-lhe somente que me conceda alguns instantes antes de conversarmos. Preciso deixar minha sala à altura de tão elegante criatura. Com licença.

Quinze ou vinte minutos depois, uma atraente secretária veio buscá-la. "Chegou a hora da verdade", pensou Mariana enquanto seguia a moça até a sala de Rui. A jovem bateu de leve na porta, abriu-a, deu passagem para Mariana e depois se retirou, tornando a fechar a porta.

Estavam agora, frente a frente, Mariana e seu algoz, Rui, ex-marido e assassino. Pelo modo como a olhava, ele estava claramente embevecido com a visitante.

A sala era enorme, luxuosíssima, exageradamente decorada com grandes e largas poltronas, uma grande mesa de centro com tampo de mármore, muitas fotos, flores, troféus e uma escrivaninha digna de um governador de Estado.

Ele deu a volta na mesa para recebê-la:

— Por favor, sente-se. Nunca uma presença feminina fez esta sala sentir-se tão honrada.

Ela sentou-se e, fazendo enorme esforço para controlar-se, observou aquele indivíduo, tentando aparentar serenidade. Parecia-lhe incrível que estivesse diante do homem por quem havia se apaixonado perdidamente, com quem tivera ardentes noites de amor e que, no final de tudo, matara seus pais e a ela. Procurou não pensar nisso para não se deixar trair pelas emoções e manter o foco no motivo que a levara até ali:

— O senhor está muito bem instalado. Os seus negócios devem estar indo muito bem.

— Não posso me queixar, minha querida. Tenho um especial talento para a administração de empresas e liderança de pessoas. E, modéstia à parte, os móveis que fabricamos são os melhores do Rio. E, claro, também os mais caros. Mas, por favor, daqui para a frente, deixemos de formalidades. Pode me chamar apenas de Rui. E eu a chamarei de...

— Exatamente da forma como a recepcionista deve ter-lhe dito: Mariana de Piracaia. Mas pode chamar-me apenas de Mariana.

— Mariana... — ele falou pausadamente, sentando-se também, com ar menos descontraído. Aquele nome o tocara de fato, tal qual ela imaginara. — Mariana, ou você é uma linda jovem com um apurado senso de humor ou está acontecendo uma incrível coincidência.

— Bem, eu diria que meu humor é normal, igual ao da maioria das pessoas. Não sou dada a brincadeiras quando estou trabalhando.

Ele relaxou um pouco:

— Então estamos diante de uma coincidência inacreditável.

Ela se fez de ingênua:

— Como assim? A que coincidência você se refere?

— Minha mulher se chamava Mariana. E nós morávamos justamente em Piracaia, no interior de São Paulo.

Ela cruzou as pernas mostrando boa parte das coxas e percebeu o olhar malicioso de Rui. Esforçou-se para parecer natural:

— Ah, isso? Não, não é coincidência. Devo explicar--lhe a razão da minha presença aqui e esclarecer o que você supõe ser coincidência. Sou jornalista e estou escrevendo uma série de textos sobre as cidades do interior paulista, com foco nas histórias mais interessantes — naquele instante, Rui teve a leve sensação de que não iria gostar do que ouviria dali por diante. — Pesquisando jornais antigos, caiu-me nas mãos uma emocionante história de amor ocorrida em Piracaia, alguns anos atrás. Soube que foi um amor intenso, contra a vontade dos pais da moça. Parece que depois do casamento, a esposa fugiu. Em edições mais recentes, localizei você e sua trajetória. Tomei conhecimento de que superou o drama e veio para o Rio onde se tornou um empresário de sucesso. Achei a história fascinante! Tem todos os ingredientes para agradar aos leitores. Por isso, decidi que abriria minha série de artigos. E, até onde pude pesquisar, você é um dos participantes principais dessa interessante história.

Ele ficou alguns instantes olhando-a sério, como que analisando aquela apresentação e decidindo se deveria ou não confiar naquela visitante. Perguntou com cautela:

— E como você me localizou?

— Não foi difícil. Você talvez não saiba, mas é muito conhecido em Piracaia. Estive lá, conversando com alguns moradores.

Ele se mostrou surpreso e um tanto envaidecido. A vaidade era um dos seus pecados favoritos, tanto que se abriu num sorriso, mostrando indisfarçável satisfação diante daquela informação:

— Sou tão conhecido assim, é?

Percebendo que tocara num ponto fraco seu, ela reforçou o ataque:

— Muito. Você é citado como uma pessoa que morou na cidade, casou lá e depois veio para o Rio e venceu na vida. Sua fábrica de móveis é muito conhecida lá e é citada como exemplo de sucesso.

Embevecido, ele se desarmou e voltou a sorrir. Estava seduzido por aquela mulher tão elegante e inteligente, muito diferente das garotas de programa a que estava acostumado. Procurou mostrar-se modesto para fazer boa figura diante da sua provável nova conquista — pelo menos iria tentar:

— Esse pessoal do interior é muito exagerado. Certamente a minha indústria está indo muito bem, mas não sou o único.

Ela continuou alimentando a vaidade de Rui:

— Mas, que tenha vindo de Piracaia e vencido em tão pouco tempo, é o único, sim. Posso garantir.

— O que você pretende contar nesses artigos? Não sei se estou interessado em divulgar minha história.

Mariana percebeu que precisaria usar sua força fluídica para convencê-lo a falar e assim prosseguir com seu plano. Da mesma forma que fizera com os caseiros da fazenda para fazê-los fornecer o endereço do patrão. Passou a olhá-lo fixamente e a se concentrar, mas sem perder o foco da conversa:

— Bom, primeiro preciso verificar se a tal história de amor que me fascinou é mesmo verdadeira ou, como você mesmo diz, se é fruto do exagero do pessoal da cidade. E, depois, que mal há em divulgar a trajetória vitoriosa de um empreendedor? Acredito até que resultará em uma boa propaganda para sua empresa.

— Para que jornal mesmo você disse que trabalha?

— Não disse. Sou *freelancer*, uma profissional autônoma. Primeiro preparo a matéria e depois ofereço-a a grandes jornais e revistas. Quem pagar melhor leva e publica.

— Interessante... Você é das minhas, sabe mesmo como fazer dinheiro. E seu nome é mesmo Mariana?

— Não. Eu me chamo Vanessa e sou de São Paulo. Usei Mariana e citei Piracaia como estratégia para ser logo recebida por um empresário tão ocupado como você. Se eu dissesse apenas que era uma jornalista, tenho certeza de que não me receberia.

Ele soltou uma estridente e longa risada. Aquela garota devia ser sua alma gêmea. Julgou que haveria muitos pontos em comum entre eles:

— Você é muito esperta e criativa, garota! — e voltou a adotar a voz de galanteador. A concentração de Mariana parecia começar a fazer efeito. — Tenho uma especial atração por mulheres espertas e criativas.

Mariana sentiu que precisava desviar o assunto antes que ele resolvesse transformar a conversa numa tentativa de conquista:

— Você permite que eu grave nossa entrevista? Isso é muito comum nas entrevistas jornalísticas. É apenas um recurso para o entrevistador não perder os detalhes do que o entrevistado vai contar. Eu, por exemplo, não conseguiria memorizar tudo e perderia muito tempo se escrevesse seu depoimento.

— Bem, não estou acostumado a dar entrevistas, mas não vejo nenhum problema. Quero dizer, você não vai me perguntar coisas muito íntimas, não é mesmo? — e sorriu maliciosamente.

Ela preferiu não responder para não alimentar aquele tipo de conversa que certamente descambaria para a obscenidade:

— Então, vamos começar — ligou o aparelho e o colocou sobre a enorme mesa redonda de mármore que os separava. — Como você e Mariana se conheceram?

Capítulo 20

Antes de responder, Rui coçou a ponta do queixo e olhou para o teto, rebuscando a memória:

— Deixe-me pensar um pouco. Naquela época, eu gostava muito de viajar pelo interior do Brasil. Sempre fui muito namorador, sempre apreciei as companhias femininas e, no interior, as mulheres são mais fáceis de se conquistar do que nas capitais. Não sei como é hoje, mas, naquele tempo, no interior, as moças costumavam ser ingênuas. Já as das capitais eram muito difíceis, muito interesseiras. Não sei se você me entende.

Mariana teve de se controlar ante tanto cinismo! Preferiu cumprimentar-se: sua energia fluídica estava funcionando muito bem e ele estava se entregando facilmente. Rui continuou exibindo seu mau caráter.

Agora ela percebia que, talvez pela pouca idade e inexperiência, fora uma das ingênuas do interior seduzidas por ele. Fez força para conter a indignação e transmitir naturalidade à voz:

— Sei muito bem a que você se refere. Continue.

— Numa dessas viagens fui parar em Piracaia onde tinha um amigo que dava aulas de piano para as mocinhas. Sabia que ali encontraria belos exemplares de jovens bonitas, dóceis e carentes.

Mariana fervia de ódio por dentro: "belos exemplares de jovens bonitas, dóceis e carentes". Era o cúmulo da cafajestice!

Ele continuou, como se falasse coisas sábias e coerentes.

— Mariana era uma das alunas. Uma apetitosa garota de dezenove anos. Bonita, virgem, carente e rica — ele parou, de repente, pois percebera que estava dizendo coisas inadequadas para um empresário que se dizia vencedor. — Veja, Vanessa, estou lhe contando tudo isso, abrindo meu coração apenas para que você me conheça, porque quero que, mesmo depois desta entrevista, sejamos amigos por muito tempo. Mas essas coisas que estou falando não devem ser publicadas, certo? Fica apenas entre nós.

Tolo! A vaidade e o narcisismo superavam a prudência! Ele, que se julgava muito esperto, cometia um deslize até infantil, permitindo a gravação da entrevista. Por outro lado, ela não descartava a hipótese de que aquelas confissões eram resultantes da sua pressão fluídica. De qualquer forma, quis tranquilizá-lo:

— Não se preocupe, Rui. Existe um negócio chamado ética jornalística. Depois que eu redigir a matéria, você receberá uma cópia para ler e dizer se autoriza ou não a publicação do que escrevi. Nessa ocasião, poderá mudar ou excluir qualquer citação que não seja do seu agrado.

— Ah, bom, assim está melhor. Esta é a primeira vez que dou uma entrevista e não sei direito como isso funciona. Mas o que você disse já me tranquiliza.

— Ainda bem.

Ele não perdeu a oportunidade de proferir outro galanteio:

— Aliás, diante de uma mulher tão elegante e bonita, as coisas não poderiam ser diferentes. Já percebi que vamos nos entender muito bem.

Ela escapou daquela nova investida:

— Continuemos, então. Você dizia que conheceu Mariana na aula de piano. E depois?

A expressão de vaidade chegava a ser ridícula:

— Ela se apaixonou imediatamente por mim.

— (Canalha!) Puxa vida! E você?

— Sabe como é, os homens são mais práticos nessas coisas. Essa história de paixão cabe melhor às mulheres. Mas é claro que eu gostei dela. Tinha muitas qualidades.

"E muito dinheiro também...", pensou Mariana, cada vez mais indignada.

— Era uma garota muito fina, educada e inteligente. Sim, eu gostei dela. Os pais não me aceitavam, eram uns caipiras desconfiados e teimosos. Mas, como ela estava apaixonada, não ligou para a opinião deles e nos casamos logo. O problema foi que tivemos que ficar morando na mesma casa com os velhos. Isso não foi nada interessante — continuou Rui.

— Ué, por quê?

— Eles interferiam muito na nossa relação. Qualquer discussãozinha que tínhamos, e você sabe que todo casal, por mais que se ame, tem lá suas desavenças, não é mesmo? Qualquer discussãozinha, eles se metiam, davam palpites, viravam a cara para mim, um inferno!

Mariana lembrou que essas "discussõezinhas" eram momentos de gritos e quase agressão física. Seus pais só interferiam para acalmar os ânimos, sem jamais tomar partido:

— E como essa situação foi resolvida?

— Da pior maneira possível. Um dia, os velhos foram passear no interior do Mato Grosso e sofreram um acidente fatal de carro. Uma tragédia.

Ela queria gritar com todas as forças: "Cínico! Assassino!". Mas, felizmente, tudo o que saiu foi:

— Que coisa horrível!

— Só não foi pior porque, por uma dessas coincidências incríveis da vida, eu estava de passagem por lá e providenciei e agilizei toda a parte burocrática do enterro, cuidando ainda para que tivessem um funeral digno. Eles não gostavam de mim, mas eu não tinha nada contra eles.

Ela esperava que ele não percebesse a ironia:

— Você foi muito magnânimo.

Rui fez uma expressão teatral de comoção, obviamente falsa:

— Fazer o quê? Eu sou assim mesmo. Gosto de proteger as pessoas, mesmo que não gostem de mim. Meu coração é de mel e gelatina: doce e mole.

"Que safado!", se Mariana tivesse uma arma naquele momento, já a teria descarregado no infame, que continuava com seus absurdos:

— Depois disso, Mariana não foi mais a mesma mulher. Vivia pelos cantos da casa chorando à toa. Deixou de ser esposa, de ser mulher. E eu, um homem jovem, saudável, ardente e com todo o vigor sexual, fiquei pacientemente esperando que ela melhorasse. Quis levá-la a vários médicos, mas ela se recusava. Mariana tinha a mania de não querer sair de casa, nem para se divertir, nem para cuidar da saúde.

— Como você deve ter sofrido! — Mariana continuava esperando que ele não percebesse o quanto de ironia havia nos seus comentários. Pelo modo como ele respondia, parecia não notar.

— Nem queira saber. Mas agora vem a pior parte da história.

Ela já imaginava o que seria, mas perguntou:

— Que aconteceu?

— Um belo dia, ela sumiu.

— Sumiu? Como assim?

— Simplesmente sumiu. Sem mais nem menos. Até hoje, acredito que ela tenha piorado. Ou, como dizem os psicólogos, surtou. Deu um treco na cabeça e ela sumiu, desapareceu. Talvez não tenha suportado a perda dos pais.

— E onde ela está agora?

— Não faço a menor ideia. Na época, pedi à polícia que investigasse, contratei detetives, pus anúncios nos jornais, nas rádios e nada, nenhuma notícia. Mariana parecia ter se evaporado. Durante algum tempo, ainda esperei que voltasse ou se comunicasse. Em vão. Acho que não era real o amor que ela dizia sentir por mim.

"Cínico mentiroso!", indignava-se Mariana.

— Às vezes, eu pensava: quem sabe até conheceu alguém mais interessante e fugiu com ele? Quem sabe hoje está feliz da vida com seu novo amor no Caribe?

"Mil vezes cínico mentiroso!", Mariana pensou, mas disse:

— Quem sabe, não é? E você? Nunca mais casou?

— Ah, não! Deus me livre! Aprendi o valor da liberdade. Hoje, prefiro "ficar", como dizem os jovens. Cada mês tenho uma namorada nova. Às vezes, a troca é semanal — mudou de tom e apontou o indicador para Mariana, fingindo ameaçá-la. — Veja lá o que você vai publicar, hein?

— Já disse para não se preocupar com isso. Depois você faz a censura do texto. Me diga uma coisa: você pretende viver sempre assim, namorando? — agora Mariana iniciava a introdução do seu plano de vingança.

Ele adotou a ridícula expressão de conquistador barato para responder:

— Olha, para falar a verdade, pretendo. — Mudou o tom de voz e deu ênfase à frase seguinte, com visíveis intenções: — A menos que apareça uma mulher bonita, esperta e criativa na minha vida — Rui já tinha se decidido que aquela mulher dormiria em seus braços. Só era preciso ter calma, pois ela era muito inteligente e arredia. Ele nunca conhecera uma mulher assim e isso atiçava seu desejo.

Mariana sorriu de forma cúmplice, embora, por dentro, sentisse nojo do que estava dizendo:

— Entendi a indireta e acho que não vai demorar para essa mulher especial aparecer. Você é o que as garotas chamam de um bom partido: jovem, bonito, rico.

Esse comentário deu margem para o ataque direto dele:

— Quem sabe poderia ser você?

Estrategicamente, ela se fez de difícil:

— Já tenho compromisso em São Paulo.

Ele pareceu se decepcionar:

— Ah, então veio ao Rio acompanhada?

— Não, estou só. Meu namorado ficou em São Paulo. Mas isso não anula meu compromisso.

Ele voltou a se animar e a se insinuar:

— Ah, bom, quanto a isso, dá-se um jeito. Podemos continuar a entrevista no jantar?

Ela se mostrou sedutoramente surpreendida:

— Ah, vamos jantar? Não sabia disso.

— Bem, estou convidando-a agora.

Ela recolheu o pequeno gravador que estava sobre a mesa de centro:

— Voltarei ao hotel e vou escrever um rascunho sobre o que ouvi de você, senão acabo esquecendo partes importantes. Um rascunho censurado, claro. Como disse, algumas confidências não serão publicadas.

— Você não respondeu se aceita meu convite.

— Não gosto de tomar decisões precipitadas. Enquanto estiver preparando o texto no hotel, pensarei no convite para jantar. Percebo que sua história é muito interessante, como eu imaginava, mas faltam muitos detalhes para transformá-la em um texto atraente.

— Com certeza. Ainda tenho muitas coisas para contar-lhe.

— Logo mais ligarei para você com a minha resposta.

Na despedida, ele aproximou o rosto tentando beijá-la na face, mas ela habilmente desviou, abaixando-se para pegar a bolsa sobre a poltrona.

Ao sair, lançou para o conquistador um sorriso que prometia. Rui estava entusiasmado com aquela mulher estranha e cativante. Sabia que conquistá-la não seria tarefa fácil, mas ele adorava desafios. E apostou que conseguiria.

Quando chegou ao hotel, Mariana já estava decidida a ir jantar com seu ex-marido. Sabia do perigo, caso ele desconfiasse de suas verdadeiras intenções, mas confiava no seu estado de alerta.

Estava se sentindo muito cansada emocionalmente.

Ela não imaginava que esse desgaste se devia não só ao reencontro, mas também à luta interna que travava permanentemente com a mente de Simone, ansiosa por se libertar.

Como ainda era cedo e não achava prudente ficar passeando pelo Rio, cidade que não conhecia, preferiu repousar.

Deitou e, embora não fosse este seu plano, acabou por adormecer.

Laércio também estava no seu quarto do outro hotel para onde se mudara. Seguira Mariana a manhã inteira e, depois que ela entrara no edifício onde estava instalado o escritório de Rui, Laércio ficara pacientemente esperando-a, protegido por uma banca de jornais e revistas. Ali permanecera durante todo o tempo em que Mariana se demorara com Rui. Quando percebera que, de vez em quando, o jornaleiro o olhava com desconfiança, comprara um jornal e fingira lê-lo.

Suspirara aliviado quando vira Mariana sair e pegar um táxi. Tornara a segui-la, na volta ao hotel.

Tão absorto estava em seus pensamentos que se assustou quando o celular tocou. Imaginou que fosse Sérgio ou Ivana, que possivelmente estavam preocupados. Espantado, viu no visor o número do aparelho de Simone. Seria Mariana?

Falou baixinho, com cautela:

— Alô?

Reconheceu logo aquela voz desesperada:

— Amor, sou eu!

— Simone, meu amor!

— Ainda bem que essa mulher manteve meu celular na bolsa. Ela dormiu!

Não era possível! Era sua Simone quem estava do outro lado da linha!

— Simone, querida, é você mesma?

— Sou eu, amor! Me ajude! Ela adormeceu e eu pude retomar minha consciência, não sei por quanto tempo! Acho que só até ela acordar!

— Estou seguindo-a e, em breve, vou resolver essa situação!

— Por favor, amor, se apresse! Não suporto mais isso! Estou num lugar estranho, parece um quarto de hotel.

— Sim, você está em um hotel no Rio de Janeiro.

Ela se espantou:

— No Rio?

— É. Mariana veio aqui procurar o ex-marido para se vingar e eu vim junto para ajudá-la.

— Amor, você está ajudando essa mulher?

— Ela me prometeu que, se eu a ajudasse, iria embora tão logo se vingasse do Rui.

— Ah, bom, e o que ela pretende fazer quando achar o sujeito?

— Não sei, ela não disse.

— O problema é que a mente é dela, mas quem aparece em público sou eu!

— Sei disso e estou preocupado.

— Onde você está?

— Estou em outro hotel perto desse aí, quase defronte. Ela pensa que voltei para São Paulo.

— Você conseguiu alguma ajuda?

— Conversei com um pessoal que entende dessas coisas e eles me orientaram como ajudá-la. Fique firme. Quero apenas que você saiba que a amo muito. Descobri que não consigo viver sem você! Preciso tê-la logo aqui comigo. Eu a amo muito, você entendeu? Você precisa voltar logo para mim!

— Eu também te amo muito! Se dependesse de mim, já estaria com você. Mas não sei como fazer para escapar dessa mulher.

— Pense muito em mim, em nós. Lembre dos momentos felizes que tivemos juntos. Faça isso sempre e com intensidade. E reze muito, bastante. Assim, sua mente se fortalece e a dela enfraquece.

— Amor, você sabe que não sei rezar.

— Nem eu, mas, segundo Ivana, não importam as palavras, importam as intenções e a fé. Você é inteligente. Crie suas próprias preces e repita-as até não poder mais. Peça ajuda a Deus e em quem você acredita. E não deixe de pensar em nós, em nossos melhores momentos.

— Entendi, querido. Espere! Estou sentindo algo, minha mente está formigando. Acho que ela está acordando. Amor, me ajude. Me ajude! — e subitamente a voz mudou de tonalidade, tornando-se dura e ríspida: — Alô? Alô? Quem está falando?

Laércio desligou e largou rapidamente o celular como se lhe queimasse a mão. Torceu para que Mariana não soubesse que o aparelho permitia identificar a origem e o destino das ligações. Se soubesse, ela verificaria que a chamada fora para ele, saberia que foi a Simone e, então, perderia a confiança que até então mantinha nele.

Ficou olhando para o celular sobre a cama, na maior expectativa. Como se passaram alguns minutos e ele não tocou, Laércio suspirou aliviado.

Mariana acordou de mau humor. Percebera que estivera mentalmente desconectada enquanto dormia. Decerto Simone se aproveitara disso. Senão, como explicar aquele celular na sua mão? Será que ela chegara a ligar para alguém? Se sim, para quem? Certamente para seu marido! E o que teriam conversado? Estariam tramando algo? Mas o quê?

Após refletir alguns instantes, concluiu que não deveria se preocupar. Não havia nada que Laércio pudesse fazer para mudar a situação: ela ainda estava no comando.

Por via das dúvidas, decidiu ficar acordada e esperar a hora do jantar. Antes, deveria telefonar para Rui e confirmar sua presença. Preferiu deixar recado com a secretária, para não ter que aturar mais cantadas cínicas.

À noite, na hora combinada, ele foi buscá-la num carro de luxo e levou-a a um restaurante também sofisticado na orla de Copacabana.

217

Durante todo trajeto e mesmo durante o jantar, Rui mostrou-se o refinado sedutor que ela conhecera na mocidade: gentil, galanteador, afável. Em nenhum momento foi inconveniente. Ele era esperto quando se tratava de conquistar uma garota. Já percebera que Mariana era diferente das anteriores, mais sofisticada, mais exigente. Assim, para conseguir seu intento, precisaria ter paciência, não pressioná-la e mostrar-se sempre educado.

Já à mesa do restaurante, Mariana decidiu definir logo o tom da conversa:

— Gostaria de saber mais sobre sua ex-mulher, a Mariana.

Dessa vez, ela não levara o gravador e ele, sempre voltado para si mesmo, nem notou o detalhe:

— Acho que teríamos outros assuntos mais interessantes para falarmos, mas você é quem manda.

Ela balançou negativamente o dedo indicador:

— Nada disso. Não esqueça que estou numa missão de trabalho.

Ele simulou um ar de enfado:

— Sim, eu sei. Você está mais interessada nos seus artigos sobre histórias de cidades do interior de São Paulo. Pensei já ter lhe contado tudo esta manhã.

— Ué, mas como você mesmo disse, ainda há muitas coisas interessantes para me falar.

— Ora, não se faça de ingênua. Quando eu disse isso não estava pensando na Mariana.

Ela desconversou:

— Continuo intrigada com o sumiço dela. Você não tem mesmo nenhuma pista para onde possa ter ido?

— Não faço a mínima ideia. Como lhe disse, provavelmente para o Caribe ou para algum país da América do Sul, com um novo marido, algum outro palerma.

— Você nunca mais tentou encontrá-la?

— Para quê? Se ela me deixou, foi porque não me queria mais. E não costumo correr atrás de alguém que não me quer. Sei que muitas outras me querem.

Pelo visto, Rui não perdia tempo de se vangloriar.

Ela tomou um gole do vinho, repôs lentamente a taça sobre a mesa e disparou sem compaixão:

— Será que ela não está morta?

Capítulo 21

Ele também ia levantar a taça aos lábios, mas, com a inesperada pergunta, interrompeu o movimento e voltou a pousar o copo na mesa. Olhou-a muito sério, como se tentasse adivinhar alguma intenção perigosa por trás daquela pergunta. Levou algum tempo para falar:

— Por que está perguntando isso?

Ela respondeu, com aparente naturalidade:

— Ué, penso que é uma hipótese a ser considerada. Não é comum alguém desaparecer assim, sem deixar quaisquer vestígios. Pode ter-lhe acontecido algum acidente fatal.

Rui pareceu não aceitar a explicação:

— Não acredito que ela tenha morrido. Se isso tivesse acontecido, alguém teria me avisado. Ela logo seria identificada, a polícia descobriria que era minha mulher e me informaria.

Mariana reconsiderou, por estratégia:

— Tem razão, faz sentido.

Ele pareceu aliviado, mas Mariana voltou à carga:

— E como ela era? O que você achava dela?

— Era uma bela moça, mas muito ingênua, muito bobinha.

— Mas você não disse que ela era inteligente?

— Com certeza, era quase uma intelectual. Lia muito, estava sempre aprendendo ou fazendo alguma pesquisa. Uma espécie de mania, sabe? Por isso, falava inglês, pintava, tocava piano.

— Então, por que o "bobinha"?

— Mariana era bobinha como mulher, você me entende? Naquela época, eu já era um homem muito vivido, já tinha conhecido muitas garotas espertas, habilidosas. Mariana, como amante, era um fracasso. Muito inexperiente, inibida, sem iniciativa, cheia de preconceitos. Acho que você sabe o que quero dizer, não é mesmo?

— Sei, sim. Mas, então, porque você casou com ela?

— Mariana era muito bonita e eu achei que, depois de casada, ela se soltaria mais. Um desperdício, porque tinha um corpo belíssimo; pena que mal usado.

"E era muito rica!", pensou Mariana, com ódio.

— E eu só fiquei sabendo que era tão passiva e inibida assim na cama, depois que casamos. Aí já era tarde — continuou Rui.

— Então, posso concluir que vocês não eram felizes?

— Não havia como ser. Éramos muito diferentes. Além disso, ela era muito ciumenta. Não gostava de sair, de passear, para que as outras mulheres não flertassem comigo. Imagine que nunca ia à cidade. Eu insistia, mas ela preferia ficar em casa, com os livros, com os pincéis. Então, eu ia sozinho.

O infame invertia descaradamente a situação real sem o menor pudor. Mariana deu-lhe corda:

— E, certamente, você buscava outras companhias femininas para se consolar, para suprir sua carência afetiva, certo?

Ele não respondeu, mas admitiu, com um sorriso maroto e um gesto com a taça, como se dissesse: "Que alternativa eu tinha?".

Mariana decidiu fazer uma afirmação que sabia ser perigosa, pois poderia desencadear uma reação raivosa:

— Então, posso deduzir que, de certa forma, foi até um alívio para você quando ela desapareceu.

Para sua surpresa, ele não se ofendeu. Franziu os lábios antes de responder:

— Olha, é duro admitir isso, mas é a pura verdade.

Mariana tomou um gole de vinho para segurar um insulto, que quase saiu:

— Tenho de reconhecer que você está sendo muito sincero.

— É porque ainda tenho esperança de torná-la uma grande amiga, digamos, uma amiga íntima. Confesso que me sinto muito atraído por você, como poucas vezes aconteceu comigo. Portanto, você precisa me conhecer muito bem, precisa saber quem e como eu sou para que possamos nos entender.

A reação de Mariana, bem maliciosa, acendeu ainda mais as fantasias dele:

— Ah, é? Faz parte dos seus planos que eu venha a me tornar sua amiga íntima?

— Exatamente. Tenho certeza de que nos tornaremos bons amigos ou muito mais do que isso. E de que você não irá se arrepender.

A resposta dela tinha duplo sentido, mas ele só entendeu aquele que lhe interessava:

— Isso é o que veremos...

— Um brinde à nossa futura grande amizade! — e ergueu a taça, no que foi imitado por ela.

— É por essa razão que está contando tudo isso a uma jornalista?

— Lógico. Porque gostei dessa jornalista desde a primeira vez que a vi e porque sei que, depois de me conhecer melhor, perceberá que, com a posição que tenho no mundo comercial, a divulgação dessa entrevista não seria positiva para a minha imagem.

Mariana estimulou ainda mais a imaginação de Rui:

— Não nos precipitemos, deixemos as coisas acontecerem naturalmente. Temos tempo suficiente. A noite é longa.

Ele baixou o tom da voz para ficar mais intimista:

— Podemos falar de nós, agora?

Ela sorriu, travessa:

— Calma, ainda tenho perguntas a fazer.

Ele abriu os braços num gesto de impaciência:

— Isso não acaba nunca?

— Asseguro-lhe que já está quase acabando. Fale-me sobre os pais dela.

Ele virou o rosto com desprezo:

— Eram uns chatos! Me aborreciam profundamente! Interfeririam muito na nossa relação.

— E como foi mesmo a morte deles?

Outro silêncio acompanhado de um novo olhar de desconfiança:

— Acho que já lhe contei isso.

— Você me disse apenas que morreram num acidente de carro, mas não deu detalhes.

Rui falou num tom de desprezo:

— Parece que o velho bebeu demais, não viu uma curva e caiu num barranco, levando a mulher junto. Algumas testemunhas disseram que ele até tentou parar, mas os freios falharam. Ou seja, nada de novo.

"Muito providencial e estranho os freios falharem justo antes de uma curva... E meu pai não colocava uma gota de álcool na boca, seu canalha!", Mariana pensou com raiva, mas fingiu acreditar na versão de Rui:

— Ainda bem que, por coincidência, naquele dia você estava na mesma cidade.

— Pois é, ainda bem. Tomei todas as providências, evitando inquéritos, autópsias, demoras... Sabe como são as burocracias da morte, não é?

— Sei. Você não imagina quanto.

Sem perceber essa nova ironia, ele pôs uma mão sobre a dela:

— E quanto a nós?

Ela retirou a mão, fazendo uma exclamação tipo "Eureka!", de quem acabara de ter uma ideia salvadora:

— Tive uma ideia sensacional e penso que você vai adorar!

— Já sei: vamos sair agora?

Ela desdenhou:

— Isso não seria nada original.

— Pode ser, mas acho que estamos perdendo tempo.

— Não seja apressado, homem! Lembre-se de que todas as mulheres que conquistou rapidamente, também foram abandonadas rapidamente. Se vamos ter alguma história juntos, quero que o final seja diferente.

Ele voltou a se empolgar com aquelas palavras calorosas. O sexo era um eficaz instrumento para manipulá-lo:

— Adoro coisas diferentes.

As insinuações de Mariana se mostravam cada vez mais tentadoras e ousadas:

— Então não terá do que se queixar comigo.

— Você é incrível, garota! Se não fosse tão esperta, inteligente e sedutora como é, eu já teria ido embora, deixando-a aqui sozinha. Mas não consigo. Com você, as coisas estão fugindo do meu controle e não tenho outra alternativa senão ouvi-la e obedecê-la. E afirmo-lhe: é a primeira vez que isso acontece comigo.

— Acho que isso é um elogio, acertei?

— Pode crer que sim. Mas não me deixe morrendo de curiosidade. Qual foi a sua ideia?

Ela falou devagar, quase sílaba por sílaba:

— Você me leva a Piracaia e continuaremos lá a nossa conversa, mais à vontade, sozinhos, só nós dois.

Será um cenário diferente para nossa história. Além disso, quero conhecer a casa da sua fazenda. Assim, poderei compreender melhor a sua história e meu texto ficará bem melhor.

Ele fez uma expressão de "não estou acreditando no que ouvi!".

— Vamos juntos para a minha fazenda? Só nós dois? — Rui concordava que seria, de fato, algo diferente com aquela mulher. Já tinha levado outras para a fazenda, mas eram todas biscates, garotas de programa; não uma mulher refinada e elegante como aquela. Quando ela confirmou com um lento gesto de cabeça, ele extravasou seu entusiasmo: — Você é mesmo incrível! Adorei a ideia! Quando você quer ir?

— Amanhã mesmo. Certas coisas que têm que ser feitas, devem ser feitas logo, concorda?

Ele estava eufórico:

— É isso aí, garota! É assim que se fala! Estou gostando de ver.

— Só vejo um problema: será que você vai poder sair do trabalho? Afinal, amanhã não é feriado, nem fim de semana.

— Ora, claro que posso. Já esqueceu que eu sou o dono da empresa e decido meus horários? Iremos logo pela manhã.

Ela novamente apontou-lhe o dedo indicador:

— Mas tenho uma condição.

Ele fez cara de desânimo:

— Ah, eu sabia! Estava bom demais para ser verdade! Diga-me: tenho alternativa?

— Nenhuma — respondeu sorrindo.

Ele cruzou os braços, conformado:

— Qual é essa condição?

— Como lhe disse, sou comprometida em São Paulo. Portanto, não quero ser vista na companhia de outro homem, principalmente com a fama que você tem de sedutor. Já me arrisquei muito vindo consigo a este restaurante.

— Não se preocupe com isto. Como pode perceber, estamos numa mesa privada, num cantinho muito discreto. Fiz questão de reservá-la desse jeito. Mas, quanto à ida até São Paulo e depois Piracaia, não vejo como poderemos evitar os olhares curiosos. Como...

Ela o interrompeu:

— Já pensei nisso. Iremos em voos separados. Do aeroporto, cada um seguirá para Piracaia no seu carro e nos encontraremos na fazenda. Não posso ser vista em sua companhia, principalmente lá, onde você é muito conhecido,

— Você é demais! Estou cada vez mais fascinado! Você pensa em tudo! Gosto disso, desse clima de mistério, de coisa proibida. Estou descobrindo que você será minha parceira ideal.

— Tem mais uma coisa.

— Mais uma?

— Só mais esta, que você deve fazer ainda hoje: soube, por alguns moradores de Piracaia, que há um casal que toma conta da fazenda. Pois, para garantir nossa privacidade, você deve telefonar para eles e dispensá-los do trabalho amanhã e depois.

Ele quase se engasgou com o vinho:

— Amanhã e depois? Dois dias com você na casa da fazenda, sozinhos?

Ela fez um jeitinho de ingênua:

— Se a ideia lhe agradar, por que não?

O rosto dele estava muito vermelho. Mariana não sabia se era de excitação ou por causa do vinho:

— Se me agrada? Estou sem palavras!

— Só não sei o que farei, caso chegue primeiro. Não posso ficar esperando-o na estrada.

— Quanto a isso, não se preocupe. Também sou esperto — afastou a cadeira para trás, procurou algo na cintura e pôs sobre a mesa um molho de chaves. — Sou um homem precavido. Tenho aqui todas as chaves que regem a minha vida! — Procurou com atenção e retirou do molho duas chaves, uma maior, outra menor, e entregou-as à Mariana: — Esta maior é do cadeado da cancela. A outra é da porta de entrada da casa. Se você chegar primeiro, entre e se acomode. — Quando Mariana estendeu a mão para pegar as chaves, ele reteve-as consigo para dizer: — Veja o quanto estou confiando em você — e soltou as chaves.

— Agradeço sua confiança, mas sei que você é um homem experiente e já deve ter percebido que pode confiar em mim.

— Com certeza. Eu já teria sacado se você fosse uma pilantra.

— E se você chegar primeiro na fazenda? Como fará para entrar na casa?

— Isso é pouco provável. Já que vamos ficar por lá dois dias, preciso ir até à fábrica e deixar alguns assuntos em ordem. Terei que fazer uma pequena reunião com meu pessoal. Portanto, devo chegar na fazenda no começo da tarde, quando você já estiver lá. De qualquer maneira, tenho cópia de todas as chaves.

— Nem precisa levá-las. Chegarei primeiro. — E acrescentou com um sorriso malicioso: — Estarei esperando por você.

Ele perguntou baixinho, esperançoso:

— E quanto a hoje?

Ela se fez de desentendida:

— Que tem hoje?

— Para onde vamos ao sairmos daqui?

— Ora, para a cama.

Rui quase caiu para trás com essa resposta tão objetiva:

— Uau!

— Calma, não se precipite, nem me interprete mal. Vamos para a cama, mas cada um para a sua. Dormiremos como gente bem-comportada: eu, no hotel, você, na sua mansão.

— Dormir? Mas eu pensei...

— Pensou errado, meu caro. Já lhe disse para não ter pressa. As coisas boas da vida precisam ser saboreadas com vagar. O que é uma noite diante da perspectiva de dois dias inteiros?

Rui balançou a cabeça, sorrindo:

— Tem razão, me desculpe.

— Agora, seja um cavalheiro bonzinho e me leve de volta ao meu hotel. Só nos veremos amanhã, em Piracaia. E lembre-se: sem a presença dos caseiros. Se eu perceber que estão por lá, dou meia-volta e você nunca mais me verá. Sumirei da sua vida, como fez sua ex-mulher, a Mariana.

— Nem pense nisso! Vou ligar para eles ainda hoje, mesmo que tenha de acordá-los.

Rui não se mostrava exatamente feliz enquanto levava Mariana de volta ao hotel. Mas não comentou mais sobre sua frustração. Fantasiara uma noite de luxúria com aquela mulher. No entanto, apesar de não ter obtido o que planejara, estava bastante excitado e encantado com a perspectiva do que aconteceria nos dois dias seguintes, na casa da fazenda.

Ao deixar Mariana no hotel, teve que se contentar com um insinuante "Boa noite, durma bem e descanse bastante. Nos próximos dias, você vai precisar de toda a sua energia".

Nem mesmo um simples beijo de boa-noite na face ele conseguiu.

Laércio dormiu muito preocupado porque, na noite anterior, não conseguira acompanhar o luxuoso carro de Rui.

De sua janela, vira quando Rui buscara Mariana no hotel: galanteador, abrira a porta do carro para ela entrar.

Laércio bem que se apressara para segui-los, mas perdera muito tempo esperando o elevador e tentando conseguir um táxi. Quando finalmente aparecera um, eles já haviam sumido nas movimentadas avenidas do Rio.

Angustiado, rodara a esmo por longo tempo, na tentativa de encontrar o tal carro, mas nada conseguira. Desolado e preocupado, voltara para o Hotel.

Demorara horas para dormir.

Confiava na Simone, mas não na Mariana.

Se sua mulher recuperasse a consciência durante o jantar, certamente fugiria da situação. Mas Mariana tinha objetivos bem definidos a atingir. Poderia fazer alguma tolice.

A grande preocupação de Laércio era com a integridade física de Simone, como Sérgio já o alertara. Uma agressão na Mariana repercutiria no corpo da sua mulher.

Por causa desses pensamentos desagradáveis, a madrugada foi povoada por sonhos horríveis.

Quando Laércio acordou na manhã seguinte, já eram quase dez horas da manhã. Ficou profundamente chateado por ter perdido a hora, mas sabia que se atrasara por ter passado quase toda a noite em claro, envolto pelas preocupações com Simone. Vestiu-se com rapidez e foi até o hotel onde Mariana estava hospedada, sempre com o cuidado de não ser reconhecido. Foi até a recepção e procurou saber se ela já havia saído.

O moço da recepção foi categórico:

— Sim, senhor. Dona Mariana fechou a conta bem cedo e pediu um táxi para levá-la ao aeroporto. Não posso garantir, mas acredito que deva ter retornado a São Paulo.

Essa informação pegou Laércio de surpresa: o que acontecera na noite anterior que a fizera retornar tão cedo? E o plano de vingança? O que teria acontecido no jantar com Rui?

De qualquer modo, já não havia motivo para permanecer no Rio. Voltou ao hotel, arrumou a mala, pagou as contas e seguiu para o aeroporto. Quando se encontrassem em São Paulo, ela certamente explicaria o ocorrido.

Capítulo 22

Naquela manhã, Mariana conseguira um voo bem cedo e, já em São Paulo, pegou um táxi no aeroporto e rumou para o apartamento de Laércio.

Nem chegou a subir, foi direto para o estacionamento e saiu em seguida, dirigindo o carro de Simone. Precavida, antes de viajar com Laércio para o Rio, guardara na bolsa os documentos e as chaves do carro.

Para a sorte de Mariana, Laércio trouxera o veículo da garagem da produtora, quando Simone sofrera o primeiro apagão. Não que Mariana tivesse algum problema em retirá-lo do estacionamento da agência — para todos os efeitos, ela era Simone —, mas, se encontrasse alguém da Mundo Novo, teria de dar muitas explicações sobre sua presença ali.

Antes de sair, confirmou se estavam na sua bolsa o mapa rodoviário e o caderno onde fizera cuidadosas e detalhadas anotações sobre o trajeto quando fora a Piracaia com Laércio. Agora esse material lhe seria muito útil.

Já sabia que devia começar sua pequena viagem pela rodovia Presidente Dutra e depois continuar pela Fernão Dias. Dali para frente, de acordo com suas anotações, as rodovias secundárias seriam facilmente localizadas pelas indicativas: a Padre Aldo Bollini e a José Augusto Freire.

Estava tranquila; era só dirigir com cuidado e atenção — uma das muitas coisas boas que aprendera com seu pai.

Na verdade, começou a se preocupar com as frequentes tonturas que vinha sentindo nas últimas horas. Quando aconteciam, percebia a presença de Simone em sua mente, como um pensamento forte, obsessivo.

Algumas vezes, teve a sensação de ouvir sua voz pronunciar algumas palavras incompreensíveis, que, pelo ritmo monocórdio e constante, pareciam uma oração. O que ela pretendia, fazendo aquilo?

Mariana não teve problemas para chegar a Piracaia e nem precisou pedir informações nos postos de gasolina da estrada, como pensara. As anotações do mapa rodoviário e do caderno eram bem claras e práticas. Elas foram fundamentais para que não tivesse dificuldades em achar o caminho certo. Dessa maneira, chegou à casa da fazenda antes do meio-dia, o que era bem conveniente para seus planos.

Durante todo o percurso, até atravessar a pequena cidade, ela tomou todas as precauções possíveis para não ser eventualmente reconhecida — usava óculos escuros e um lenço estampado, que cobria seus cabelos. Seu plano exigia a máxima discrição, não queria criar problemas com a imagem de Simone.

Antes de entrar na fazenda, parou o carro e buzinou várias vezes para certificar-se de que não havia ninguém por perto. Portas e janelas estavam fechadas, o que indicava a ausência dos caseiros.

Com a chave maior, abriu sem dificuldade a cancela e a porta de entrada da casa, após estacionar o carro em frente à escadaria. Estava prestes a entrar na casa que fora sua e isso enchia-a de emoção.

Já na sala principal, Mariana não pôde deixar de sentir novamente uma forte nostalgia que a acompanhou enquanto percorria os demais cômodos da casa.

Era um sentimento doce, porém, ao mesmo tempo, opressivo e melancólico.

Mas, bastou pensar na sua missão para que a saudade fosse substituída por uma violenta ira contra o ex-marido, que a matara e a impedira de desfrutar a vida naquela enorme, mas aconchegante e agradável residência. Também o odiava pelo que fizera a seus pais.

Foi até seu antigo quarto e abriu a gaveta do criado--mudo da imensa cama.

Lá encontrou, escondido sob alguns panos e papéis, o revólver que ganhara de Rui, para que se sentisse segura durante as longas e constantes ausências do marido, principalmente nas noites. O próprio Rui lhe ensinara a atirar.

Ironicamente, o alvo do treinamento era uma placa redonda de madeira pregada no tronco da mangueira, aquela mesma que um dia faria sombra sobre seu túmulo improvisado.

Precisava certificar-se de que a arma ainda estava funcionando. Conferiu que, pelo menos, estava carregada. Foi até a varanda e, até onde podia enxergar, verificou que não havia ninguém por perto, nem ouvia nenhum som de carro se aproximando.

Se por acaso alguém aparecesse atraído pelo disparo, ela diria que atirara para afugentar algum animal raivoso que surgira ali e ameaçava atacá-la. Mas tinha certeza de que não havia ninguém por perto.

Segurou a arma com firmeza com a mão direita, levantou o braço apoiando o pulso com a esquerda, apontou na direção da mangueira e puxou o gatilho. O estampido foi seco e curto.

Mariana sorriu satisfeita: a arma estava funcionando e poderia ser usada, se necessário.

Com a demora de Rui, ela teve tempo suficiente para caminhar pelos arredores da casa como fizera tantas vezes no passado. Depois de um passeio saudoso, foi até à frondosa mangueira e sentou-se na sua sombra.

Ali, sob aquela grama viçosa, estava enterrado o que restava do seu corpo físico. Ao pensar nisso, o ódio lhe queimou as entranhas.

O silêncio era total, exceto pelo farfalhar das folhas da árvore sob a força irresistível das lufadas de vento.

A temperatura estava muito agradável, apesar da presença constante, porém amistosa, dos raios de sol. Mariana recostou-se no tronco da mangueira e teria adormecido não fosse a estranha sensação de que a mente de Simone estava novamente fazendo pressão para retomar seu lugar.

Sabia disso porque, quando ocorria, notava que sua respiração ficava ofegante, o rosto ardia de calor como se estivesse com febre, suas extremidades formigavam e uma forte tontura ameaçava tirar seu equilíbrio e sua consciência.

Levantou-se rapidamente para reagir e não dar a menor chance à "prisioneira". Pelo menos agora, não. A concretização da sua vingança estava muito próxima, não poderia sofrer interferências, ainda que vindas da dona do corpo que usava.

O som de um carro se aproximando cortou aquele silêncio como um trovão.

Ao perceber que Rui chegara, Mariana sentiu uma intensa agitação interior, mas lembrou-se de que deveria controlar-se para que as coisas ocorressem como planejado. Trataria de fazer tudo muito rapidamente e sem deixar pistas. Até porque receava que aparecesse alguém inesperadamente e jogasse seu plano por terra. Não era provável, mas poderia acontecer.

Ele saltou do carro — certamente alugado — e veio lépido à sua direção. As cores da sua roupa esportiva eram ridiculamente berrantes, talvez uma tentativa de parecer descolado e mais jovem.

Ela fez muita força para simular a alegria. Forçou-se a abraçá-lo e precisou desviar o rosto quando ele tentou beijar seus lábios.

Rui percebeu a manobra e reagiu à rejeição, embora com aparente paciência:

— Mas por que isso, Vanessa? Não entendo. Afinal, estamos a sós aqui, não estamos?

Ela respondeu, afastando-se, mas insinuante-mente sedutora:

— Claro, já me certifiquei disso, mas estou lhe reservando uma surpresa e não quero precipitar as coisas. Vamos entrar.

Pela expressão, ele não pareceu muito convencido com a resposta, mas não criou caso. Apostava que o que estava por vir logo mais seria bastante recompensa-dor. Deixou escapar suas expectativas, enquanto subia os degraus:

— Você está se saindo bem melhor do que a enco-menda, garota. A toda hora me vem com uma surpresa.

A maneira travessa como Mariana respondeu, pro-metia um encontro das mil e uma noites:

— E você ainda não viu nada... — ela entrou faceira na casa, seguida por Rui, que colocou a maleta sobre a mesa. Nela encontravam-se as roupas para os dois dias:

— Pois estou ansioso para ver. Vou tomar um banho rápido e colocar um traje mais adequado para... Você sabe. Passei a manhã quase toda em reuniões longas e aborrecidas. Agora quero me premiar e você será meu prêmio principal.

— Não tenha dúvida de que você terá seu prêmio. Aliás, um grande prêmio. Pode ir tomar seu banho que eu o espero aqui. Mas não demore, combinado?

— Claro que não vou demorar, mas por que você vai me esperar aqui? Por que não lá em cima, já no quarto. Ficaria tudo mais fácil...

— Gente, mas que homem apressado! Parece que, apesar de muito experiente com as mulheres, você não aprendeu a saborear com calma estes momentos. É preciso primeiro criar um clima, com calma. As emoções aumentam e se tornam mais fortes quando surgem de forma gradual, aos poucos... Além disso, não gosto de coisas fáceis.

— Você está certa. É que as outras mulheres não tinham a sua classe, o seu charme, nem sua criatividade. Digamos que estou mal-acostumado. Sempre dei as cartas e sempre decidi o momento em que as coisas deviam acontecer. Era tudo muito fácil mesmo.

— Pois comigo, tudo será diferente. Aliás, você há de concordar que já está sendo, mas valerá a pena. Posso garantir que esta será uma experiência única.

— Ah, eu não aguento mais esperar! Volto já — e subiu correndo as escadas.

Quando Mariana ouviu o som do chuveiro, e assim teve certeza de que ele já estava no banho, subiu rápida, mas cautelosamente as escadas, foi até o quarto do casal e pegou novamente a arma no criado-mudo. Certamente, precisaria dela.

Antes de sair do quarto, percebeu que, na ansiedade, ao se despir, ele deixara sobre a cama as roupas, os documentos e o molho de chaves da casa. Este, Mariana pegou e guardou consigo, esperando que Rui não desse falta.

Rapidamente, voltou para o andar térreo, sentou-se à mesa da sala principal e o aguardou.

Ele logo desceu, vestido com uma saída de banho vermelha. Pela pose que fez no pé da escada, devia se julgar irresistível, mas Mariana achou-o simplesmente ridículo e odioso.

Ele abriu os braços, exibindo-se:

— Pronto, minha querida. Sou todo seu.

Ela se mostrou serena:

— Mas, assim, a seco? — e levantou uma das duas taças que colocara sobre a mesa. — Sem nenhum vinho? A tarde já está esfriando e um vinho importado seria adequado para começarmos o aquecimento.

— Deus do Céu, você pensa mesmo em tudo, hein? Mas está certa quanto ao vinho. Vou já tratar disso. Deve ter algum na cozinha.

Quando ele lhe deu as costas para dirigir-se à cozinha, Mariana apontou-lhe a arma e disse com ironia:

— Por que não pega na adega, querido?

Ainda de costas, ele parou. Perguntou com voz desconfiada:

— Como você sabe que aqui tem uma adega? — lentamente voltou-se para ouvir a resposta, mas levou um tremendo susto ao ver a arma apontada firmemente para sua direção.

Tentou ensaiar um sorriso, mas sua voz mostrava certa insegurança ao perguntar:

— Vanessa, querida, que brincadeira é essa?

— Sinto desapontá-lo, querido, mas não é nenhuma brincadeira — e levantou-se, mantendo a arma apontada com firmeza para o ex-marido. — Por favor, seja obediente e levante os braços!

— Querida, já sei que você é muito criativa e deve ter algumas ideias bizarras na cabeça, mas não se brinca com armas de fogo — hesitando, levantou os braços.

— Não estou brincando, meu caro. Mantenha os braços assim, bem levantados, e não se aproxime de mim. Se eu atirar, tenha certeza de que vou acertar bem no meio da sua testa. Você mesmo me ensinou muito bem a usar esta arma.

— Eu? Do que você está falando? Nunca tinha lhe visto antes! — e ameaçou aproximar-se dela, que falou alto e forte, quase gritando:

— Não se aproxime! Se der mais um passo sem que eu ordene, não pensarei duas vezes para puxar o gatilho! E olhe que já estou com vontade de fazer isso agora!

Ele ainda tinha esperança de que houvesse algum engano ou que aquilo não passasse de uma brincadeira excêntrica:

— Mas, Vanessa, não estou entendendo! O que está acontecendo, garota? Se isso é uma brincadeira para esquentar nossa tarde de amor, acho uma péssima escolha.

Ela foi cruelmente irônica:

— Tarde de amor com você, canalha? Só um idiota poderia pensar que isso seria possível!

— Vanessa, não a estou reconhecendo! Que falta de respeito é essa? E nossos acordos, tudo o que conversamos e combinamos no jantar de ontem?

Ela continuava implacável:

— Não faço acordos com assassinos!

Desta vez, ele empalideceu:

— Você deve estar me confundindo com outra pessoa! Não sei do que está falando.

— Claro que sabe, safado! Não faz tanto tempo assim. Não pode ter esquecido!

— Mas esquecido do quê, criatura? Do que você está falando?

— Do seu crime, bandido! Ou pensa que não sei que você matou sua mulher, a Mariana?

Se era possível ficar mais pálido do que já estava, ele conseguiu. Sua voz estava trêmula quando retrucou:

— Eu? Você está louca! Completamente louca! Nunca matei uma só pessoa em toda a minha vida!

— Tem razão, canalha: uma só, não. Você matou três. Mariana e seus pais.

Ele tentou uma reação desesperada:

— Já sei, você não é jornalista coisa nenhuma! Está me enganando desde quando foi me visitar no Rio! Quem é você, afinal de contas? O que quer de mim?

Ela sorriu perversamente. Em nada lembrava aquela mulher sedutora do jantar da véspera:

— Você vai saber na hora certa. Por enquanto, quero que caminhe bem devagar para a outra sala e pare perto da escada. Recomendo que não me provoque com alguma gracinha. Já estou com muita vontade de atirar e acabar com sua vida imunda sem que você me provoque. Mas se quiser, é só tentar.

Só então, Rui começou a desconfiar de que Mariana falava mesmo a sério, de que aquilo não era nenhuma brincadeira:

— Calma, Vanessa, por favor! Tenha calma. Não farei nada de errado. Sei que poderemos nos entender. Mas, peço-lhe, não cometa nenhuma imprudência.

— Então, faça o que eu digo. Caminhe já para a outra sala! E bem devagar!

Sem tirar os olhos dela e da arma, sempre com as mãos levantadas, ele se dirigiu para a sala ao lado, de onde começava a escada e onde, na parede à esquerda, estava o enorme quadro pintado por Mariana.

— Pare diante do quadro.

— O que você vai fazer?

De forma exagerada, ela fingiu uma falsa cortesia:

— Eu, nada, querido, você vai fazer. Não íamos tomar vinho? Pois então, vamos pegá-lo na sua rica e abastecida adega. Como você sabe, está em frente a porta, atrás do quadro.

Ele arregalou os olhos, surpreso:

— Como você sabe disso?

— Eu sei de muito mais coisas do que você é capaz de imaginar. Tire o quadro da parede.

— Você está louca! Para que isso? — ele ouviu o "click" característico da arma sendo engatilhada. Ficou apavorado. — Calma, não atire! Mas não sei se vou conseguir tirar sozinho esse quadro. Ele é grande e muito pesado.

— E você é muito macho, não é mesmo, senhor Rui? O problema é seu, meu caro. Apresse-se. Já lhe disse para não me provocar. Vamos, faça força uma vez na vida. Puxe o quadro, quebre-o, faça o que for preciso, mas tire-o da frente da porta da adega!

— Quem lhe contou essas coisas? Se foram os caseiros, eles vão sofrer nas minhas mãos quando eu sair daqui.

— Sem conversa. Trate de tirar esse quadro daí.

Não foi uma tarefa fácil para Rui. Com muito esforço, bufando várias vezes, ele ergueu, primeiro, um lado do quadro, para soltá-lo da parede; depois, repetiu a operação com o outro lado. Dessa maneira, conseguiu com que se soltasse dos pregos que o mantinham na parede revestida com papel florido, para disfarçar a porta. O quadro provocou um forte e surdo barulho quando suas extremidades desabaram no chão, mas permaneceu de pé, recostado na parede.

Suado e ofegante, Rui voltou-se para Mariana:

— Pronto. Está satisfeita?

— Ainda não. Estamos apenas começando. Empurre o quadro para o lado tirando-o da frente da porta.

Rui suava e bufava, mas não tinha mais coragem de reclamar. Mariana acompanhava tudo de perto, sem se descuidar da arma, sempre apontada para a cabeça do ex-marido:

— Agora abra a porta da adega.

— Você está brincando! Como vou abrir essa porta?

Mariana cravou nele um olhar feroz:

— Você é mesmo um canalha! Pensa que não sei que só você a abria? — tirou do bolso o molho de chaves que pegara sobre a cama. Jogou-o para Rui, que o pegou desajeitadamente, tamanho nervosismo.

— A chave deve estar aí. Pegue-a e abra a porta!

Como havia mais de uma dezena de chaves no molho, ele ficou testando uma a uma, lentamente, com a mão trêmula. Era evidente que procurava ganhar tempo e distrair a mulher. Só não esperava que ela percebesse.

Sem aviso, Mariana apontou a arma e atirou. O estampido ecoou como um trovão dentro da casa.

O tiro foi certeiro: a bala penetrou a um palmo da fechadura. Assustado, Rui deu um pulo para trás e voltou-se para ela, os olhos arregalados, a respiração ofegante, o corpo trêmulo. Mariana estava tranquila, segurando com as duas mãos o revólver ainda fumegante:

— Isso é para você ter a certeza de que não estou brincando e de que a minha pontaria continua muito boa. Pare de enrolar e abra logo essa porta!

Ele estava quase chorando:

— Vanessa, por que você está fazendo isso comigo?

— Você já vai saber. Mandei abrir logo essa porta!

Com as mãos ainda mais trêmulas, ele pegou a chave certa e abriu a porta que se afastou com um estridente rangido, semelhante ao dos filmes de terror. Um forte odor de mofo e velharia escapou de dentro da adega e alcançou as narinas de Mariana. Tanto ela como Rui levaram a mão ao nariz.

— Agora, bem devagar, com muita calma, acenda as luzes daí de dentro e vá entrando. Qualquer movimento em falso, eu atiro, mesmo pelas costas. Você não merece respeito nem consideração.

— Ainda não entendi por que tanta raiva, Vanessa.

— Antes que a tarde acabe, você entenderá. Continue descendo.

Bem devagar, pensando numa maneira de escapar, Rui descia os poucos degraus que separavam o piso da sala daquela saleta fétida.

Quando entraram, a iluminação pálida da adega mostrou um quadro apavorante.

Capítulo 23

Ao ver aquele cenário, Mariana teve que fazer enorme esforço para não gritar nem chorar.

Havia muitas garrafas de vinho nas prateleiras e várias outras espalhadas pelo chão, ao lado de algumas peças de roupa íntimas. Sobre uma mesa de canto, muitos exemplares de revistas pornográficas, perto de algemas, vendas, copos e cinzeiros. Debaixo da mesa, diversos pedaços de corda de cerca de um metro, cada.

Mariana teve ânsias de vômito.

Lá estava a cama de solteiro onde ficara amarrada e amordaçada até morrer. Estava cheia de manchas, empoeirada e suja. Em fração de segundos, toda a terrível cena se repetiu em sua memória e os olhos se encheram de lágrimas.

Mariana pensou que fraquejaria, mas o ódio superou a dor. Mais do que falou, ela rosnou:

— Deite-se nessa cama, seu cafajeste!

Pateticamente, ele se agarrou a um fio de esperança:

— Agora entendi! Toda essa encenação serviu para que você nos trouxesse aqui. Que mente criativa a sua, Vanessa! Que baita imaginação! Vamos fazer amor aqui na adega, nesta cama?

Mariana estava transtornada:

— Cale a boca, assassino! Como ousa pensar que podemos fazer amor na cama onde você matou sua mulher?

— Vanessa, escute, está havendo um grande engano! Não sei do que você está falando. Precisamos...

Um tiro o interrompeu e fez com que trocasse suas palavras de súplica por um grotesco urro de dor. A adega ficou impregnada com a fumaça do tiro e o cheiro de pólvora.

A bala atingiu a coxa direita de Rui. Ele levou as mãos à perna atingida e desabou sobre a cama, gritando e gemendo.

— O que você fez, sua imbecil? Você é louca! Louca! Vou colocá-la na cadeia quando sair daqui!

Ela respondeu feroz, gritando também:

— Quem devia estar na cadeia era você, assassino! E quem lhe disse que sairá vivo daqui?

Ele pôs-se a gritar desesperado:

— Socorro! Alguém me ajude! Pelo amor de Deus! Estou na adega! Socorro! Me salvem desta louca!

Ela estava triunfante. Sua voz agora era perversa, cruel:

— Já esqueceu que você dispensou Lucinda e Hermínio por hoje e amanhã? E que, na cancela, tem uma placa dizendo "Proibida a entrada"? Ninguém virá ajudá-lo, meu caro. Assim como ninguém veio ajudar sua mulher, dez anos atrás.

— E o que você tem a ver com isso? Ela era parente sua, por acaso? Por que está se metendo num assunto que não lhe diz respeito?

— Você logo saberá todas as respostas, assassino! Deite-se!

— O que vai fazer comigo, Vanessinha? Escute, se seu problema é dinheiro, não se preocupe, eu tenho muito. Podemos fazer um belo acordo! Aaaiii!

Enquanto o ex-marido suplicava, Mariana ficou atrás da cabeceira e puxou com força seu braço direito, por cima da cabeça. Mantinha-se alerta para qualquer reação, mas a dor que ele sentia deixava-o indefeso, quase imobilizado.

Ela pegou quatro dos vários pedaços de corda sob a mesa. Amarrou o pulso de Rui, prendendo-o à extremidade da cabeceira. No passado, Rui realizava suas orgias justamente com aquelas cordas. Eram sessões de sexo recheadas com perversões sadomasoquistas, daí a existência de vários instrumentos, inclusive de tortura, utilizados nas "convidadas" imobilizadas. Desprotegidas, eram abusadas por Rui, que dava vazão aos seus instintos bestiais.

Em seguida, sem perder a concentração, Mariana repetiu a ação com o braço esquerdo do ex-marido. Sempre atenta, com a arma na mão.

Rui agora mostrava a face de uma pessoa indefesa:

— Vanessa, eu lhe imploro! Tenho muito dinheiro. Podemos fazer um acordo. Você não precisa fazer isso! Vamos conversar!

Ela continuava implacável:

— Por acaso você conversou com Mariana antes de abandoná-la aqui até morrer?

— Você não pode provar nada disso do que está me acusando. Sou inocente! Não matei minha mulher!

Com gestos decididos, sem responder aos lamentos, Mariana deu a volta na cama e amarrou a corda no pé esquerdo de Rui. Esticou-a, prendendo fixamente no pé da cama.

Depois fez o mesmo com a perna direita, provocando-lhe imensas dores e gritos. O ferimento sangrava ainda mais.

Ao imobilizá-lo totalmente, testou a firmeza de cada um dos nós que dera, certificando-se de que Rui estava bem preso e sem nenhuma possibilidade de escapar. Então, afastou-se um pouco da cama para apreciar seu trabalho.

Ele se contorcia tentando se soltar, urrando e gemendo num misto de dor, raiva e medo. E começou a gritar pesados palavrões contra a mulher que o enganara e o subjugara.

Ela colocou-se de forma a poder vê-lo de frente. Rui não parava de se debater, mas os nós não afrouxavam um milímetro sequer. Pelo contrário, quanto mais força ele fazia para se libertar, mais apertados ficavam.

Mariana falou com a voz triunfante e irônica:

— Eu bem que poderia dar-lhe um tiro nessa testa imunda e acabar com a história de uma vez por todas. Mas vou deixar-lhe curtir um pouco esta aventura diferente. Eu não lhe disse que teria uma experiência nova comigo? Você não pode dizer que menti, nem se queixar de falta de originalidade.

— Vanessa, por que está fazendo isso comigo? Nós mal nos conhecemos.

Ela ficou subitamente séria:

— Você está enganado. Nós nos conhecemos há muito tempo. Até você acabar comigo.

Ele não entendeu:

— Você está delirando. Não sei do que está falando. Nunca nos vimos antes.

— Então, como é que eu sei que me matou aqui nesta adega e enterrou meu corpo debaixo da mangueira?

Os gemidos pararam, de repente. O impacto causado por aquelas palavras foi mais forte do que a dor. Rui a encarou com um enorme ponto de interrogação no rosto suado.

Mariana continuou implacável. Agora que o deixara imobilizado e indefeso, poderia, finalmente, revelar-lhe tudo:

— Como eu poderia saber que você matou meus pais simulando um acidente de carro, provavelmente depois de ter danificado os freios do caro? Como é que eu sabia da porta da adega atrás do quadro que eu mesma pintei? Como é que eu sabia desta arma aqui, guardada no criado-mudo do quarto que era nosso ninho de amor? Como é que eu sei que nos conhecemos durante minhas aulas de piano? Que você tem uma cicatriz abaixo do umbigo, perto da virilha? Que você me embriagou com vinho, me trouxe para esta cama, me amarrou, amordaçou e me deixou morrer de fome, sede e dor? E que depois de alguns dias, certificando-se de que eu já estava morta, veio retirar meu corpo para enterrá-lo sob a mangueira?

— Você não pode saber disso! É impossível! É tudo mentira! E mesmo que fosse verdade, não pode provar nada!

Mariana não perdeu a calma, saboreando cada minuto daquele momento. Bem atrás de si havia uma poltrona antiga, suja, empoeirada e desbotada pelo tempo. Era ali onde provavelmente Rui se sentava para apreciar suas garotas amarradas na cama. Mariana sentou-se naquela poltrona e continuou, com voz tranquila:

— Meu querido Rui, não preciso provar nada. Eu simplesmente sei de tudo isso.

— Você está inventando! Como você poderia saber?

Ela fez um pouco de suspense para responder. Primeiro olhou para o cano do revólver e depois voltou a olhar para aquele farrapo de homem. Então, deu o golpe de misericórdia:

— Eu sei de tudo isso porque eu sou o espírito da Mariana em um corpo emprestado.

O susto foi tão grande que Rui engasgou-se com a própria saliva e, durante alguns segundos, teve dificuldade para respirar.

Ficou de boca aberta, olhando para a mulher, que sorria com ironia. Perguntou baixinho, ofegante:

— O que foi que você disse?

— Que sou o espírito de Mariana usando um corpo emprestado. Ou como vocês vivos gostam de dizer: um fantasma. Sou o fantasma da Mariana: buuuuu! — e soltou uma estridente e assustadora risada.

Ele falou sem muita convicção, olhando fixamente para ela:

— Agora tenho certeza de que você é louca mesmo! Um fantasma? O fantasma de Mariana em carne e osso? Nos filmes e romances, os espíritos são sempre invisíveis! — balançou a cabeça com ironia. — Você, que se mostrou tão criativa quando tentava me seduzir, não consegue inventar uma explicação mais razoável?

— Não estou nem um pouco preocupada se você acredita ou não. Mas, por desencargo de consciência, vou falar de algumas coisas íntimas e confidenciais, comuns a todo casal, e que só nós dois, marido e mulher, poderíamos saber, porque se passaram em nosso quarto, em nossa cama.

Então, pausadamente, Mariana pôs-se a falar. Contou fatos e situações tão íntimos e privados da vida sexual deles, nos mínimos detalhes, que só poderiam ser conhecidos por quem os tivesse vivenciado.

À medida que ela falava, Rui empalidecia mais, suando frio e tremendo de medo.

Ela sorria, parecia divertir-se com o pavor e o desespero dele:

— Está convencido agora, senhor garanhão?

Ele voltou a gritar como um desesperado:

— Não! Não é possível! Isso não existe! Me solte! Socorro! Alguém me ajude! Alguém tire essa louca daqui! Esta mulher é um fantasma! Socorro! Por favor!

Pela primeira vez, Mariana pôde soltar uma garga-lhada. Aqueles gritos de desespero do seu ex-marido soavam como uma maravilhosa sinfonia aos seus ouvidos.

Ela se levantou lentamente:

— Adeus, meu caro. Vou lhe dar a oportunidade de saber o que senti quando você me abandonou aqui. Pena que não vou poder enterrá-lo juntinho de mim, debaixo da mangueira.

— Não, não faça isso, Vanessa, eu lhe imploro! Não me deixe aqui! Tenha piedade! Socorro!

— Estou adorando ouvir seus gritos e berros, mas como não vou ficar aqui para apreciá-los, tenho que lhe fazer calar a boca.

Ele a viu procurar alguma coisa naquele ambiente fétido e mofado, que ficara fechado por muito tempo, sem limpeza.

Mariana encontrou o que procurava: algumas roupas jogadas sobre uma mesinha. Escolheu uma delas, rasgou--a e logo conseguiu fazer uma tira de pano, larga e forte.

— O que é que você vai fazer, sua louca? Me solte, vamos! Estou lhe dando uma ordem! Me solte! Pelo amor de Deus!

Rui começou esbravejando e terminou chorando, implorando.

Ela se aproximou e, num dos momentos em que Rui gritava, Mariana enfiou-lhe um pedaço de pano na boca, ainda que com alguma dificuldade, pois ele se debatia e virava, resistente, o rosto de um lado para o outro.

Por causa da reação de Rui, Mariana estendeu o outro braço e bateu na sua coxa ferida, fazendo-o gritar desesperado de dor. Ela aproveitou a oportunidade para empurrar de vez a bola de tecido para dentro da sua boca. Pelos sons que emitiu, ele parecia ter se engas-gado. Mariana passou, então, a tira de pano em volta da boca e por trás da cabeça de Rui, repetidas vezes, armando uma forte mordaça. Deu vários nós bem apertados para que ele não conseguisse se livrar daquilo movimentando a cabeça.

Os gritos cessaram. Agora, só o corpo e a cabeça de Rui se contorciam e se debatiam em desesperados movimentos para livrar-se daquela prisão cercada de garrafas de vinhos importados.

Mariana levantou-se, afastou-se um pouco e ficou saboreando aquela visão. Reconhecia que fizera um bom trabalho! Ele jamais se soltaria dali sem a ajuda de alguém.

Lentamente, voltou-se e, bem devagar, subiu as escadas da adega de volta à sala.

Ao trancar a porta daquela prisão, certificou-se se era possível ouvir algum som do lado de fora.

Lembrando-se dos romances policiais que lera quando viva, teve o cuidado de limpar com uma toalha seca a arma, o molho de chaves, os copos e todos os objetos e lugares onde tocara. Não queria criar problemas para Simone, deixando suas impressões digitais espalhadas pela casa.

Guardou a arma ao lado do molho de chaves. Já sabia o que fazer com eles.

Por último, foi ao quarto de despejo e recolheu seu antigo material de pintura — espátulas, tintas e pincéis — guardado e conservado carinhosamente pela Lucinda. Também pegou uma tela que não chegara a usar. Tivera uma ideia e pretendia colocá-la em prática tão logo chegasse a São Paulo.

Antes de deixar a casa, certificou-se de que não esquecera ali nenhum pertence seu, por menor e mais insignificante que fosse.

Quando se deu por satisfeita, preparou-se para ir embora e deixar seu ex-marido entregue à própria sorte.

Se ele ficasse tão apavorado quanto ela ficara com a possibilidade de morrer ali, abandonada, certamente estaria desmaiado. O que, para Mariana, também era um ato de misericórdia.

Da varanda, postou-se quieta, atenta a qualquer tipo de ruído ou gemido emitido da adega.

Nada. Silêncio absoluto.

Devagar, saboreando cada segundo, com o sentimento de dever cumprido, desceu as escadas e caminhou na direção do carro.

Uma lembrança amarga a fez parar.

Deixou seus objetos no carro e foi à mangueira. Num lugar perto do tronco, abaixou-se e acariciou a relva por alguns instantes — ali estava soterrado o que restara do seu corpo. Uma profunda tristeza a invadiu. Quando sentiu que ia chorar, levantou-se e voltou para o carro. No ponto a que chegara, não poderia fraquejar.

Antes de ligar o motor, tornou a colocar os óculos escuros e o lenço para cobrir os cabelos. Teve o cuidado de manter levantados os vidros de todas as janelas.

Depois de passar pela cancela e fechar seu cadeado, enquanto o carro se afastava, olhou a casa pelo retrovisor. Era a segunda vez que se despedia dela e isso fazia-a sentir uma dor aguda no coração.

Ainda na estrada de terra, antes de chegar à cidade, parou numa pequena e velha ponte de cimento que servia de passagem sobre um riacho de águas fortes e rápidas. Decerto provinha de alguma das inúmeras cachoeiras que se escondiam nas montanhas de Piracaia.

Certificou-se de que não havia ninguém por perto, aproximou-se da mureta do pontilhão e, da maneira mais disfarçada possível, como se estivesse apenas apreciando a paisagem, deixou cair o revolver e o molho de chaves naquelas águas velozes. Sumiam, assim, mais indícios da sua presença ali.

Voltou para o carro e, em poucos instantes, atravessou a cidade e entrou na curva que dava acesso à rodovia com destino à capital.

Desde que pegou a estrada, as tonturas eram mais frequentes, ocorrendo com um intervalo de tempo cada vez menor.

Precisava descobrir a causa, embora já desconfiasse de Simone e das suas tentativas de recuperar a consciência.

Mas, por que justamente agora?

Deduziu que antes não havia condições para qualquer iniciativa de Simone, porque, durante a execução do plano, sua mente estava totalmente impregnada de ódio, sem lhe deixar espaço.

Pensou em como tanto o amor quanto o ódio, dois sentimentos opostos, mas muito poderosos, conseguem absorver toda a energia de uma alma!

Concluiu que, agora que realizara seu desejo de punir seu ex-marido, relaxara e baixara a guarda. E Simone se aproveitava desse descuido para escapar da "prisão"..

Voltou a ficar alerta. Disse para si mesma que aquele "ataque" não lhe faria mal, apenas um ligeiro mal-estar. Sentia-se tão dona da situação que achava que as tentativas de Simone não resultariam em nada, a menos que permitisse ou fraquejasse — o que não aconteceria.

Focou sua atenção na direção do carro para que, com a mente ocupada, não acontecesse nenhum imprevisto.

Mariana sentiu um grande alívio quando, algum tempo depois, estacionou o carro na garagem do prédio de Laércio.

Teve alguma dificuldade em carregar, de uma só vez, todo o material que trouxera da fazenda, principalmente o cavalete. Ao entrar na sala, não pôde deixar de sentir uma forte sensação de estar em casa — sua nova casa!

Tomou um demorado banho quente, escolheu uma roupa de Simone, aquela que achou a mais bonita para seus padrões, e vestiu-a.

Pegou o material de pintura e levou-o para a área de serviço. Pretendia escondê-lo no pequeno quarto de empregada.

Como Laércio não voltaria tão cedo para casa e Mariana não pretendia avisá-lo imediatamente da sua chegada, para não deixá-lo ansioso, decidiu trabalhar na ideia que tivera.

Ali mesmo, na área de serviço, montou o cavalete e selecionou os pincéis. Depois de abrir as bisnagas de tinta verificou que estavam bem-conservadas, em condições de uso.

Então, deu início a mais uma obra de arte, que ficaria escondida na área de serviço até ser concluída.

Capítulo 24

Laércio estranhou que Mariana ainda não tivesse entrado em contato para posicioná-lo sobre a tal missão de vingança, no Rio. Não fazia a menor ideia se esse silêncio era bom ou mau sinal.

Quando retornara a São Paulo, procurara Ivana e contara-lhe tudo o que sucedera na viagem.

Ivana o ouvira com atenção e, em seguida, dissera algo que o deixara muito satisfeito:

— Você fez duas coisas muito positivas, que nos ajudarão muito: a primeira foi ter dito palavras de amor para Simone.

— E a outra?

— Ter recomendado que orasse bastante. Isto foi ótimo! Irá fortalecê-la, com certeza. O amor e as orações são os grandes antídotos contra esse e outros males espirituais.

— É muito bom ouvir isso, Ivana, mas, será que, mesmo à distância, você e seu pessoal não poderiam fazer algo para ajudar Simone ainda mais?

— Tranquilize-se, Laércio, o estamos fazendo desde quando você me contou a situação pela primeira vez. Nossos "quatro cavaleiros do zodíaco", tanto individual-mente como em grupo, estão enviando energias para

Simone, cada um à sua maneira e conforme sua crença. Isto está sendo feito em vários momentos, todo dia. Pode acreditar, nós vamos vencer esta batalha.

— Amiga, não tenho como agradecer-lhes por essa ajuda. Não sei o que faria sem vocês.

— Não se preocupe com isso, Laércio, faz parte da nossa maneira de ver e viver a vida.

Laércio ficara mais confortado com a conversa.

Fizera contato também com Sérgio, que, mais uma vez, se colocara à inteira disposição para ajudar no que fosse preciso, a qualquer hora do dia ou da noite.

Depois desses contatos, Laércio voltou para o escritório e fez um enorme esforço para concentrar-se no trabalho. Não tinha outra alternativa senão aguardar uma comunicação de Mariana.

No apartamento de Laércio, Mariana trabalhava no seu projeto, sem parar, desde quando chegara.

Estava exausta, com o corpo dolorido, por ter permanecido várias horas na mesma posição. Suas mãos doíam e os olhos ardiam. E ainda exauria-se pelo que vivera horas antes, na fazenda.

Talvez, por isso, tenha sentido tonturas mais intensas. Teve medo de cair e se machucar. Achou melhor ir para o quarto e recostar-se na cama, até melhorar.

Não queria dormir, apenas relaxar. Não poderia descuidar-se e, assim, possibilitar mais uma reação de Simone.

Mas, de nada adiantou preocupar-se. Estava tão cansada que adormeceu tão logo se recostou na cabeceira da cama.

Laércio se assustou quando seu celular tocou. Atendeu apreensivo, mas logo ficou aliviado quando reconheceu a voz da sua amada:

— Amor, sou eu, Simone!

— Simone, onde você está?

— Em casa, querido. Ela cansou e está dormindo e acho que sou uma das responsáveis pelo seu cansaço. Não estou dando sossego a essa invasora. Você estava certo. Tenho pensado muito em nós dois, quero voltar logo para você, e também estou rezando à minha maneira. Acho que, por causa disso tudo, estou me sentindo mais forte. Percebo que já estou incomodando a mente de Mariana. Sempre que sua consciência sai do ar, o caminho fica mais fácil para mim.

— É isso aí, meu amor. Continue pensando em nós, apaixonados e felizes, e em como será bom estarmos juntos outra vez, agora para sempre! Está confirmado que assim você a enfraquece. Ivana e seu grupo também estão nos ajudando. Temos um plano para acabar com esse tormento, mas não convém falar sobre isso ao telefone. A outra pode chegar sem eu perceber e ouvir.

— Está bem, mas se apressem. Não aguento mais esta situação.

— O que ela aprontou no Rio?

— Não sei lhe dizer, é tudo muito truncado e nebuloso. Meu pensamento não consegue ter clareza do que acontece sob o comando dela. Mas pelo menos sei que, de lá do Rio, ela voltou para a fazenda.

— Voltou lá? Mas para fazer o que, meu Deus?

— Não sei. Ela criou uma espécie de bloqueio. Havia muito ódio, muita energia negativa à minha volta. Eu não conseguia reunir força suficiente para reassumir. O que quer que ela tenha feito, fez com muita raiva. Deve ter sido a tal vingança.

— Bom, isso não importa agora, já está feito. E o que é que está rolando aí no apartamento?

— Essa mulher é louca, Laércio! Estou aqui na cama, com as mãos sujas de tinta. Não sei o que ela andou fazendo desde que chegou.

— Tinta? Você disse tinta?

— É, tinta. Lembro que ela pintava quadros quando viva. Mas agora, o que ela quer, mexendo com tinta depois de morta?

— Não temos como saber. Mas tome cuidado, não deixe que ela desconfie de que você está ficando mais forte.

— Amor, estou sentindo-a chegar. Deve estar acordando.

— Então volte para a posição em que ela adormeceu. Ela não pode perceber que você ligou para mim.

— Te amo muito. Se apresse!

E desligou o telefone.

Mariana acordou assustada. Agora, sempre que cochilava ou relaxava, despertava com o receio de que Simone tivesse se aproveitado e tentado nova reação.

Levantou-se, foi guardar o material de pintura no quarto da área de serviço e lavou bem as mãos para tirar a tinta.

Decidiu que já era hora de ligar para Laércio.

— Laércio?

Ele atendeu quase certo de que era Mariana, mas perguntou, para confirmar:

— Quem fala?

— Sou eu, Mariana.

— Até que enfim apareceu! Ainda está no Rio? — Laércio perguntou intencionalmente, para que Mariana pensasse que ele não sabia de nada.

— Não, já voltei. Estou agora no nosso apartamento... Quero dizer, no seu apartamento.

— Ah, então já voltou! Terminou a missão?

A voz dela era impessoal, destituída de qualquer alegria:

— Terminei. Estou satisfeita.

— O que você fez?

— Acho que devemos falar sobre isso pessoalmente. A que horas você chegará?

Laércio pensou rapidamente nas palavras de Ivana, sobre o cuidado que deveria ter para não ser incriminado. Sem saber o que havia acontecido no Rio, ele não queria ficar a sós com ela.

— Hoje vou ficar aqui até tarde. Surgiu um trabalho extra. Depois vou ao apartamento do Sérgio pegar as minhas coisas e dormirei por lá.

Ela não escondeu a decepção na voz:

— Então você não vem dormir aqui?

— Hoje, não. Estarei aí amanhã cedo.

Ele percebeu um discreto suspiro de resignação:

— Está bem. Nos vemos amanhã.

Imediatamente, Laércio ligou para Ivana informando-a da volta de Mariana e também da sua ida à fazenda.

— Você não sabe o que ela foi fazer lá na casa?

— Ela não me disse. Eu perguntei, mas Mariana respondeu que conversaríamos pessoalmente sobre isso.

Ivana fez um longo silêncio. Depois falou com voz grave:

— Isso precipita as coisas. Temos que nos antecipar para não sermos pegos de surpresa. Vou reunir meu pessoal para discutirmos sobre o assunto. Talvez tenhamos que ir ao seu apartamento.

— Para...?

Ela foi curta na resposta:

— Enfrentar a fera, cara a cara!

Quando Laércio acordou, na manhã seguinte, Sérgio já havia saído. Encontrou sobre a mesa da cozinha um bilhete no qual o amigo explicava que saíra mais cedo em virtude de um compromisso relacionado à viagem e que deixara o desjejum já preparado.

Assustou-se quando olhou o relógio. Eram quase dez horas da manhã!

Estava se vestindo quando seu celular tocou. Não reconheceu de imediato a voz nervosa do outro lado:

— Quem fala?

— Seu Laércio! Aqui é a Lucinda, de Piracaia, da fazenda do seu Rui!

— Olá, Lucinda, tudo bem? Como você me achou?

— Não sei onde anotei o número do celular de Simone. Então procurei por ela na produtora, mas me disseram que ela ainda estava no Rio. Como comentei que era urgente, me deram seu celular porque falaram que o senhor havia voltado antes.

— Não tem problema, Lucinda. Tudo bem por aí?

— Não, seu Laércio. Aconteceu uma coisa horrível! — tentou falar, mas não conseguiu, pois desatou a chorar.

— Calma, Lucinda, respire fundo e me diga o que aconteceu.

— O senhor Rui!

— O que tem ele?

— Ontem assaltaram a casa da fazenda e o agrediram.

— Ué, ele estava lá? Sozinho? E você e o Hermínio também não estavam na casa?

— A gente não estava, não sei por que motivo. Seu Rui nos telefonou e nos dispensou por dois dias, ontem e hoje. Mas ontem, quando deitamos para dormir, lembramos que não havíamos feito a compra dos mantimentos da semana, a despensa estava vazia, o senhor Rui não encontraria o que comer. Então fomos ao supermercado hoje bem cedo e depois seguimos para a casa, para entregar as compras. Quando chegamos lá... — e recomeçou a chorar: — Ai, meu Deus, não gosto nem de lembrar!

— Lembrar o que, Lucinda? Fale, mulher de Deus! Já estou ficando nervoso!

— Quando chegamos lá, Hermínio viu que aquele quadro grande, aquele que fica perto da escada, estava no chão, deixando a porta da adega à mostra. Ela estava fechada, mas havia um furo de bala bem perto da fechadura.

— Que coisa! E o que aconteceu com o Rui?

— Como a casa não estava revirada, achamos que haviam assaltado a adega, talvez para pegar os vinhos importados. Então, Hermínio tentou abrir a porta. Como não conseguiu, chamou a polícia. Eles a arrombaram e... e... — tornou a chorar, dessa vez mais forte, quase com desespero.

— Fale, Lucinda. O que havia lá dentro?

— Desculpe minha choradeira, seu Laércio, mas é que...

— Não se preocupe com isso, Lucinda. Me diga o que a polícia encontrou na adega.

— O seu Rui estava amarrado e amordaçado na cama, com a boca cheia de pano e a perna direita lavada de sangue! Tinha levado um tiro na coxa. Uma coisa horrível!

Laércio pensou logo em Mariana e no seu plano de vingança:

— E ele estava vivo?

— Quase morto. Meio desmaiado, já nem aguentava gemer, muito menos gritar. A sorte dele foi a gente ter ido lá hoje, porque seu Rui não teria aguentado mais um dia naquela situação. Quando a polícia chegou, ele já estava desacordado, com os olhos arregalados! Nunca tinha visto alguém desmaiar e ficar com os olhos abertos! Parecia morto!

— E ele contou o que aconteceu?

— Mas como ia contar? Ele mal conseguia respirar, quanto mais falar! Só perceberam que estava vivo porque tinha pulsação. Hermínio me disse que, quando tiraram a mordaça e a bola de pano da boca, só saiu um som esquisito, quase um grunhido. Voltara a si, mas não conseguia falar nada, só balançava a cabeça de um lado para o outro, como se estivesse com muito medo.

— Onde ele está agora?

— Como disseram que o estado de saúde dele era muito grave, levaram-no para um hospital de Atibaia, porque lá têm mais recursos médicos.

Laércio lembrou-se do risco que Simone corria:

— Puxa vida, que loucura! Mas ninguém tem ideia de quem fez isso com o Rui?

— Não se sabe de nada. A polícia está investigando, procurando vestígios por toda a casa, principalmente impressões digitais.

Laércio tremeu. Claro que isso era obra da Mariana, pois ela esteve lá após voltar do Rio. E se ela tiver deixado impressões digitais? Serão as de Simone! E se alguém a viu atravessando a cidade, então sua mulher seria presa!

— E... Já acharam alguma coisa, alguma pista?

— Não sei, seu Laércio. Eu nem tive coragem de entrar na adega. Deixei o Hermínio lá, acompanhando o trabalho da polícia, e vim telefonar para Simone. Eu queria dizer que vocês não iriam encontrá-lo no Rio, porque estava aqui. A coitada da Simone fez uma viagem desnecessária, deve ter tentado achá-lo lá.

— Foi isso mesmo o que aconteceu, Lucinda. Eu voltei logo porque tinha aqui uns trabalhos urgentes para fazer aqui. Mas ela ficou lá porque nós não o havíamos encontrado no escritório nem na fábrica — uma pequena mentira para proteger sua mulher.

Mas Laércio não precisava entrar em pânico: mesmo que Simone tivesse sido vista com Rui no Rio, ninguém acharia estranho, pois o ex-marido de Mariana estava sempre acompanhado de diferentes garotas. O problema seria Piracaia. Lá, ela seria reconhecida por alguém, pois estivera na casa três vezes.

— Será que o senhor consegue falar com Simone? A coitadinha precisa saber do que está acontecendo.

— Com certeza, Lucinda. Pode ficar tranquila. Eu ligarei para ela e contarei tudo.

— Ela ficará muito chateada, porque acho que agora a polícia não liberará a casa.

— Com certeza, não. Eles costumam preservar a cena de um crime por muito tempo para a perícia. Mas não se preocupe. Se não conseguirmos alugar aí, encontraremos outra.

— O senhor conversa direitinho com ela?

— Pode deixar. Vou ligar agora mesmo.

Depois de desligar o telefone, Laércio recostou-se na poltrona e ficou olhando para o teto, pensando em tudo o que ouvira. Agora compreendia: essa fora a vingança de Mariana! O objetivo era mesmo liquidar o ex-marido. O plano só falhou porque ela não contava com a ida antecipada dos caseiros à fazenda. Se isso não tivesse ocorrido, certamente Rui não teria aguentado dois dias naquela situação. Salvo por um imprevisto. Estava mal de saúde, mas ainda vivia.

Muito provavelmente, Mariana não iria gostar da novidade.

Estava em dúvida se deveria ir para o apartamento ou ficar no escritório. Se fosse, poderia correr algum perigo ao lado daquela imprevisível mulher, mas se ficasse, seria absolutamente improdutivo. Talvez o melhor fosse ligar para Ivana.

Sim, era o que devia fazer.

Infelizmente, Ivana não estava na produtora. Na certa, devia estar "recrutando" seu pessoal.

Pensou em chamar Sérgio, mas, para o trabalho que precisava ser feito, não era a pessoa indicada, apesar da amizade.

Com tantas incertezas, decidiu ir até o apartamento. Parou diante da porta, antes de entrar.

Agora, sempre havia aquela dúvida sobre quem estaria lá: Simone ou Mariana?

Empurrou a porta e entrou cautelosamente.

Era Mariana. Teve certeza só em olhá-la. A maneira amorosa como Simone o recebia era inconfundível.

Capítulo 25

Pela expressão, Mariana o recebia com evidente satisfação, imediatamente dissimulada com a cobrança:

— Até que enfim o moço resolveu aparecer!

Ele retrucou com naturalidade:

— Não me lembro de ter marcado hora para vir.

Ela se aproximou maliciosamente:

— É que eu pensei que estivesse com saudade de mim. Quero dizer, da Simone.

— Estava e estou. Mas, pelo visto, ela não está aqui, agora.

Mariana também não perdeu a serenidade:

— Sinto decepcioná-lo, mas podemos usar o tempo para conversar.

Ele se sentou numa das poltronas. Precisava ganhar tempo e mantê-la calma até Ivana dar sinal de vida. Falou com cautela para não contrariá-la:

— Pensei que nosso acordo era você ir embora tão logo tivesse cumprido sua missão. Ou será que estou errado?

Ela também sentou:

— Mais ou menos. Não é assim que as coisas acontecem. Não de maneira tão simples.

— O que está faltando?

— Eu já disse: está faltando conversarmos.

— Sobre o que, por exemplo?

— Por exemplo: você não está curioso para saber o que andei fazendo no Rio depois que você foi embora?

Ele sabia que, com a resposta que daria, iria tirá-la do sério, mas arriscou:

— Está bem. Estou curioso para saber o que você fez, não apenas no Rio, mas também na casa da fazenda para onde foi depois.

Como ele previra, ela se mostrou surpresa:

— Ah, já está sabendo disso?

Ele fez questão de parecer misterioso:

— Disso e de muito mais coisas.

Talvez, para disfarçar o nervosismo, Mariana levantou-se e ficou atrás da poltrona onde estivera sentada:

— Então já deve saber do que fiz ao Rui.

Ele estava decidido a provocá-la, dizendo-lhe a verdade aos poucos:

— Eu soube daquilo que você tentou fazer ao Rui. — e deu ênfase à palavra "tentou".

Agora ela se mostrou visivelmente preocupada:

— Como assim? O que você está querendo dizer com "tentou"?

— Você tentou acabar com a vida do Rui para se vingar.

— E o que o faz acreditar que não o matei?

Laércio saboreou cada palavra que disse a seguir:

— Tenho notícias recentes de lá. Rui foi encontrado pelos caseiros ainda com vida. Chamaram a polícia e, neste exato momento, ele está sendo tratado e se recuperando em um hospital. Agora a polícia procura o culpado. Ou culpada.

Mariana empalideceu. Então disse, com a voz trêmula:

— Você está falando sério ou quer apenas me fazer acreditar que falhei? Os caseiros haviam sido dispensados por dois dias. Não havia motivo para aparecerem lá.

— Bem, como você havia me dito outro dia, nem sempre as coisas acontecem como gostaríamos que acontecessem. Eles esqueceram de suprir a despensa com mantimentos e tiveram de ir à fazenda para levar comida ao seu ex-marido. Aí, encontraram-no como você o deixou: amarrado e amordaçado na adega. Acudiram-no antes que morresse.

Ela voltou a se sentar. Estava tensa:

— Não acredito em você.

— Então, ligue para Lucinda e ouça você mesma.

Com ar desconfiado, ela procurou uma anotação na bolsa e ligou. Não parou de olhar para Laércio enquanto aguardava.

Ele mantinha um ar irônico, quase triunfante. Sim, ela falhara!

Ao falar com Lucinda ao telefone, Mariana mudou completamente seu tom de voz, que agora estava suave e cortês. Assim como Simone, era também uma boa atriz:

— Lucinda, querida! Sou eu, Simone! Está tudo bem com vocês?

— Ah, minha filha, que bom que você ligou!

— Cheguei do Rio agora. Por isso não liguei antes. Laércio me contou o que aconteceu aí. Que coisa horrível!

— Horrível mesmo, minha filha! Você não imagina como maltrataram o seu Rui.

— Meu marido já me contou. Que terrível! — Fez a primeira pergunta que lhe interessava: — Já sabem quem fez isso?

— Não, minha filha. Quem fez devia ser muito esperto. Não deixou pista nenhuma, nem nenhuma impressão digital.

— Que coisa! Você ou seu marido imagina quem possa ter feito uma maldade dessas? O Rui tinha inimigos?

— Não sei se tinha lá no Rio, mas por aqui, não. Pelo menos, não que eu saiba. Ele não era de fazer amigos, mas também não tinha inimigos.

Mariana já sabia a resposta, mas, mesmo assim, perguntou, para afastar suspeitas:

— Pelo que entendi, ele estava sozinho na casa, não é mesmo?

— Estava, sim.

— Mas por que você e seu marido não estavam com ele?

— Na véspera, ele havia nos telefonado, nos dispensando do trabalho por dois dias. Mas ainda bem que lembrei que a despensa estava quase vazia. Fizemos compras e tivemos de ir lá hoje levar a comida. Se não fosse isso, ele teria morrido.

Então, ela fez a segunda pergunta que, de fato, a interessava:

— Me diga uma coisa, Lucinda: qual é o estado de saúde dele?

— Ele está num hospital de Atibaia. Devagarzinho, parece que está se recuperando dos ferimentos. Já até consegue falar algumas coisas, embora ainda esteja muito nervoso e assustado.

Mariana apertou os lábios e fechou os olhos para esconder a irritação. Laércio não mentira. Fingiu alívio:

— É muito natural que esteja nervoso e assustado. Mas é bom saber que está se recuperando, não é mesmo? Quem sabe ele possa identificar os culpados.

— Tomara, minha filha. Se souber de alguma notícia, eu lhe telefono. Que pena que fez uma viagem perdida ao Rio, sem necessidade. Gastou dinheiro à toa, não foi?

Quase respondeu: "Perdida, nada!", mas disfarçou:

— Ah, isso faz parte do nosso trabalho. Não se preocupe. Veja, Lucinda, ando muito ocupada, mas assim que tiver tempo, darei um pulo até aí para ajudá-los no que for preciso. É o mínimo que posso fazer em retribuição à gentileza com que me receberam.

— Deixe disso, minha filha, foi um prazer recebê--los aqui. Mas pode vir sempre que quiser, será muito bem-vinda.

— Obrigada, Lucinda. Enquanto isso, me mantenha informada. Está bem? Até logo — e desligou.

Laércio tripudiou, vendo a expressão preocupada de Mariana:

— Eu não disse? O homem está vivo. E agora, por sua causa, minha mulher corre o perigo de ser acusada de algo que não fez.

— Não se preocupe com isso. Como Lucinda disse, não há pistas dos culpados. Não há impressões digitais, nem objetos estranhos. Aliás, ninguém sabe que Rui estava acompanhado, muito menos por uma mulher.

— Tudo bem que ninguém sabe, mas acontece que "ele" sabe. E se já está falando, poderá muito bem te descrever e fazer a polícia chegar até Simone.

— Já lhe disse para não se preocupar com isso. Sei que é difícil, mas confie em mim.

Ela se levantou e ficou andando pela sala, com as mãos para trás.

Parecia bastante reflexiva. Laércio acompanhava-a com o olhar, sem nada dizer.

Depois de algum tempo, ela parou na sua frente e perguntou:

— Para que telefone vocês ligam quando querem fazer uma denúncia?

Laércio demorou um pouco para entender o que Mariana queria:

— Denúncia? Que denúncia? O que você pretende fazer?

— Já disse para não se preocupar. Qual é o número?

— 181 ou 0800 156 315.

Ela anotou os números num pedaço de papel. Aparentemente, acabara de ter uma ideia.

Voltou a perguntar:

— Eu precisarei me identificar para fazer a denúncia?

— Não. O denunciante pode ficar anônimo.

— Ótimo — voltou a sentar-se e ligou para um daqueles números. — Alô? De onde fala?

— A senhora ligou para o Disque-Denúncia.

— Quero denunciar um crime.

— Um crime?

— Isso mesmo.

— Quem está falando?

— Como assim "quem está falando"? Esse serviço não é anônimo?

— Desculpe, senhora, é a força do hábito.

— Está desculpado. Anote, porque eu não vou repetir.

— Pode falar, senhora.

— O senhor conhece uma cidade chamada Piracaia?

— Sim, conheço. Fica perto de Atibaia.

— Isso mesmo. Lá, há cerca de dez anos, um sujeito chamado Rui matou a mulher e a enterrou debaixo de uma mangueira perto da casa da fazenda onde moravam. Ele nunca foi preso. Mora no Rio e hoje é um comerciante muito rico. Acontece que, ontem, Rui voltou à fazenda e foi assaltado e agredido. Neste momento, está num hospital de Atibaia. Sugiro que a polícia daqui entre em contato com a de Piracaia e se informe a respeito do caso do senhor Rui. Ele é muito conhecido na cidade. O senhor está acompanhando e anotando?

— Sim, senhora, mas o crime que a senhora quer denunciar...

— Ainda não acabei. Preste bem atenção: o senhor Rui não é vítima, ele é um assassino que deve ser preso. O que resta da esposa está enterrado debaixo da mangueira. Se cavarem naquele lugar, vocês irão encontrá-la. E não deixem de procurar pistas na adega da casa. Acharão muita coisa que poderá ser usada como prova. Bem, o problema agora é de vocês — e desligou com ar triunfante.

Laércio estava estupefato com o que ouvira:

— Por que você fez isso? Não basta o que você já fez o sujeito sofrer?

— Vejo que você não entende de vingança. Eu posso ter falhado e, por causa disso, Rui pode escapar com vida, mas passará o resto dos dias na prisão. De uma forma ou de outra, o final está bom para mim. Ele irá perder os negócios, a fazenda e as mulheres.

— Ainda assim, ele identificará a culpada e a Simone terá problemas com a justiça.

Mariana riu e falou com segurança:

— De jeito nenhum. Você consegue imaginar o que esse pobre coitado vai contar à polícia?

— A verdade, acho.

— Também acho e até espero que o faça. Só que ninguém vai acreditar, porque a "verdade" dele é que o fantasma da ex-mulher fez tudo aquilo. Alguém levará a sério que o "espírito" da ex-mulher voltou do túmulo para se vingar?

Laércio não sabia desse detalhe:

— Você contou para ele quem era?

Ela respondeu, vangloriando-se:

— Claro! Fazia parte da minha estratégia. Por isso, espero que ele diga exatamente a verdade.

Laércio levantou-se, balançando a cabeça, não querendo crer naquilo:

— Não acredito como você foi capaz de ser tão...
— Maquiavélica? Você não acha justo esse final do Rui? Ele merecia e merece pagar pelos crimes que cometeu. Ou você vai me dizer que está com dó dele?

Laércio não respondeu, mas pensou: "Acho que começarei a ficar com dó de mim!..."

No hospital de Atibaia, o delegado bateu forte na porta da salinha do psiquiatra de plantão, abriu-a, ficou segurando-a e pediu:
— Doutor Gomes, acho melhor o senhor vir comigo.

Surpreso, Gomes levantou os olhos da ficha que examinava:
— Algum problema, delegado?
— Acho que pegamos um sujeito meio pirado. Está contando uma história muito estranha. Ele é suspeito de ter assassinado a ex-mulher, dez anos atrás.

O psiquiatra valeu-se da amizade que tinha com o policial para brincar:
— E só agora você conseguiu prendê-lo?

O outro aceitou a brincadeira:
— Depois que conversar com ele, vai entender. Chama-se Rui, e eu já tentei interrogá-lo. Vamos ver se você tem mais sorte.

Gomes deixou a salinha e seguiu o delegado aonde estava Rui, num quarto com a entrada guardada por dois policiais.

Notou a perna ferida, bem como as escoriações no rosto, nos pulsos e nos pés. Aproximou-se e pôs a palma de uma das mãos sobre sua testa para verificar se estava febril:
— Senhor Rui, sou o doutor Gomes, psiquiatra do hospital. Agora que o senhor está mais calmo, precisamos

271

conversar. Pela ficha médica que acabei de ler, seu estado geral é bom. Passou por um forte estresse emocional e seu ferimento na coxa não é grave, o tiro não atingiu nenhuma parte nobre da perna. Já verifiquei que o senhor não está com febre. Isso quer dizer que em breve estará andando quase normalmente. Podemos conversar?

Rui fez um esforço para levantar a cabeça e olhar o visitante, estendeu a mão a Gomes, sem apertar e falou, indicando o delegado:

— Podemos, mas já pedi para o seu amigo aí e vou pedir para o senhor também: não deixe aquela mulher entrar aqui. Por favor!

Gomes puxou uma cadeira próxima e sentou-se ao lado da cama:

— A que mulher se refere, senhor Rui?

Rui fez uma expressão de galhofa, como se o médico já soubesse a resposta:

— À minha ex-esposa, Mariana, claro!

O médico olhou rapidamente para o delegado e voltou a dirigir-se ao acamado:

— Mas, senhor Rui, na sua ficha consta que sua ex-esposa está morta há cerca de dez anos.

Ele continuava ironizando o médico:

— Mas é claro que ela já morreu! É justamente por isso que eu não quero vê-la!

Em sua vida profissional, Gomes já ouvira narrativas bem escabrosas, mas essa era realmente bizarra:

— O senhor pode se explicar melhor?

— Então, o senhor ainda não sabe que foi ela que me deu o tiro na perna e me amarrou na cama da adega? Seu amigo aí não lhe contou?

Gomes, há muito, aprendera a não perder a calma. Por isso continuou, fingindo manter um diálogo convencional:

— Mas, senhor Rui, como ela poderia fazer isso se está morta?

Dessa vez, o riso de deboche de Rui era espalhafatoso:

— Ora, meu caro, muito simples: foi o fantasma dela! Isso é óbvio! O senhor pode não acreditar, mas eu vi! — A expressão de Rui mudou subitamente e agora ele parecia assustado: — Eu senti as dores! O medo! — começou a chorar. — E não podia fazer nada para me defender. Estava amarrado, sangrando! — voltou a ficar sério. — Vou repetir: foi o fantasma da minha ex-mulher, Mariana, que me atacou. Ela foi ao Rio me buscar, me seduziu, me fez vir para a casa da minha fazenda, me apontou uma arma e me atacou covardemente! Ela me enganou, a vadia!

Gomes e o delegado se fitaram. O psiquiatra continuou:

— Mas, se o senhor sabia que ela estava morta, então por que a acompanhou até a fazenda?

Rui voltou a mostrar a expressão zombeteira:

— Ora, amigo, eu não sou tolo! Só vim porque ela estava usando outro corpo!

Apesar do seu profissionalismo e da seriedade do assunto, Gomes teve de se esforçar para não rir:

— Como é que é?

Rui respondeu como se fosse a coisa mais lógica do mundo:

— Se ela estivesse no corpo dela é claro que eu não a teria acompanhado, eu não sou trouxa! Ela pegou algum corpo emprestado e assim me enganou.

— Sei, ela pegou um corpo emprestado. O senhor sabe de quem é esse corpo?

Rui negou com um gesto de cabeça:

— Não faço a menor ideia — e sorriu malicioso — Mas era um corpão, uma mulher muito bonita. Isso ela escolheu bem, porque a danada sabia que eu não resistiria. De rosto, não era tão bonita, mas tinha um corpo, meu amigo... Mas, além disso, a danada era muito esperta, muito criativa, o que me cativou. Fez a minha fantasia ir a mil! Cá prá nós, sou chegado numa perversãozinha...

— Entendo. Mas me diga uma coisa, senhor Rui: por que sua ex-mulher voltaria do túmulo dez anos depois para atacá-lo?

— Para se vingar, claro!

— Se vingar de quê?

Ele pediu que o psiquiatra se aproximasse. O delegado foi junto.

Rui pôs uma das mãos ao lado da boca demonstrando que ia contar um segredo e falou quase sussurrando:

— Que fique entre nós o que vou lhe dizer: eu a matei há muito tempo. Era muito chata, muito fria na cama. E, depois, havia uma bela herança a receber.

O médico e o delegado voltaram a se entreolhar:

— Entendo. Então o senhor a matou para receber a herança e agora, dez anos depois, seu fantasma, metido num corpo emprestado, voltou para se vingar.

— Isso mesmo. Até que enfim o senhor entendeu. Mas, lembre-se que este é o nosso segredo — olhou para o delegado, de pé, atrás da cadeira do médico.

— Quero dizer, também do seu amigo, porque eu já lhe contei tudo isso.

Dessa vez, o delegado falou:

— Claro, senhor Rui, fique tranquilo. Fica tudo entre nós. E depois que a matou, enterrou o corpo na fazenda, debaixo da mangueira.

Rui se mostrou inicialmente surpreso e, em seguida, assustado:

— Como é que o senhor sabe disso? Já sei! O senhor andou conversando com ela! — Passou a gritar: — O senhor é cúmplice! Também é um fantasma!

— Não, meu amigo. Não quero virar fantasma tão cedo. Acontece que recebemos uma denúncia anônima contando isso. Minha equipe já cavou a área e, de fato, encontrou lá os restos mortais que devem ser os da sua ex-esposa. Estão sendo analisados, neste momento, pelos peritos.

Agora Rui ameaçava perder o controle:

— Foi ela! Foi ela quem telefonou fazendo a denúncia! Pode ter certeza disso! Ela é uma vadia!

O psiquiatra interveio:

— Mas, senhor Rui, fantasmas sabem e podem usar telefones?

— Eles fazem coisas piores, meu amigo! Como dar um tiro e amarrar a gente numa cama, amordaçado. O senhor não imagina do que eles são capazes. Não lhe falei que o fantasma da minha ex-mulher tomou o corpo emprestado de outra mulher só para se vingar?

— Falou, sim, senhor Rui — o médico se levantou e confabulou em voz baixa com o delegado. Depois reaproximou-se de Rui e pôs a mão no seu ombro.

— Muito bem, amigo, estou satisfeito. Com o consentimento do delegado, vou encaminhá-lo para um psiquiatra do Estado, lá na capital.

— Psiquiatra? O senhor acha que estou louco?

— Eu não posso achar nada, senhor Rui. A Justiça trabalha com fatos, não com opiniões. Se eles acharem que o senhor está mentalmente são e responsável pelos seus atos, irá responder a um processo criminal pelo assassinato da sua esposa.

— Isso não é justo! É claro que esse outro psiquiatra não vai acreditar na minha história, assim como o senhor não está acreditando!

— Neste caso, o senhor será internado num manicômio ou num hospital psiquiátrico.

Rui pareceu não se assustar com as palavras do médico, porque respondeu com arrogância:

— Eu? Num manicômio? Já se vê que o senhor não sabe com quem está falando! Sou um dos maiores fabricantes de móveis de luxo do Rio de Janeiro! Tenho amigos poderosos.

O delegado se aproximou:

— O senhor tem filhos ou outros parentes que possamos contatar para tomarem conhecimento desta situação?

— Não tenho filhos, nunca os tive. Só dão trabalho e gastam nosso dinheiro. E também não tenho parente nenhum. — Completou com arrogância: — Sou eu mais eu!

— Então, como o senhor pretende, se é que consegue pensar nisso agora, que seja dada continuidade aos seus negócios e administrado seu patrimônio?

— Ninguém vai mexer nisso! Sou eu que continuará tocando a minha fábrica e tomando conta da minha fazenda. Vou entrar no ramo da construção civil. Meu primeiro projeto será construir casas com portas e janelas antifantasmas. Vou instalá-las na minha fábrica, no meu escritório, na minha fazenda e vou oferecer ao mercado. Todo mundo irá me agradecer por isso.

— Bem, senhor Rui, vou fazer o relatório dessa nossa conversa e encaminhá-lo às autoridades. O senhor deverá permanecer aqui por mais alguns dias até se recuperar inteiramente do ferimento na coxa.

Rui reagiu num tom de voz bem autoritário:

— O senhor está muito enganado. Eu quero que providencie minha saída daqui de imediato. Preciso voltar ao Rio e tocar meus negócios.

O delegado respondeu com calma:

— Sinto informá-lo de que isso não será possível. Até novas orientações, o senhor está preso por assassinato. Meu auxiliar virá aqui para ler seus direitos, se é que o senhor os entenderá. Passe bem — e se retirou ao lado do psiquiatra.

Sem se importar com a dor na perna, Rui ergueu a parte superior do corpo, gritando:

— Ei, voltem aqui! Quem vocês pensam que são? Eu é que vou processá-los! Vocês são cúmplices da minha ex-mulher! São fantasmas também! Isso tudo é uma conspiração contra mim, por pura inveja! Vocês não passam de um bando de invejosos!

Quando entrou no carro, o delegado comentou com o psiquiatra:

— Esse aí não está com os parafusos soltos: está sem parafusos! Não diz coisa com coisa! Onde já se viu? Fantasmas que tomam corpos emprestados e saem por aí se vingando! Cara, é demais para minha cabeça! No que me diz respeito, esse caso já está encerrado antes mesmo de começar a ser julgado.

— Pois pode acreditar que já ouvi coisas piores. A mente humana, quando se descontrola, é capaz de criar as fantasias mais incríveis.

Despediram-se e o delegado ordenou ao colega que dirigia:

— Vamos embora, senão quem acaba louco sou eu! Fantasmas vingadores! Era só o que faltava...

O motorista olhou de esguelha para o superior:

— Desculpe, senhor, mas eles existem, sim. Minha avó contava cada história...

— Isso é conversa de avó, rapaz! Estamos no século 21.

Obediente, o moço resmungou baixinho:

— Sei não, sei não...

Capítulo 26

No apartamento, Laércio estava cochilando, recostado na poltrona. Mariana fazia algo na cozinha. Estavam sem se falar já havia algum tempo.

Ele acordou assustado com o toque do seu celular. Levantou-se de um pulo, pegou-o de cima da mesinha e, rapidamente, atendeu. Mariana voltou-se e, disfarçadamente, aproximou-se curiosa.

A voz de Laércio traía sua ansiedade:

— Oi, Lucinda, alguma novidade?

— Seu Laércio, o Hermínio estava em Atibaia e chegou agora. Ele me trouxe uma novidade.

— Diga, Lucinda.

— Hermínio me contou que o psiquiatra do hospital disse para a polícia que acha que o senhor Rui enlouqueceu.

Foi um choque para Laércio:

— Enlouqueceu?

Mariana se aproximou ainda mais, ao ouvir aquela palavra. Seria capaz de imaginar o que ocorrera.

— Não sei se o médico usou essa palavra, mas disse que o seu Rui não fala coisa com coisa. O próprio Hermínio chegou a vê-lo por uns minutos. Me disse que ele realmente parece louco, só fala palavras sem sentido. Não para de gritar, quer fugir, diz que está sendo perseguido pelo fantasma da dona Mariana.

— Fantasma?

— É. Ele falou para a polícia que o fantasma atirou nele e o prendeu na cama da adega. Claro que os policiais deram risada. Mas o senhor não sabe do pior.

— Tem coisa ainda pior, Lucinda?

— Tem, infelizmente. Parece que o seu Rui confessou que matou dona Mariana.

Laércio fez de conta que ainda não sabia:

— Mas ele teve coragem de fazer isso com a própria esposa?

— Bem, pelo menos foi o que ele disse à polícia. Mas acho que ele só falou isso porque não está bom da cabeça.

— É, deve ser.

— Tanto que o pessoal lá acha que ele nem vai para a cadeia.

— Não vai para a cadeia, mesmo tendo confessado o crime?

— Parece que não. Um dos policiais disse para o Hermínio que, se a situação continuar desse jeito, seu Rui irá para um manicômio. Acham que ele realmente perdeu o juízo.

Laércio virou-se para Mariana, que estava atrás da poltrona, olhando-o fixamente, e pensou: "Essa mulher tem sorte mesmo! Pois não é que o cara ficou vivo, mas enlouqueceu?"

— Que coisa triste, Lucinda.

— Ainda não acabou, seu Laércio. Tem mais uma novidade.

— O que é desta vez, Lucinda?

— A polícia veio aqui e mandou uma turma cavar debaixo da mangueira. Parece que estão procurando alguma coisa escondida lá.

Laércio testou até onde iam os conhecimentos de Lucinda sobre o caso:

— Você faz ideia do que eles estão procurando?

— Nenhuma, seu Laércio. Será algum tesouro?

— Tesouro? Enterrado debaixo da mangueira? — Laércio segurou a vontade de rir. — Bem, tudo é possível, Lucinda.

— A verdade é que eu e meu marido não sabemos mais no que pensar e acreditar, com tanta coisa esquisita acontecendo.

— Você tem razão, Lucinda. É muita loucura junta.

— Bom, depois o senhor conta tudo para dona Simone, não é? Continuo sem saber onde enfiei o papel com o número do celular dela.

— Não se preocupe, Lucinda. Eu sempre conto tudo para a minha mulher. Dê um abraço no Hermínio — e desligou.

Mariana ouvira toda a conversa por intermédio das respostas e comentários de Laércio ao telefone e agora o encarava, com os braços cruzados e um sorriso irônico nos lábios:

— Bom, até onde sei, no momento, eu sou sua mulher. E já que iria lhe contar tudo, como acaba de dizer à Lucinda, que tal começar a falar?

Laércio não se deixou levar pela provocação:

— Até onde sei, minha mulher se chama Simone e você está apenas usando sua mente e corpo.

Mariana se mostrou decepcionada com a resposta, o que não escondeu:

— Já percebi que tem um enorme prazer em ficar me lembrando disso.

— E você, pelo contrário, parece que não gosta de ser lembrada.

— Não preciso ser lembrada do que já sei. Preciso, sim, saber o que não sei. Vai ou não me contar as novidades?

Ele voltou a sentar-se e cruzou as pernas:

— Basta lhe contar duas coisas que vão deixá--la bastante feliz. Primeiro, já estão cavando debaixo da mangueira.

Como ele previra, ela sorriu, sem esconder a satisfação pela notícia:

— Já? Depois que fiz a denúncia, a polícia não perdeu tempo mesmo. É, de fato, uma boa notícia. As portas da cadeia começam a se abrir para o meu ex-marido.

— Talvez ele não precise disso e essa lhe será a segunda notícia boa: parece que ele enlouqueceu e provavelmente irá parar em um manicômio ou hospital psiquiátrico.

— Ele enlouqueceu? — de surpresa ficou alegre. Soltou uma sonora risada. — Então, ele enlouqueceu! Que maravilha!

— E não era para menos, depois de tudo pelo que passou e, principalmente, depois de tudo que ouviu na adega. Como você já previa, ninguém acredita na história de que o fantasma da ex-mulher o atacou. Apesar disso, Rui está com medo de que você apareça e o ataque novamente.

Ela fingiu compaixão:

— Que tolinho!

— Tolo mesmo. Para explicar aos policiais porque o fantasma da ex-mulher o estaria perseguindo, teve que confessar o crime. Ou seja, ele está fazendo de tudo para não te ver nem pintada. Prefere a cadeia ou o hospício.

Outra gargalhada de Mariana:

— Muito bom. Melhor do que eu esperava. Se escapar da prisão, vai para o manicômio. Ótimo! Ele merece tanto uma coisa como outra. Este final está de bom tamanho!

— E, assim, a sua missão acaba, estou certo?

Mariana voltou a ficar séria e olhou-o em silêncio. Andou um pouco pela sala, parou e voltou-se para ele com os braços cruzados:

— Me diga a verdade: você está ansioso por se ver livre de mim, não é mesmo?

Laércio saiu pela tangente, para não contrariá-la:

— Se quer mesmo saber a verdade, estou ansioso por ter minha mulher de volta, isto sim.

Ela sentou-se, ainda com os braços cruzados, e perguntou em tom desafiador:

— E se eu quiser ficar mais alguns dias aqui, com você?

Ele estremeceu, mas procurou mostrar firmeza:

— Eu lhe diria que não foi esse o nosso trato.

Mariana falou de uma maneira indecifrável:

— Eu sei, mas acontece que, sem que eu imaginasse, muitas coisas estão saindo do controle.

Laércio teve um mau pressentimento. Sentiu que Mariana ainda lhe daria muito trabalho antes de libertar Simone e seguir viagem:

— Como o que, por exemplo?

Com os olhos cravados em Laércio, ela ameaçou respondê-lo, mas mudou repentinamente de assunto:

— Você não gostaria, nem um pouquinho, que eu ficasse por aqui mais um tempo?

Laércio percebeu aonde Mariana queria chegar. Sentou-se na sua frente e lhe falou numa voz calma, mas decidida:

— Mariana, entenda de uma vez por todas: quero minha mulher de volta! Você me prometeu que desapareceria assim que terminasse sua missão. Pronto, já acabou. Seu ex-marido está preso ou internado. Não basta para lhe satisfazer?

Lentamente, ela meneou a cabeça:

— Não basta.

Ele sentiu que perderia a paciência:

— É simples assim? "Não basta"? O que está faltando?

Novamente, ela desconversou. Levantou-se contente, como se não falassem de um assunto muito sério:

— Que tal darmos uma volta pela cidade? Com todas essas confusões, não conheci São Paulo direito.

Mal escondendo sua indignação, ele respondeu, movimentando negativamente a cabeça:

— Não acredito que você está me propondo isso!

Ela beirava o cinismo:

— E qual é o problema? Não quer ser visto comigo? Ora, para todos os efeitos, você passeará com a Simone. Ninguém saberá que está com outra.

— Eu saberei e isso é o que importa — enfatizou o "eu".

Como uma garota mimada contrariada, Mariana levantou-se num arroubo, saiu irritada da sala e entrou no quarto batendo a porta com força.

Laércio olhou para a porta durante alguns instantes. Sorriu discretamente, pois lhe ocorrera que, com essa reação intempestiva, ela mostrava que perdia forças; senão, por que estaria tão irritada? Mas não deixou de pensar, preocupado: "Isso não está me cheirando bem. Essa mulher vai me criar mais problemas. Acho melhor contar para Ivana"

Ligou para a amiga e relatou tudo, embora de forma resumida. Ela pensou um pouco e respondeu com voz grave e decidida:

— Fique aí e procure manter a calma. Quando Mariana sair do quarto, converse numa boa. Eu já tinha falado com meus amigos sobre a necessidade de anteci-parmos as ações. Eles estão de sobreaviso e só aguardam um contato meu. Vou chamá-los e iremos todos para seu apartamento. Enquanto isso, tome cuidado.

Mariana permaneceu trancada no quarto por quase duas horas.

Laércio continuava sentado na sala, aguardando a chegada de Ivana e sua equipe. Até, então, não tivera a mínima disposição para tentar retomar a conversa com Mariana.

Depois de tudo que fizera com o ex-marido, Mariana perdera a confiança de Laércio. Se Rui merecia ou não, era outra discussão, mas Laércio ficava apreensivo mesmo com a capacidade de Mariana de praticar aquelas ações cruéis.

Portanto, era melhor deixá-la quieta. Talvez até tivesse pegado no sono, quem sabe? Mas, nesse caso, por que Simone não aproveitava para vir até ele?

Laércio levantou-se, aproximou-se da porta e apurou os ouvidos. Nenhum som. O silêncio no quarto era absoluto.

Ele estava curioso com o que ocorria lá dentro, mas não tinha coragem de entrar.

Assustou-se quando a campainha da porta soou em um rápido toque. Decerto era Ivana e seus colegas, graças a Deus.

Entraram calados. Ivana entrou primeiro e beijou-o na face. Atrás dela, vieram os "quatro cavaleiros do zodíaco", cumprimentando-o com discrição, em voz baixa.

Depois de se acomodarem na sala, Ivana perguntou-lhe, quase sussurrando:

— Onde está a moça?

Laércio respondeu, também baixinho:

— Após nossa discussão, ela se trancou no quarto. Está lá até agora. Não sei o que estará fazendo, acho que pegou no sono.

— Isso é bom. Vamos aproveitar para preparar o ambiente.

Silenciosamente, cada um deles assumiu uma tarefa. Fizeram uma espécie de círculo com as poltronas e cadeiras, posicionando-as adequadamente em volta do sofá. Fecharam todas as cortinas para que a sala ficasse em penumbra, deixando somente a luz da cozinha acesa, para evitar a escuridão total. Laércio apenas os observava quieto.

Sentaram-se, fecharam os olhos, e, depois de um instante de silêncio, puseram-se a murmurar palavras estranhas. Mesmo sem entender o que diziam, Laércio percebeu que cada um pronunciava frases diferentes. Certamente porque professavam crenças diferentes, atuavam separadamente, por orações ou, de acordo com o que lera em algum lugar, mantras. Laércio ficou admirado pelo respeito entre eles, que mantinham-se unidos, apesar das diferenças religiosas ou doutrinárias.

Continuou observando-os em silêncio.

Depois de algum tempo, Ivana pediu-lhe para sentar-se numa cadeira defronte ao sofá onde convenceriam Mariana a se sentar, quando saísse do quarto.

E se puseram a esperar.

Ivana acendeu um incenso perfumado na cozinha.

Muito tempo depois, perceberam um leve movimento na porta. A expectativa de todos cresceu e os olhares se dirigiram para aquela direção.

Lentamente a porta se abriu e Mariana apareceu.

Estava vestida de noiva.

Capítulo 27

Laércio sentiu sua privacidade invadida: Mariana mexera no baú de Simone. Algo sagrado para sua esposa, pois continha objetos bastante significativos e de forte valor afetivo.

Simone era muito romântica e saudosista, muito apegada ao passado. No baú, ela mantinha com carinho, entre outras coisas, todos os bilhetinhos e desenhos amorosos que trocaram no tempo de namoro, fotos de viagens, de passeios, de cenas da intimidade deles. Até folhas secas, gravetos e papel de bala eram conservados por Simone. Guardava ali, também, o vestido de noiva que usara no casamento.

Pois Mariana descobrira-o e, sabe-se lá com que intenção, vestira-o.

Com a sala em penumbra e iluminada apenas pelas luzes da cozinha e do quarto, aquela era uma visão surreal e aterradora — além de inesperada e inteiramente fora do contexto.

A menos que estivesse fingindo muito bem, Mariana não demonstrou qualquer surpresa com a presença daquelas pessoas no apartamento. Sua expressão continuava séria, mas algo melancólica. Pela vermelhidão dos olhos, parecia ter chorado.

O que ela pretendia com aquela encenação? O que se passava pela sua mente desnorteada?

Sem se afastar da porta, falou, com calma, para Laércio:

— Não sabia que você traria convidados.

Laércio ignorou a observação, que lhe parecia irônica:

— Por que vestiu essa roupa?

Sim, ela estava sendo irônica. Tanto que respondeu com outra pergunta:

— Você acha que Simone se importaria?

— Não sei. Ela não está aqui, agora. Mas não percebo o sentido disso. O que você pretende?

— Ia lhe fazer uma proposta. Esperava conversar com você a sós. Mas agora, com tantos convidados, vejo que isso não acontecerá.

Laércio respondeu com voz serena, surpreendentemente segura para quem estava tenso:

— Essa conversa, que até imagino qual seria, não acontecerá. Isso é ponto pacífico. Mas teremos um outro papo. Peço-lhe que venha se sentar aqui no sofá. Agora, eu quem lhe diz: precisamos conversar.

Para sua surpresa, ela docilmente saiu da porta, deu a volta no sofá e sentou-se diante dele. Lentamente olhou para cada uma das pessoas à sua volta, postadas numa espécie de semicírculo. Perguntou com alguma indiferença:

— Eles estão rezando?

— Eles estão aqui para nos ajudar.

— Eu preciso de ajuda?

— Nós dois precisamos. E Simone também precisa.

Ela pareceu um pouco irritada:

— Ah, a Simone, sempre a Simone! Tudo isso é por causa dela?

— Sim. — Fez uma pausa e completou, com firmeza: — Na verdade, estamos à espera dela.

Mariana tornou a olhar calmamente para os presentes. Uma calma perigosa, como podia-se deduzir com a observação:

— Isso quer dizer que vocês querem que eu vá.

Com tranquilidade, Laércio balançou afirmativamente a cabeça:

— Não foi esse o combinado?

Antes de responder com um tom de voz marcado por uma inesperada e surpreendente tristeza, ela o olhou em silêncio por algum tempo:

— Laércio, você não entendeu nada, não é?

Ele suavizou um pouco a voz:

— O que eu deveria entender?

Mariana ignorou a pergunta:

— Simone é uma mulher de sorte! Fui muito ingênua em pensar que poderia receber um pouco mais da sua atenção durante esse tempo em que estivemos juntos.

— Eu não lhe dei a atenção devida? Faltei com o respeito em algum momento?

Devagar, ela fez um um gesto negativo a cabeça e disse, em tom desanimado:

— Você continua não entendendo nada. Ou não está querendo entender.

Laércio sabia a que ela se referia, mas não queria admitir:

— Mas, criatura, o que eu deveria entender? Seja clara.

Ela hesitou entre ser mais clara ou não. Enfim, tomou uma decisão e falou. Os sons entoados pelos cinco amigos de Laércio compunham um estranho fundo musical.

— Esperei que você entendesse que aprendi a gostar de você. Que eu queria ficar mais um tempo com você. Meu coração só foi preenchido por um sentimento forte, algo parecido com o que eu acredito ser amor, duas vezes. Na primeira, fui enganada e morta. Na segunda, mesmo depois de morta, quando tenho o mesmo sentimento, percebo que, de certa forma, serei morta de novo. A rejeição é uma espécie de morte. Tão dolorosa quanto a outra.

Laércio também decidira ser mais claro. Pigarreou, olhou para as próprias mãos entrelaçadas e depois para ela:

— Mariana, há duas coisas que preciso lhe dizer e que você precisa entender. Não tenho dúvida de que você foi uma mulher muito bonita, culta e inteligente. Uma mulher que interessaria a qualquer homem. Mas agora você não pertence mais a este mundo. Nem deveria estar aqui.

— Eu sei disso — a voz expressava um desânimo. — E a outra coisa? — já antevia que não gostaria da resposta.

Laércio estava decidido a encerrar qualquer mal-entendido:

— Eu amo Simone. Muito. Intensamente. Ela é a mulher que escolhi para viver comigo por toda vida. Estou sofrendo pela sua ausência. Não há outra mulher que me faça esquecer ou trair Simone.

Mariana baixou os olhos e pareceu chorar discretamente:

— Por isso disse que ela é uma mulher de sorte. — Fez uma pausa e insistiu: — Então, não tenho mesmo a menor chance de passar mais um tempo com você?

Ele respondeu com firmeza, sem deixar dúvidas:

— Não tem, Mariana. Sinto muito.

Ela voltou a olhar para as pessoas em torno. Seus olhos estavam úmidos:

— Podem parar de rezar. Vocês estão aqui para ajudar Laércio e Simone e não a mim. Como ouviram, não tenho chance nenhuma.

Ivana saiu da penumbra e se aproximou. Falou com voz muito suave:

— Mariana, eu me chamo Ivana e sou amiga do casal. Gostaria que me ouvisse.

Mariana olhou firme para Ivana, mas não amaciou o semblante, nem a voz:

— Tenho alternativa?

— Não se trata disso. É verdade que eu e meus amigos estamos aqui para ajudar Laércio e, sobretudo, Simone. Mas também queremos te ajudar.

Mariana deu um sorriso triste:

— Me ajudar? Por que vocês fariam isso? Todos aqui querem Simone de volta, o que significa que todos querem me ver pelas costas. Logo, como podem me ajudar?

— Agora você já sabe que há vida depois da morte. O desencarne não é o fim. Para os que partem deste plano, há um novo caminho a seguir em outra dimensão. Nela, há outras oportunidades. Oportunidades de desenvolvimento para um retorno melhor em outra encarnação.

— Ivana, me desculpe, mas poupe suas palavras. Sei que sua intenção é boa e eu agradeço. Mas acredito que, já que tive a chance de voltar a este mundo, mesmo em um corpo emprestado, creio que tenho o direito de lutar pela minha felicidade, o que não me foi permitido quando era viva.

— Mariana, compreendo sua decepção e seu sofrimento com o ex-marido. Mas essa foi sua história e pertence ao passado. Ela foi resultado das suas escolhas equivocadas, ainda que o tenha feito por ingenuidade ou inexperiência. Laércio e Simone não devem ser penalizados por isso. Eles pertencem ao presente, fizeram escolhas certas e têm direito de viver a história deles. Você já interferiu o suficiente, alcançou seus objetivos e agora deverá retomar seu caminho de desencarnada.

Ela parecia ter outros planos:

— No momento, estou encarnada.

— Sim, mas indevidamente. Você está ferindo leis espirituais.

— Sim, mas para defender meus interesses. É um direito meu.

— Uma das mais elementares leis da Terra determina que o direito de uma pessoa termina quando começa o de outra. Você esquece que está defendendo seus interesses invadindo o direito à vida de Laércio e Simone.

— E que alternativa tenho?

— Obedecer às leis espirituais e seguir para o astral. Lá aprenderá novas formas de fazer escolhas mais adequadas. Na sua volta à Terra, numa próxima encarnação, estará muito mais preparada para ser feliz.

— E o que vocês farão por mim?

— Ficaremos aqui, orando por você, para que sua ida se dê de forma harmoniosa.

Ela ficou olhando seriamente para Ivana, como que refletindo nas suas palavras. Percebia-se a dúvida no seu olhar:

— Ainda não estou muito convencida de que este é o melhor caminho para mim.

Inesperadamente, Laércio levantou-se e estendeu os braços para Mariana, falando com voz serena:

— Mariana, pensei durante todo esse tempo e decidi que não quero mais discutir com você. Estou cansado de tudo isso. Sou um homem da paz e da conciliação, como deve ter percebido. Por isso, não quero mais brigar com você. Venha cá, me dê um abraço.

Ela o fitou, primeiro com surpresa e descrença. Depois, sensibilizou-se com aquele pedido, conveniente aos seus desejos.

Ivana e seus amigos estavam surpresos, sem entender aonde Laércio queria chegar com aquela atitude, mas respeitaram sua iniciativa.

Mariana levantou-se devagar e se aproximou timidamente. Quando chegou bem perto, ele estendeu os braços e abraçou-a carinhosamente. Ela demorou alguns segundos para corresponder e também abraçá-lo. Ficaram assim por alguns segundos.

Então, de repente, Laércio colocou todas suas forças nos braços e a apertou num abraço bem apertado. Num primeiro momento, ela não desconfiou de nada, mas, logo, pelos movimentos do seu corpo, deu mostras de sentir-se incomodada por aquela pressão exagerada em volta do seu corpo e tentou recuar.

Laércio aproximou seus lábios ao ouvido de Mariana, de forma a que sua boca ficasse bem juntinho. E então começou a falar, com voz apaixonada, mas firme:

— Simone, meu amor. Sei que você está me ouvindo. Venha, amor, estou aqui fora à sua espera!

Ao ouvir essas palavras, Mariana percebeu que caíra numa armadilha e tentou soltar-se do abraço dele, sem conseguir. Ele segurava-a com força:

— Simone, estou aqui! Lembre-se dos nossos planos, amor. Vamos ter nova lua de mel, vamos ter nossos filhos! Nunca te amei tanto quanto agora!

— Pare com isso, Laércio! Me solte! Você me enganou! — Mariana se debatia nos braços dele, que ignorava seus apelos. Ivana e seus amigos perceberam a intenção de Laércio e passaram a orar e a emitir as preces e os mantras em voz alta. Era um coral harmoniosamente descompassado e desigual, mas que produzia muita energia, vinda de diferentes meios, mas de uma mesma fonte maior.

— Simone, venha! Esta é a nossa oportunidade! Vamos ser felizes outra vez, meu amor. Lute, venha para mim!

— Me larga! Me solta! Laércio, você está me machucando! Eu lhe peço, não faça isso! Nós também podemos ser felizes!

— Simone, lembra das vezes em que te acompanhei nos seus ensaios de teatro? Lembra quando você interpretou Shakespeare? Num dos intervalos, você declamou para mim e me ofertou um poema dele. Nunca esqueci porque passei a te amar mais ainda depois disso. Agora eu o declamo para você, para que volte correndo para meus braços.

— Não! Não faça isso, Laércio! Me solte! Por favor!

E ele começou, com voz apaixonada, tendo como fundo as vozes que oravam como uma estranha e poderosa música proveniente de estrelas e dimensões distantes:

— "Quando penso em você me sinto flutuar, me sinto alcançar as nuvens, tocar as estrelas, morar no céu... Tento apenas superar a imensa saudade que me arrasa o coração, mas que vem junto com as doces lembranças do teu ser..."

— Laércio, o que você está fazendo? Pare! Não estou gostando disso! Pare, já lhe disse! Por favor!

— "... Lembrando dos momentos em que, juntos, nosso amor se conjugava em uma só pessoa: nós! É através desse tal sentimento, a saudade, que sobrevive quando estou longe de você. Ela é o alimento do amor que se encontra distante..."

— Pare com isso! Por favor! Alguma coisa está acontecendo comigo! Não estou me sentindo bem, Laércio! Me ajude!

Indiferente aos apelos dela, concentrado, de olhos fechados, ele continuava implacável, com voz cada vez mais forte, pedindo a Deus para sua memória não falhar:

— "... A longa distância apenas serve para unir o nosso amor. A saudade serve para me dar a absoluta certeza de que ficaremos para sempre unidos. E nesse momento de saudade, quando penso em você, quando tudo está machucando o meu coração e acho que não tenho mais forças para continuar..."

— Me ajude! Estou passando mal! Não aguento mais!

— "... eis que surge tua doce presença, com o esplendor de um anjo; e me envolvendo como uma suave brisa aconchegante. Tudo isso acontece porque amo e penso em você". Venha meu amor! Venha para mim! Agora! Preciso de você!

A voz de Mariana estava fraca, quase um lamento, que mal podia ser ouvido:

— Não estou suportando mais... Você está acabando comigo... Pare, por favor, não estou me sentindo bem... Laércio, por que você fez isso comigo?

As vozes que oravam estavam agora bem altas, até porque o grupo havia se aproximado bastante do casal. Laércio continuava implorando, com voz angustiada:

— Simone, eu te amo e preciso de você aqui, juntinho de mim! Venha agora, amor! Agora!

Mariana se contorcia com força, tentando se soltar dos braços de Laércio e gritava desesperada:

— Pare, Simone, volte! Não faça isso! Fique quieta! Você está me machucando... Não consigo respirar...

E então Mariana se contorceu violentamente mais uma vez, e soltou um grito pavoroso:

— Aaah! — e seu corpo desabou, os braços caíram, como se tivesse desfalecido. Felizmente, Laércio amparava-a com seu forte abraço, evitando que desabasse no chão. Rapidamente, levou-a para o sofá e a fez sentar. Em seguida, ajoelhou-se aos seus pés.

Com o coração aos pulos, chamou baixinho:

— Simone! Amor! Venha para mim, meu amor. Venha, agora! Eu te amo!

O grupo se aproximou mais, fazendo com que o som das vozes maravilhosamente desencontradas ocupasse todo o espaço da sala.

Laércio estava inquieto, tenso, tamanha expectativa:

— Amor, por favor, venha. Não há mais perigo. Venha, Simone!

Muito lentamente, a mulher começou a erguer o rosto.

Olhou para Laércio, depois para Ivana e para as demais pessoas. O grupo parou de entoar as preces e um silêncio sufocante preencheu a sala. Tudo o que poderia ser feito por eles, fora feito. Agora, só restava esperar pelo resultado.

A expectativa de todos era insuportável: quem estava ali, sentada, olhando-os? Simone ou ainda Mariana?

Capítulo 28

Laércio perguntou baixinho, com cautela:

— Amor?

E, angustiado, segurou suas mãos, em silêncio.

Ela sondou o grupo, franziu a testa e perguntou:

— Amor, o que essas pessoas estão fazendo aqui? O que eles estavam falando? Por que as luzes estão apagadas? E, caramba, por que estou vestida de noiva? Vamos casar de novo?

Laércio não sabia se ria ou chorava: sua Simone voltara!

— Simone? Amor?

Simone olhou para o marido, espantada com a obviedade da pergunta:

— Ué, quem você queria que fosse, seu tonto?

— Amor! É você mesmo! — ele abraçou-a com desespero amoroso. — Você voltou!

Ela parecia não entender nada:

— De onde? Para onde eu fui?

Laércio respondeu, chorando:

— Não importa, querida! Você está aqui! E agora posso dizer olhando nos seus olhos: te amo, te amo, te amo!

— Amor, também te amo! Mas vamos acender essas luzes e receber melhor essas pessoas. E me deixe trocar de roupa! Onde já se viu receber visitas deste jeito?

Gradualmente, as vozes se transformaram em sorrisos de alívio e gratidão. Ivana apressou-se em abrir as cortinas e acender as luzes. Só, então, Simone notou a presença da amiga e colega:

— Ivana! Você também está aqui! Mas o que vocês estão aprontando? Não me contaram nada! É alguma festa surpresa?

Laércio interveio, feliz:

— Amor, vá trocar de roupa. Você continua linda com essa roupa, assim. Mas, como você mesma disse, não é adequada para receber visitas.

— Está bem, já volto. Quero saber que história é essa — sorrindo, afastou-se e entrou no quarto.

Laércio voltou-se para Ivana:

— Esquisito! Parece que ela não se lembra de nada.

— É assim mesmo, Laércio. A transição foi muito rápida e a retomada da própria consciência não deve ter sido fácil para ela. Esse esquecimento é uma espécie de mecanismo de defesa da mente, para que não fique perturbada e confusa.

— Mas, depois, ela vai se lembrar de tudo?

— De tudo, não. A julgar por outros casos seme-lhantes que já tratamos, ela se lembrará apenas de algumas passagens vividas como Mariana, aquelas menos traumáticas. Será um processo lento e gradual. E, mesmo assim, de forma muito vaga, quase como se tivesse sonhado. Quando muito, parecerão lembranças remotas. E ainda bem que será assim.

— Então, como devo proceder daqui para a frente? Conto tudo para ela?

— Não já. Deixe-a se recuperar por completo, pois ainda deve estar com um certo desgaste físico e emocional; afinal, sua mente passou por várias situações contrárias aos próprios valores. E tudo isso por sucessivas idas e vindas. Quando você achar que é o momento, conte-lhe aos poucos uma versão leve, omitindo as passagens, digamos, escabrosas.

— Entendi. Você está certa. Mas agora seja sincera: você acredita mesmo que Mariana se foi de vez?

— Não tenho dúvida. E o que me dá essa certeza é o fato de que podemos perceber que Simone voltou mais segura de si e, principalmente, resgatou seu amor. Isso foi muito importante para sua reação definitiva. Eu diria que Simone agora está blindada.

— Graças a Deus e a vocês. Agora podemos tocar nossa vida e realizar nossos sonhos.

— Com certeza. Mas preste bem atenção: não vamos nos descuidar, nem relaxar demais. Mantenha a autoestima de Simone sempre em alta. Ela precisa consolidar sua nova personalidade mais segura e autoconfiante. É uma mulher extraordinária e uma profissional inegavelmente competente. Mas deve ser a primeira a saber disso.

— Não se preocupe, amiga. Eu também aprendi uma grande lição. Se, como diz aquela frase famosa, "o trabalho dignifica o homem", o amor dignifica muito mais. Relaxei muito nessa parte. Foi necessário passar por todos esses dissabores para descobrir que amo muito a minha mulher e que preciso tratá-la melhor.

— Ótimo. Esse é o melhor antídoto contra "invasões" de mentes e corpos.

— Pois, se depender de mim, daqui pra frente, nenhum espírito ou fantasma se aproximará da minha mulher.

— Essa sua atitude ajuda e muito, mas a maior ajuda e proteção está na própria Simone. Pessoas que se amam, se respeitam e que estão harmonizadas com seus valores e crenças, jamais sofrerão esse tipo de possessão. E isso vale também para os vivos: mais autoconfiante, ela também fica protegida contra certas pessoas negativistas, manipuladoras, verdadeiras sugadoras da energia alheia.

Laércio ainda tinha uma dúvida:

— Posso lhe fazer mais uma perguntinha?

— Claro, meu amigo. Todas que você quiser.

— Por que Mariana colocou o vestido de noiva?

— Quem pode saber? Só temos algumas teorias. Tudo indica que ela se apaixonou por você ou, pelo menos, quase isso. Não sabendo que havia outras pessoas aqui, ela talvez tentaria seduzi-lo novamente e esperava sensibilizá-lo vestida de noiva. Talvez fazer um "casamento" simbólico, quem sabe? Ou mesmo por uma satisfação íntima, para tentar compensar o casamento malogrado. Nunca saberemos e, a essa altura, isso não importa mais.

A voz alegre de Simone retornando à sala, interrompeu o diálogo:

— Pronto! Que tal? — e deu uma volta para mostrar a roupa com que se vestira.

Estava linda e feliz.

— Agora podemos sentar e conversar.

Laércio ia dar alguma desculpa, mas foi salvo por Ivana:

— Agora não dá, amiga. Temos que ir embora. Meus amigos ali precisam voltar ao trabalho.

— Mas já? Eu ia preparar um cafezinho...

Laércio interrompeu-a, lembrando-se da última vez que entrara na cozinha para fazer um cafezinho para ele e Sérgio:

— Não! Não quero ver você tão cedo nessa cozinha! E muito menos preparando café!

Ela não entendeu nada:

— Ei, o que deu em você? Sempre fiz café nesta casa! E você diz que gosta!

— Eu adoro seu café! Mas... — arranjou uma desculpa — ... Mas Ivana e seus amigos já vão embora.

Ivana reforçou:

— É isso mesmo, Simone, não precisa se preocupar Já estamos de saída. Voltaremos outro dia para saborear seu café.

— Mas eu nem conheci esses simpáticos rapazes. Nem sei o que vieram fazer.

Os "rapazes" sorriram educadamente, mas nada comentaram. Foi Ivana quem esclareceu:

— O trabalho deles é assim. Exige discrição e até sigilo. Quanto menos aparecem e quanto menos forem reconhecidos, tanto melhor. Então, nada de apresentações.

— Nossa, quanto mistério! Bom, mas se é assim...

Ivana demorou-se no abraço em Simone:

— Assim que se sentir disposta, volte ao trabalho. O Raul está segurando um pouco o início das gravações da minissérie por sua causa.

— Já está decidido onde serão as gravações?

Ivana e Laércio se entreolharam. Ela respondeu:

— Ainda não. Raul ainda está avaliando algumas opções.

— Ah, espero que acertem logo. Estou ansiosa para começar.

A intuição ou sensibilidade de Ivana fazia-a ter certeza de que não havia mais perigo em Piracaia. Mas, como Simone parecia não se lembrar da casa da fazenda, achou melhor não tocar no assunto. Logo ela se lembraria e avaliaria sua disposição em voltar lá. Abraçou Laércio e dirigiu-se para a porta. Os quatro amigos, ao segui-la, cumprimentaram simpaticamente o casal.

Quando se viram a sós, Simone e Laércio se abraçaram com paixão. Ela comentou amorosamente:

— Engraçado, sinto como se tivesse estado longe de você há muito tempo. Nunca senti tanta vontade de beijá-lo, abraçá-lo e...

Ele aproveitou a malícia da esposa:

— Pois vamos tratar de resolver isso! — e conduziu-a com carinho para o quarto.

Depois de algum tempo, com a paixão aplacada momentaneamente, conversaram na cama, ainda despidos, cobertos apenas por um fino lençol. Ela estava com a cabeça apoiada sobre o peito do marido, que acariciava lentamente seus cabelos negros e sedosos.

Laércio decidiu arriscar uma pergunta:

— Amor, você não se lembra de nada mesmo do que aconteceu nesses dias?

— Nadinha. Quero dizer, algumas imagens aparecem, de vez em quando, e logo somem, não dão sequência. Parecem fragmentos de sonhos ou de lembranças antigas.

— E qual a última coisa de que você se lembra, antes dessa fase de fragmentos de sonhos?

A mão dela passeava deliciosamente sobre o peito nu dele. Depois de algum tempo em que rebuscou lembranças na memória, respondeu:

— Lembro-me que estava numa reunião na produtora. Não sei exatamente quanto tempo faz.

— Só isso?

Novo silêncio, nova busca:

— Algumas vagas lembranças de um ambulatório ou um hospital, não tenho certeza. Ah, tem um lance de estrada. Parece que andei viajando. Ah, lembrei!

Laércio preparou-se para o pior:

— Do que você lembrou?

— Piracaia! Estive lá visitando uma fazenda para fazermos as gravações da minissérie. Isso mesmo. Havia um casal, acho que... Lucinda! Esse era o nome da mulher. Não lembro o nome do marido. Mas sei que gostei muito da casa daquela fazenda — Nova pausa. — Creio que é só. Deveria lembrar de mais coisas?

Laércio achou melhor desconversar, não queria quebrar aquele clima tão íntimo e gostoso:

— Esqueça. Um dia lhe contarei tudo, em detalhes. Por enquanto, vamos continuar nos curtindo!

— Agora gostei! — jogaram os lençóis para o lado e voltaram a se abraçar. Desta vez, ficaram se amando mais tempo, sem a ansiedade gulosa da vez anterior.

Uma semana depois, a vida de Simone e Laércio praticamente voltou à normalidade.

Sérgio viajou para o curso em Nova Iorque e Simone assumiu as tarefas de produção da minissérie, cujas primeiras gravações estavam agendadas para dentro de duas semanas. Faltava decidir onde.

Laércio também estava a todo vapor, desenvolvendo vários novos projetos de marketing.

Quanto à vida pessoal, o casal havia aprendido a lição: agora dedicavam muito mais tempo um para outro. O relacionamento voltara a ter o entusiasmo dos primeiros dias de namoro.

O pesadelo finalmente acabara. Agora eles viviam algo que de tão bom parecia um sonho.

Capítulo 29

Por consideração ao amigo Sérgio, Laércio decidiu que deveria fazer uma visita ao doutor Alexandre, o psiquiatra que o atendera no início dos problemas. Queria dar-lhe um retorno sobre estado de saúde de Simone.

O médico o recebeu com a mesma cordialidade da primeira vez. Depois dos cumprimentos de praxe, sentaram-se e ele perguntou:

— E sua esposa? Como está?

— Graças a Deus, agora está bem.

— Você conseguiu levá-la a algum colega?

Laércio teve uma ligeira hesitação:

— Bem, não exatamente. Na verdade, ela fez um tratamento, digamos, alternativo.

O psiquiatra se mostrou curioso:

— Ah, sim? Qual deles? Hoje em dia existem muitos.

— Quero dizer, não foi exatamente um tratamento alternativo, desses que a gente vê anunciados até em postes — ele não sabia qual seria a reação do médico, por isso hesitava. — Ela... Ela fez um tratamento, digamos, espiritual.

— Espiritual? Você quer dizer espírita?

— Não exatamente. É meio complicado explicar. Quem nos ajudou foi um grupo eclético, formado por cinco pessoas com crenças diferentes.

O médico parecia sinceramente interessado. Em nenhum momento, Laércio percebeu nele o menor resquício de descrença ou ironia:

— Mas que interessante! Nunca ouvi falar disso. Como se chama esse grupo?

— Aí que está: ele não tem nome. É mais um grupo de amigos do que uma entidade oficial.

— Puxa, mais interessante ainda. E funcionou?

— Às mil maravilhas. Já há duas semanas que minha mulher voltou a ser aquela que era antes de tudo começar. E nunca mais voltou a manifestar outra personalidade.

— Que bom. E qual o diagnóstico deles?

— Bem, continuo não dominando muito bem esse assunto, mas, segundo entendi, tratou-se de um caso de possessão.

O médico não riu, mas agora percebia-se claramente a expressão de descrença na sua fisionomia:

— Possessão? Como assim? O corpo dela estava possuído por um espírito, como nesses filmes de terror?

— O corpo, não. A possessão, segundo eles, não é um processo físico, mas mental. Um espírito invadiu a mente de Simone e assumiu o controle durante um bom tempo. Com isso, passou a dominar também o corpo que, o senhor sabe melhor do que eu, é controlado pelo cérebro.

O doutor Alexandre passou a acariciar o próprio queixo:

— Entendi. E esse pessoal conseguiu fazer com que esse espírito invasor abandonasse a mente da sua mulher?

— Conseguiu, mas depois de muito trabalho. Só assim, o espírito invasor foi embora e Simone voltou ao normal — pensou em acrescentar: "O xeque-mate, a mola-mestra da solução foi uma coisa simples, mas muito poderosa e que está ao alcance de todas as pessoas: o amor. Simples assim". Mas resolveu omitir essa parte para não correr o risco de parecer piegas. E, também, porque achava que o psiquiatra não acreditaria.

— Então, para você, todo o problema de sua esposa foi causado por um "espírito invasor", é isso mesmo?

Laércio não estava aborrecido com a visível descrença do médico.

Por essa razão, manteve a tranquilidade:

— Sei que o senhor não acredita, mas a verdade é que funcionou, deu certo.

O doutor Alexandre soltou um profundo suspiro e recostou-se na poltrona:

— Veja, meu caro Laércio, pessoalmente nada tenho contra os tratamentos alternativos e as crenças religiosas, mas sou um cientista, entende? Busco explicações que a ciência possa entender e tratar. É por essa razão que você deve perceber minha descrença.

— Não tiro sua razão, doutor, e entendo que este é mesmo um assunto polêmico e que não cabe aqui e agora nenhuma discussão. Vim apenas para agradecer-lhe a gentileza, por ter me atendido quando eu não sabia o que fazer. Sei que, para me atender, o senhor chegou a abrir um horário especial na sua agenda, que é muito disputada.

— Meu caro Laércio, considero-o um amigo, tanto quanto o Sérgio, que nos apresentou e por quem tenho o maior apreço. Independentemente do método usado para o tratamento da sua mulher, fico feliz em saber que ela está bem. Mas, como médico, tenho o dever de alertá-lo para a possibilidade de uma recaída, porque, na verdade, esse tratamento espiritual...

Delicadamente, Laércio o interrompeu:

— Veja, doutor, nós estamos felizes com os resultados obtidos. Já se passaram duas semanas e Simone continua bem. Se houver recaída, o que não acreditamos, enfrentaremos e resolveremos este novo problema, como o faríamos com qualquer novo problema que surgisse em nossas vidas.

— Claro, você está certo. Eu só gostaria, com sua permissão, de fazer um comentário. Se não me engano, o Sérgio havia comentado comigo que sua esposa também é atriz, é verdade?

Laércio entendeu perfeitamente a insinuação do médico:

— O senhor quer insinuar que tudo não passou de um fingimento, uma representação teatral da minha mulher?

— Não se ofenda, Laércio, mas, sinceramente, eu não descartaria essa hipótese.

Laércio sorriu para disfarçar uma ponta de irritação que ameaçava crescer:

— Mas, por que raios ela faria uma coisa dessas?

— Ora, meu caro, você bem sabe que a relação conjugal passa por altos e baixos. Lembro-me de quando, na nossa primeira consulta, você mesmo se queixou do caráter depressivo e da falta de iniciativa da sua esposa, o que o aborrecia muito.

— Sim, isso era verdade. Aliás, eu admiti minha parcela de culpa. Por ignorância, contribuí muito na consolidação dessas características.

— Numa situação dessas, muitas mulheres usam estratégias sofisticadas e até bizarras para chamar a atenção do companheiro. Não estou afirmando que sua esposa fez isso, mas não deixa de ser uma hipótese a se considerar.

— Desculpe, doutor, respeito muito suas dúvidas, mas o senhor não viu, nem ouviu o que eu, Sérgio e outras pessoas vimos e ouvimos. Foi o suficiente para não acreditar num fingimento ou numa atuação teatral.

O médico percebeu que aquela conversa não chegaria a nenhuma conclusão e até poderia ferir melindres. Por isso, decidiu encerrá-la com gentileza:

— Bem, como você mesmo disse, não vamos polemizar. O fato é que, de acordo com suas palavras, aqueles sintomas desapareceram e sua esposa está bem, não é verdade?

— Isso mesmo. E estamos muito felizes, nos amando como nunca.

O médico se levantou e Laércio também:

— Isso é o que importa. Vamos torcer para que continue assim. Estarei aqui, se algum dia voltar a precisar conversar comigo.

— Novamente quero expressar meus agradecimentos. O senhor foi muito gentil.

Cumprimentaram-se, mas, intimamente, nenhum dos dois mudou suas convicções.

Laércio saiu, pensando nas palavras do médico: representação, fingimento, encenação? Sem chance.

Simone jamais faria o que Mariana fez. E jamais saberia as histórias que envolveram Mariana, seus pais e o ex-marido.

O doutor estava enganado. Mas a vida é assim mesmo, as pessoas têm crenças diferentes e todas, à sua maneira, estão certas e devem ser respeitadas.

Laércio estava convencido de que o valor da medicina é inquestionável e deve ser sempre a primeira opção para o tratamento da saúde. Mas, quando a solução não é encontrada por meios convencionais, nenhum preconceito deve impedir as pessoas de procurar métodos alternativos ou espirituais de cura.

Até porque, no centro de tudo, inclusive da medicina, está Deus.

Em vista de tudo o que acontecera com Simone, Raul não ofereceu a menor resistência à uma semana de licença solicitada pelo casal. Precisavam repor as energias, até porque Simone estava decidida a iniciar as gravações da minissérie assim que retornasse.

Planejaram uma viagem a algumas cidades litorâneas do Nordeste. Seria uma segunda lua de mel.

Sairiam de carro no dia seguinte, bem cedinho, mas antes passariam em Piracaia e fariam uma visita rápida à Lucinda e Hermínio. Queriam consolar o velho casal, que, certamente, estava muito chocado com o que ocorrera com o patrão. Além disso, se tudo estivesse tranquilo, queriam finalizar a questão do aluguel da casa, já liberada pela polícia, que já havia concluído as investigações.

Mesmo com todos os indícios de que Rui era o assassino da mulher e dos sogros — aliás, réu confesso —, seu destino foi o manicômio. E não havia outra alternativa, pois ele insistia na versão de que, por vingança, o fantasma de Mariana tomara um corpo emprestado e o agredira na adega.

No retorno à fazenda de Piracaia, Simone queria sentir como estava a casa. Ela já se lembrava de sua visita anterior, inclusive do pernoite, mas estava tranquila. Se Ivana estivesse certa, a casa estaria "limpa"— e, depois de tudo o que ocorrera, ela confiava muito na sua colega.

Dias antes, vendo que sua mulher se mostrava alegre, saudável e segura, Laércio lhe contara boa parte do que acontecera. Omitira apenas os detalhes da vingança na adega, pois, sensível como era, Simone poderia se chocar e, de alguma maneira, sentir-se culpada, ainda que não fosse, de fato, a autora da ação.

De resto, desconhecia longas passagens da história, como a ida ao Rio, as conversas e o jantar com Rui, o retorno à Piracaia. Talvez, com o passar do tempo, ela viesse a saber ou mesmo lembrar.

Quando Laércio chegou ao apartamento, Simone já estava na sala de estar, com duas malas prontas.

Ele se lembrou de perguntar:

— Você sabe onde está aquele meu equipamento de mergulho? Dizem que o mar em Fernando de Noronha é excelente. Podemos dar uma passadinha por lá.

Ela coçou a testa:

— Deixe ver... Faz tanto tempo que não usamos esse equipamento! Deve estar no quartinho dos fundos. Vou dar uma espiada.

Laércio sentou-se um pouco para esperar. Estava feliz. Sua mulher voltara a ser a mesma de antes. Aliás, a mesma, não; agora era outra. Estava mais amorosa, mais romântica, mais desinibida. E no trabalho também: todos comentavam suas iniciativas, seu dinamismo e segurança na condução das tarefas.

Por tudo isso, essa pequena viagem de uma semana, era, na verdade, uma retomada da relação, uma nova lua de mel.

Assustou-se quando ouviu, da área de serviço, um gritinho de Simone. Levantou-se de um pulo e correu até onde ela estava.

Simone segurava um quadro, com uma expressão de surpresa:

— O que é isso?

Laércio ficou atrás da esposa para também olhar o quadro.

Tremeu: era um belíssimo retrato da sua mulher! Simone estava linda!

Certamente fora pintado por Mariana. Como explicar-lhe?

— O que é isso? — Simone repetiu a pergunta, e reviu, no escaninho de sua mente, o momento em que pintava a tela. A recordação durou um segundo. Ela balançou a cabeça, como se estivesse delirando.

Laércio aproveitou o tempo para pensar em uma explicação e disparou uma pergunta, tirando-a daquele estado reflexivo:

— Não gostou, amor?

Ela sorriu e, como se estivesse vendo o quadro pela primeira vez, disse, sincera:

— Claro que gostei. Adorei. Principalmente porque me deixaram aqui mais bonita do que realmente sou!

— Ah, pare com isso, agora que você virou uma tigresa, não leva mais jeito pra ser modesta!

— Tudo bem, mas quero saber deste quadro. Quem pintou? E por quê?

Ágil, Laércio encontrou uma explicação que lhe pareceu convincente:

— Bom, era para ser uma surpresa, mas você, com essa mania de bisbilhoteira, estragou tudo.

— Como assim?

— Levei uma foto sua a um amigo da agência que faz retratos e encomendei este. Ia lhe dar no seu aniversário, no próximo mês, por isso escondi aqui. Mas agora...

Simone, então, disse, com carinho e dengo:

— Ai, amor, Você é tão fofo!... Pois faz de conta que não vi nada. Vou embrulhar de novo e deixar do mesmo jeitinho, no mesmo lugar.

— Engraçadinha, você. Agora que já viu, pode até pendurar na sua sala, lá na produtora.

— Não, senhor, de jeito nenhum! Você vai me dar no meu aniversário e eu vou fazer a maior cara de surpresa. Afinal, sou ou não sou uma grande atriz?

A resposta de Simone incomodou-o um pouco, porque o fez lembrar-se da conversa que tivera com o doutor Alexandre. Laércio chegou a preferir que ela nunca tivesse feito teatro.

Mas, ao mesmo tempo, se censurou: por que essa dúvida agora? Simone nunca pegara num pincel, nunca aprendera a desenhar, não saberia fazer um círculo com um copo.

Se visse aquele quadro, o psiquiatra acharia também que alguém poderia fingir ser uma grande pintora? E havia outro detalhe: Simone nunca pegara numa arma, como conseguiria atirar em alguém?

Conversa fiada do doutor Alexandre! Aquela sua teoria de que tudo poderia ter sido fingimento não passava apenas de uma teoria.

E, no caso, sem qualquer fundamento.

Epílogo

A viagem até Piracaia foi tranquila. O tempo estava agradável e a estrada sem movimento. Em certos momentos, chegaram a cantar e a contar piadas picantes.

Quando pararam em frente a cancela da casa da fazenda, logo avistaram Lucinda sentada na varanda. Laércio buzinou, Lucinda olhou e demorou um pouco para reconhecê-los. Desceu a escadaria tão rapidamente quanto a idade lhe permitia. Hermínio apareceu na porta e logo veio juntar-se à mulher.

Lucinda aproximou-se e demostrou sincera alegria de rever o casal:

— Gente, quanta saudade de vocês! Que bom, minha filha! Que bom que vocês estão de volta! — E voltando-se para o marido, disse: — Abre logo isso, Hermínio!

Entraram e Simone abraçou Lucinda fortemente, com muito carinho:

— Lucinda, querida, que bom revê-la! — e cumprimentou Hermínio de maneira mais formal. — Como vai, Hermínio? — ele balançou a cabeça como quem diz: "Vou levando..."

Lucinda afastou-se de Simone para vê-la melhor:

— Você está ótima, minha filha! Da última vez que esteve aqui, fiquei preocupada. Estava tão diferente, calada, parecia até que estava doentinha.

Simone ficou intrigada com a observação:

— Sério? Quando foi isso?

Antes que Lucinda tivesse tempo de estranhar a reação de Simone, Laércio interrompeu e deu novo rumo à conversa:

— Como não vamos demorar, deixarei o carro aqui fora mesmo. Tem algum problema?

Hermínio pareceu satisfeito, as visitas o incomodavam:

— Nenhum problema.

Laércio continuou direcionando o teor da conversa, para não comprometer Simone:

— Mas que coisa horrível aconteceu com o senhor Rui, não?

Enquanto seguiam a pé pelo caminho de pedras em direção à casa, mantiveram a prosa. Lucinda rapidamente entrou no assunto:

— Ah, moço, nem me fale! Coitado do seu Rui! Um homem tão bom conosco. Pois não é que ele ficou louco mesmo?

— Isso já está confirmado?

— Infelizmente está. Acho que foi por causa dos maus bocados que ele deve ter passado na adega, todo amarrado, amordaçado e ainda com um tiro na perna. Se a gente não aparece em tempo, ele hoje não estaria vivo.

— E a polícia ainda não descobriu quem fez isso? — Simone estava curiosa.

— Nadinha, minha filha, nenhuma pista, nenhuma ideia. Isso é um mistério. Acham que foram assaltantes de estrada que passaram por aqui, viram o seu Rui sozinho e resolveram assaltá-lo.

— Mas que coisa, hein?

— Devem tê-lo maltratado muito. Chegou a levar um tiro na coxa. Até hoje ele manca um pouco. Bom, não deve ter sido só por causa disso que ficou ruim da cabeça. Aquelas coisas que acharam debaixo da mangueira também o ajudaram a pirar.

Pelo telefonema de Lucinda, Laércio sabia que haviam cavado, mas não tinha ideia do que haviam encontrado:

— Que coisas, Lucinda?

— Ah, acho que esqueci de contar para o senhor, me desculpe! Eles cavaram todo o terreno em volta da mangueira e descobriram os restos mortais de uma mulher.

— Nossa! E já sabem quem era ela?

Hermínio, que caminhava um pouco atrás deles, se manifestou com a habitual má vontade:

— Lucinda, olha essa língua! Cuidado com o que você fala para os outros!

— Ué, mas isso não é mais segredo para ninguém! Toda a cidade já sabe. — Voltou-se para o casal de visitantes e falou em voz baixa: — Dizem que era da dona Mariana.

Simone ficou realmente chocada:

— Deus do Céu! Que coisa horrível!

Laércio iniciara uma representação e decidira ir até o fim. Não poderia dizer aos caseiros que já sabia de tudo, porque havia conversado com Mariana:

— Mas quem teria feito isso com ela, gente?

— Quem? Ora, meu filho, a herança dela era muito grande.

— Ah, então o Rui...

Já na varanda, Hermínio ralhou novamente com a mulher:

— Lucinda, viu o que você fez? É melhor a gente não se meter nessa história.

— Ué, antes de perder o juízo por completo, o seu Rui confessou que liquidou a esposa, de olho na herança. Mas está bem, não vou falar mais nada.

— Bem, a gente gostaria de confirmar se a polícia já liberou mesmo a casa.

— Já, né? Deram o caso por encerrado. Não tem mais o que procurar nem investigar.

— Isso quer dizer que podemos formalizar o aluguel da casa?

— O que você acha, Hermínio?

O velho caseiro deu de ombros:

— Você que sabe.

— É, agora nós é que decidimos tudo aqui. O seu Rui não tinha mulher, nem filhos ou outros parentes vivos. Então, vamos ficar por aqui até a Justiça decidir o que fará com esta casa e com a fábrica, no Rio. Até lá, fomos autorizados a administrar a fazenda.

Simone propôs:

— Então, vamos combinar o seguinte: eu e Laércio seguiremos nossa viagem de lua de mel. Vamos ficar fora uns dez dias. Enquanto isso, vocês pensam em quanto vão nos cobrar por um mês de aluguel. Quando voltarmos, ligamos para vocês e acertamos os detalhes. Está bem assim?

— Para mim, está. — Voltou-se para o marido:

— Tudo bem, Hermínio? — ele concordou com a cabeça. — Ah, vai ser ótimo ter vocês aqui por um mês inteirinho! Acho que ficarei mal-acostumada. E todo mundo da cidade nos invejará: uma novela sendo filmada aqui!

Em seguida, por uma questão de firmeza, de domínio e de paz interior, Simone quis mostrar toda a casa, em detalhes, a Laércio. Lembrou-se dos comentários de Ivana quando, pela primeira vez, apresentou suas imagens ao pessoal da produtora. Por isso, manteve--se atenta.

Durante todo o percurso, nada sentiu de estranho ou assustador. Era uma bela casa e só. E, como assegurara Ivana, ela estava realmente "limpa".

Enquanto visitavam o andar superior, a sós, Laércio quis se certificar do estado de espírito de Simone:

— Você tem certeza de que quer mesmo fazer as gravações aqui?

— Claro, você não gostou?

— Gostei, sim. É bem adequada. Mas estou pensando em você, no seu bem-estar.

— Para falar a verdade, não estou sentindo o mesmo entusiasmo da primeira vez. Acho que isso é natural, porque não há mais o elemento surpresa. Mas reconheço que é uma bela casa e, com algumas mexidas, podemos adequá-la perfeitamente à minissérie. Além disso, de todas as que vi durante minha pesquisa, esta é a melhor. E não estou disposta a continuar procurando.

— Então, negócio fechado.

E trocaram um selinho.

Da varanda, quando se preparava para retornar ao carro, Simone deu uma olhada na mangueira. Achou-a bonita, frondosa, viçosa, daria uma bela foto. Foi só nisso que pensou. Não lhe ocorreu nenhum daqueles sentimentos estranhos que a acometera quando estivera ali da primeira vez.

Despediram-se do casal de empregados, desceram as escadas e rapidamente, de mãos dadas, caminharam em direção à cancela onde haviam deixado o carro.

Em nenhum momento, olharam para trás. Entraram no carro, Laércio deu partida, engatou a primeira e logo o veículo sumiu na estradinha.

Simone olhou para o marido, sorriu e olhou para frente. A paisagem era belíssima. Desceu o vidro, aspirou o ar fresco, deixando a brisa tocar-lhe o rosto e os cabelos, dando-lhe total sensação de liberdade.

Era isso: sentia-se livre e feliz! Simone havia aprendido, a duras penas, a importância de ter uma boa autoestima, a vigiar seus pensamentos e ser dona de suas escolhas. Havia aprendido, sem medo, a tomar conta do seu destino. Agora se sentia forte para ser ela mesma, mais firme, mais amadurecida, mais lúcida, mais feliz.

No meio da viagem, Simone e Laércio já estavam com os pensamentos voltados para a lua de mel. Sabiam que havia muito tempo a recuperar e energia não lhes faltaria para isso. Talvez até pintasse uma gravidez...

Fim

Romances

Zibia Gasparetto
pelo espírito Lucius

- A verdade de cada um *(nova edição)*
- A vida sabe o que faz
- Entre o amor e a guerra
- Esmeralda *(nova edição)*
- Espinhos do tempo
- Laços eternos
- Nada é por acaso
- Ninguém é de ninguém
- O advogado de Deus
- O amanhã a Deus pertence
- O amor venceu
- O encontro inesperado
- O fio do destino *(nova edição)*
- O matuto
- O morro das ilusões
- O poder da escolha
- Onde está Teresa?
- Pelas portas do coração *(nova edição)*
- Quando a vida escolhe
- Quando chega a hora
- Quando é preciso voltar
- Se abrindo pra vida
- Sem medo de viver
- Só o amor consegue
- Somos todos inocentes
- Tudo tem seu preço
- Tudo valeu a pena
- Um amor de verdade
- Vencendo o passado

Ana Cristina Vargas
pelos espíritos Layla e José Antônio

- A morte é uma farsa
- Em busca de uma nova vida
- Em tempos de liberdade
- Encontrando a paz
- Intensa como o mar
- O bispo *(nova edição)*
- Sinfonia da alma
- O quarto crescente *(nova edição)*

Mônica de Castro
pelo espírito Leonel

A atriz *(edição revista e atualizada)*

Apesar de tudo...

Até que a vida os separe

Com o amor não se brinca

De frente com a verdade

Desejo – Até onde ele pode te levar? *(pelos espíritos Daniela e Leonel)*

De todo o meu ser

Gêmeas

Giselle – A amante do inquisidor *(nova edição)*

Greta *(nova edição)*

Impulsos do coração

Jurema das matas

Lembranças que o vento traz

O preço de ser diferente

Segredos da alma

Sentindo na própria pele

Só por amor

Uma história de ontem *(nova edição)*

Virando o jogo

Marcelo Cezar
pelo espírito Marco Aurélio

A última chance

A vida sempre vence

Coragem para viver

Ela só queria casar...

Medo de amar

Nada é como parece

Nunca estamos sós

O amor é para os fortes

O preço da paz

O próximo passo

O que importa é o amor

Para sempre comigo

Só Deus sabe

Treze almas

Um sopro de ternura

Você faz o amanhã

Conheça mais sobre espiritualidade e emocione-se com outros sucessos da editora Vida & Consciência

vidaeconsciencia.com.br   /vidaeconsciencia   @vidaconsciencia

Rua Agostinho Gomes, 2.312 – SP
55 11 3577-3200

grafica@vidaeconsciencia.com.br
www.vidaeconsciencia.com.br